学習英文法を見直したい

大津由紀雄 編著

研究社

はじめに

　「学習英文法を見直したい」という書名には二つの意味が込められています。ひとつは、「学習英文法のありかたを再検討し、その内容を改革したい」という意味です。《この方法は見直す必要がある》というときの「見直す」です。もう一つは、《お前、見直したぜ》というときの「見直す」です。「今まで気づかなかった学習英文法のよさを見つけて、評価したい」という意味です。

　その両方を《やってみよう》というのがこの本のもくろみです。かなり欲張った、多少身の程知らずの企画です。しかし、《できるんじゃないかな》と踏んだのにはきちんとした理由があります。

　第一の理由は学習英文法に対する関心の高さです。この本を企画した契機になったのは2011年9月10日に慶應義塾大学日吉キャンパスで開催された英語教育シンポジウム「学習英文法──日本人にふさわしい英文法の姿を探る」です。まだまだ蒸し暑さの残るなか、会場は定員ぎりぎりの350人を超える聴衆で埋め尽くされました。そして、午後1時から7時までの、充実した議論に彩られた6時間はあっという間に過ぎていきました。

　ここ数年間、毎年、暮ないしは夏の一日を使って、英語教育・言語教育関連のシンポジウムを開催してきました。毎回、たくさんの参加者を集めて、中には毎回参加の常連のかたもおいでになります。しかし、今回のシンポジウムは小学校英語関連のシンポジウム以来の注目度で、主催者にとっては驚きの連続でした。シンポジウムの情報を随時提供した、我が研究室のブログの閲覧数も他の記事の閲覧数に比べて倍以上の多さを記録しました。

　学習英文法に対する関心の高さを感じたのはこのシンポジウムだけではありません。少し大きめの書店に行って、英会話関連の本が並んでいる棚の前に立った時、「英文法」ということばが入った書名の本が急激に増えています。ひところは「成果があがらない」英語教育の元凶の代名詞であった英文法の必要性が再評価され始めているのは間違いないようです。

もちろん、「再評価」と言っても、単なる先祖がえりをするだけでは元の木阿弥です。学習英文法のあるべき姿をきちんと整理し、見直しておくことが重要であることは言うまでもありません。

　《できるんじゃないかな》と考えた二番目の理由は思いどおりの執筆陣を得ることができたからです。上に紹介したシンポジウムの登壇者であった、江利川春雄、久保野雅史、斎藤兆史、田地野彰、鳥飼玖美子、松井孝志、柳瀬陽介、山岡大基の諸氏はこの本への寄稿を快諾してくださいました。加えて、当日、ご臨席いただき、会場で貴重なコメントを披露してくださった安井稔先生にもご執筆をお願いし、お引き受けいただきました。

　この本を準備するにあたり、さらに広い視点から学習英文法のあるべき姿を探る必要性を感じ、大名力、岡田伸夫、末岡敏明、高見健一、馬場彰、日向清人、福地肇、真野泰、亘理陽一の諸氏にも執筆の依頼をいたしました。中には、面識もないまま、突然の執筆依頼が舞い込み、戸惑われたかたもおいでになったようですが、全員が企画趣旨に賛同してくださり、依頼を受け入れてくださいました。

　この著者の顔ぶれは豪華だと自負しています。「豪華」というのは、著名人を集めたという意味ではありません。もちろん、著名な方々もたくさん含まれていますが、新鋭のかた、中堅のかたも含め、この本にご寄稿いただきたいと考えたほとんどすべての方々からのご協力を得ることができたという意味です。

　《できるんじゃないかな》と考えた、もう一つの理由は津田正という編集者を得ることができたことです。若くして『現代英語教育』の編集長を務め、同誌を魅力あふれる月刊誌に育てあげました。その後、伝統ある『英語青年』の編集長も務められ、現在は単行本の編集に携わっておいでです。その津田さんがこの本の編集を担当してくださるということになり、金棒を得た鬼の気持ちが理解できました。この本の書名、構成、具体的な編集作業などなど、制作過程のすべてで津田さんに負っているところは多大です。

　多くの著者による分担執筆の本の場合、編集の側がいつも悩む問題があります。それは各著者の個性の尊重と全体の統一性の問題です。今回も例外ではありませんでした。各著者が用意してくれた原稿はどれも力作ばか

りでしたが、Xさんの原稿はX節、Yさんの原稿はY節、という具合に個性豊かな文体、論調のものが多く、それを調整するというのは不可能と思われました。そこで、この本では各著者の個性の尊重を第一義とすることにしました。

個性の尊重は表記法や文体だけでなく、内容についてもあてはまります。したがって、この本を通読していただくと、内容の一部重複だけでなく、互いに矛盾する見解が述べられている部分があることにお気づきになると思います。

この本の主たる目的は学習英文法のありかたをめぐる議論を喚起するという点にありますので、その意味で、重複やこうした多様性はこの本の長所になることはあっても、短所になることはないと思います。

この本の多様性を醸し出している主な理由として、英語教育（理論）、外国語教育（理論）、英語教育実践という、学習英文法を語るときにおなじみの視点だけでなく、英語教育／学習史、学習理論、言語心理学、ビジネス英語など、これまであまり取り上げられなかった視点を盛り込んだことが挙げられます。

編者は以前から、英語教育というものは「複合努力」であるのだから、多様な視点からの考察が不可欠であると主張してきましたが、この本は学習英文法について、その主張を具体化したものであると言えます。

「多様性」と書きましたが、十分に多様だというわけではありません。たとえば、英語史の事実を援用することが英語学習にとって有益である場合が少なくないことはよく知られています。しかし、この本では「英語史研究から見た学習英文法」という視点が欠けています。

また、学習英文法のあるべき姿は学習者の年齢や学習到達段階によって変化してくるものと考えられますが、この点についての体系的な考察もこの本では取り上げられていません。

しかし、この本の目次を眺めながら、各論考の内容を振り返ると、学習英文法のあるべき姿についての議論を喚起するという、この本を作ることの最大の目的は十分に達成できるように思います。

これまでにお名前を挙げた方々のほかにも、この本ができあがるまでには多くの方々の力をお借りしています。上で触れたシンポジウムは慶應義

塾大学グローバル COE プログラム（人文科学）論理と感性の先端的教育研究拠点とラボ国際交流センターの共催という形をとり、さまざまな形で支援をいただきました。ことに、前者の拠点リーダーの渡辺茂さんと後者の平野昌和理事長はこのシンポジウムの社会的重要性を認め、物心両面で、いろいろとご配慮をいただきました。

　また、そのシンポジウムは慶應義塾大学出版会と埼玉県教育委員会に後援いただきました。ご理解に感謝いたします。

　出版会にはこれまでもわたくしたちが企画・開催した、英語教育や言語教育に関連するシンポジウムに対して支援をいただいてきました。この機会に、坂上弘会長に改めてお礼申し上げるとともに、実務にあたってくださった小磯勝人さん、乙子智さん、木下優佳さん、安井元規さんに感謝します。

　この本一冊で学習英文法のすべてがわかるということでないのは言うまでもありませんが、学習英文法について考えておくべきこと、知っておくべきことの多くが取り上げられていると自負しています。この本を英文法教育、そして、もっと広く英語教育の問題を考える際の有意義で、便利な参考書として使っていただけるのであれば、編者として、それ以上の幸せはありません。

　お楽しみください。

　2012 年初夏

大津　由紀雄

目　　次

はじめに ……………………………………………… 大津由紀雄　iii

I　基礎論

1　学習英文法を考えるヒント ………………………… 大津由紀雄　2
2　学習英文法の歴史的意義と今日的課題 …………… 江利川春雄　10
3　足場としての学習英文法 …………………………… 斎藤　兆史　26
4　国際コミュニケーションと学習英文法 …………… 鳥飼玖美子　38

II　方法論

5　コミュニケーション能力と学習英文法 …………… 柳瀬　陽介　52
6　学習英文法を考える際の論点を整理する ………… 亘理　陽一　66
7　新しい学習英文法の検討から見えてくる学習英文法の条件
　　　……………………………………………………… 松井　孝志　87

III　内容論・授業論

8　学習英文法の内容と指導法──語と文法と談話
　　　……………………………………………………… 岡田　伸夫　106
9　学生・生徒の文法力──現状分析と処方箋 ……… 久保野雅史　120
10　より良い学習英文法を探るための視点 …………… 末岡　敏明　132
11　学習英文法におけるアルゴリズムの可能性と限界
　　　……………………………………………………… 山岡　大基　142
12　学習者にとって「よりよい文法」とは何か？
　　　──「意味順」の提案 …………………………… 田地野　彰　157
13　日本語への「気づき」を利用した学習英文法
　　　……………………………………………………… 大津由紀雄　176

IV　さまざまな視点から

14　科学文法と学習英文法 ───── 高見　健一　194
15　英文読解と学習英文法 ───── 真野　泰　206
16　英文法と英作文 ───── 福地　肇　217
17　ビジネス英語と学習英文法──文文法の先にあるもの
　　　───── 日向　清人　231
18　英和辞典と学習英文法 ───── 馬場　彰　242
19　コーパス研究と学習英文法 ───── 大名　力　256

V　眺　望

20　学習英文法への期待 ───── 安井　稔　268

　　付録：日本における学習英文法関連年表 ───── 江利川春雄　279
　　索　　引 ─────── 283
　　編者者・執筆者紹介 ─────── 287

I 基礎論

1 学習英文法を考えるヒント

大津 由紀雄

　この章では、これから展開される各論に先立って、学習英文法をめぐるいくつかの論点を眺望しておきたいと思います。

1. 学習英文法とは

　英語教育・英語学習の話をしていて「英文法」という一言を口にすると、それまで穏やかだった相手の顔が一瞬にして険しくなるという体験を何度もしたことがあります。学習英文法（以下、とくに断らないかぎり、「英文法」と「学習英文法」を同じ意味で使います）の評判はよくないというのが多くの方々が感じているところだと思います。

　事実、日本人が中学・高校、場合によっては、大学、さらには会社でと長期にわたり英語を学び、努力しても、いっこうに英語が使えるようにならないのは英文法にこだわりすぎるからだということで、英文法軽視の傾向が生まれ、代わりに「コミュニケーション英語」というものの重要性が説かれ始めたのはそれほど最近のことではありません（I–2「江利川章」参照）。

　もちろん、《英語を使う際に、学んだ英文法にこだわりすぎて、文法的間違いを犯さないよう慎重になりすぎるがゆえに、日本人は英語が使えるようにならないのだ》ということが仮にほんとうであったとしても、《だから、英文法は重要ではない》ということになるわけではないのですが、気持ちの上では《そうそう、そのとおりだ！》と思ってしまう人がたくさんいます。

　それがもっと過ぎると、《英文法を学ぶことは害こそあれ、益などなく、学ぶ必要はまったくない》という言説になったり、《アメリカの子どもたちは文法など学ぶことなく英語が流暢に使えるようになるのだから、我々も英文法など学ぶ必要はないのだ》といったとんでもなく飛躍した論理の物

言いになったりします。

　ところが、「はじめに」でも触れたとおり、いつのころからだったか、少し大きめの書店で「英会話コーナー」へ行って、棚を眺めていると、「英文法」という名前がついた本が目につくようになってきました。その傾向はいまでも続いているようで、棚の前でどの本を選ぼうか迷っている人を見かけることも稀ではありません。

　では、なぜいま英文法書の出版が増え、それなりの読者を獲得しているのでしょうか。筆者には、理由は明確であるように思えます。一時期、「コミュニケーション英語」の名のもとに、英文法を無視したり、軽視したりする傾向が見られたものの、日本のように英語が日常的に使われていない環境で英語を学ぼうとするときに、意図的、かつ、意識的に英文法を学ばずに英語運用能力を身につけることは、不可能ではないにせよ、少なくとも効率が悪く、効果的でもないということが徐々に認識され始めた結果であると考えます。つぎの節では、この点について少し掘り下げて考えてみたいと思いますが、その前に、この本で「学習英文法」というときに、どんなものを想定しているかを（少なくとも、ある程度は）明確にしておく必要があるでしょう。

　「学習英文法」にあたる英語の表現を探すと、learner's English grammar (LEG) ということになるかと思いますが、関連するものとして、pedagogic(al) English grammar という表現もあります。

　Pedagogic(al) English grammar (PEG) は日本語にすれば「教育英文法」ということになります。文字どおり、「教育と関連した英文法」ということになり、とくに教育との関連を考慮しない英文法との違いを明確にした表現です。「とくに教育との関連を考慮しない英文法」とは、言語学者や英語学者が構築する、英語話者 (native speakers of English) の英語知識を記述しようとしたものを指します。後者に対しては、さまざまな呼び方ができますが、ここでは、「科学英文法 scientific English grammar (SEG)」という名称を使うことにしましょう。

　現代の SEG の典型例としては、Quirk et al. (1985), Pullum and Huddleston (2002), 安藤 (2005) などを挙げることができます。SEG が目指すのは英語話者の英語知識をできるだけ正確に記述することです。

　対する PEG の典型例としては、Murphy (2004), Swan (2005), 江川

(1991)、安井（1996）などを挙げることができます。PEGとは英語学習者に英語の仕組みの骨格を提示し、英語学習が効率よく、かつ、効果的に進むのを支援するための英文法です。しかし、今述べた機能を十分に生かすために、教師のために用意された英文法もPEGと呼ばれることがあります。この目的に特化した文法書の例としては綿貫ほか（1994）、Cowan（2008）などを挙げることができます。簡単に言ってしまえば、前者は学習者のための英文法、後者は英語教師のための英文法ということになります。この本で「学習英文法」と呼んでいるのはこの両者を含みますが、第一義的には前者、すなわち、学習者のための英文法を指します。

なお、この点については、II–6「亘理章」に関連する論述がありますので、併せてお読みください。

2. 英語学習における学習英文法の意義

この節では、英語学習において学習英文法を学ぶ意義について考えます。

まず認識しておかなくてはならないことは、日本における英語学習はおおむね外国語環境における言語学習、つまり、外国語学習であるという事実です。自明のことのように思う方も少なくないと思いますが、この点の認識がきちんとしていないところに、学習英文法を巡るこれまでの混乱の原因があると思います。以下、この点について解説します。

言語を身につけるときに、基本的に、3つの形態があります。まず、第一は「母語（ないしは、第一言語）」の獲得です。簡単に言ってしまえば、赤ちゃんの言語獲得です。もう一つの形態は、「第二言語」の獲得です。ここでいう「第二言語」とは、母語の獲得が開始された後、母語以外の言語が使われている環境で身につける言語を指します。たとえば、日本で生まれ育った2歳児が親の仕事の都合で英語圏に移り住み、そこで、英語を身につけるといった場合の英語が該当します。母語獲得も第二言語獲得も、その言語が使われている環境（これを「母語環境」と呼ぶことがあります）で、自然にことが進んでいきます。「自然に」というのは、学校に通ったり、教則本を読んだりして、意図的、意識的に学ぶことが（ほとんど）ないということです。しかも、いずれの場合も、その言語を身につけないとその人の生活に支障がでます。なんと言っても、その言語が使われている環

境で生活しているのですから。

　言語を身につける三番目の形態が「外国語」の学習です。日本での英語学習のほとんどがこれに該当します。母語獲得や第二言語獲得の場合と明確に異なっているのは学習環境で、その言語が日常的に使われていない環境（これを「外国語環境」と呼ぶことがあります）で学ばれます。したがって、いったん、外国語の教室の外に出てしまうと、そこはその外国語の世界とは異質の母語の世界が広がっています。また、学習者の側に、たとえば、《英語が使えたらなあ》というあこがれのようなものはあっても、英語が使えないと生活が成り立たなくなってしまうということも普通はないので、切迫感に欠ける場合が多いと言えます。

　ここで注釈を2つ加えておきましょう。

　一つは、母語獲得、第二言語獲得、外国語学習という区別は便宜的なものであって、厳密にこれらの区別を当てはめようとすると、さまざまな問題が生じます。たとえば、日本で生まれ育った子どもが中学3年生のときに英語圏へ移住した場合、移住前は英語を外国語として学習していたことになりますが、移住後は第二言語として身につけるという部分が色濃くなります。なお、「色濃く」なるというのは、移住後も、学校でESL（English as a second language）などの授業で、意図的、意識的に英語を学ぶことがあるからです。

　また、日本の中で、英語イマージョン教育（国語以外の教科を英語で学び、学校での日常会話も英語でなされる教育）は、外国語環境（この例の場合は日本社会）の中に疑似的に英語の母語環境を作り出す試みと言えます。

　このような問題はあるのですが、母語獲得、第二言語獲得、外国語学習の基本的な区別を心に留めておくことはとても大切なことです。そうでないと、前にあげた、《アメリカの子どもたちは文法など学ぶことなく英語が流暢に使えるようになるのだから、我々も英文法など学ぶ必要はないのだ》という話が大手を振って通用することになってしまいます。

　もう一つの注釈は用語がらみのもので、ちょっとめんどうです。じつは、上で述べた第二言語と外国語を一緒にして、母語と対立させ、それを「第二言語」と呼ぶことがあるからです。この「第二言語」の使い方は認知科学において一般的になされています。それはそれで（ここでは立ち入らない）理由があってのことなのですが、外国語学習・教育を論じるときには

第二言語獲得と外国語学習を区別することが大切です。筆者はこの点を明確にすべきときには、「狭義の第二言語（second language in the narrow sense, L2N）」と「広義の第二言語（second language in the broad sense, L2B）」と呼んで区別しています（大津 2011）。

以上を踏まえたうえで、英語学習における学習英文法の意義について順を追って考えていきましょう。

(A) 言語を使う（考える、産出する、理解するなど）ためにはその言語の仕組みを知らなくてはならない。

これは自明のことで、説明の必要はないでしょう。

(B) 母語や（狭義の）第二言語（L2N）の獲得では、その言語の仕組みは（大部分）意識されることなく身につき、言語使用の際もほとんど意識されることなく利用される。

「言語使用の際もほとんど意識されることなく利用される」という部分が重要で、意識されることはなくても、言語使用の際には、その言語の仕組みがきちんと働いていることを認識しておくことが必要です。

(C) 母語や（狭義の）第二言語（L2N）の獲得と違い、外国語としての英語の学習ではその仕組みが意識されることなく身につくということは一般的ではない。

外国語学習の場合でも、上で述べたイマージョン教育の場合のように、外国語環境の中に疑似的に英語の母語環境を作り出す場合などは、その言語の仕組みが意識されることなく身につく場合もあり得ますが、少なくとも、日本における学校英語教育程度の授業時間数や英語との接触量ではそのようなことはありません。

(D) したがって、外国語教育では、学習の効率を高め、効果を上げるために、学習文法という形で意識的、かつ、意図的に当該外国語の仕組みを学習者に提供し、学習者はそれを利用して、当該外国語の仕組みを身につける必要がある。

これは (A), (B), (C) から導き出される自然な帰結です。ただし、外国

語を使えるようになるためには文法学習が必要ですが、文法学習をしたからといって、ただちに英語が使えるというわけではありません。

(E) 身につけた、外国語の仕組みについての知識が使えるようになるためには繰り返しの練習が必要である。

　ここでいう「練習」の中には口頭練習などが含まれることは言うまでもありませんが、それだけでなく、英文解釈や英作文なども含まれます（IV–15「真野章」、IV–16「福地章」参照）。

3. 学習英文法が満たすべき要件

　上で、最近、学習英文法書の出版が増え、それなりの読者を獲得しているようだと述べました。これらの英文法書の書名を少し丁寧に見ていくと、一定の傾向があるように思えます。基本を重点的に取りあげていることを謳ったもの、「わかりやすさ」を謳ったもの、「やりなおし」を謳ったもの、「話すための」など英語の運用と結びついていることを謳ったものなどが多く目につきます。もちろん、定番学習英文法書と言えるもの（たとえば、江川 1991, 安井 1996, 綿貫・ピーターセン 2006）、あるいは、「学習英文法（書）」とは銘打っていないが、英文法を基盤において構成されているなどの「総合英語」の参考書（たとえば、石黒 2009 や鈴木 2011）なども受験生を含め、多くの読者を得ているようですが、「英会話コーナー」の雰囲気を左右しているのは今触れた新たな学習英文法書であるように感じます。

　学習英文法の重要性が見直されてきたとはいえ、ただ従来の学習英文法に先祖がえりすればよいというものではなく、いくつかの条件を満たすものでなくてはならないということであるようです。その条件とは、

(F) わかりやすいこと
(G) 基本に焦点をあてていること
(H) 運用に直接的に役立つものであること

社会人向けのものであると、さらに、

(I) 以前、学校で習った英語をできるだけ生かせるように工夫されていること

を付け加えることができると思います。
　つまり、以前より多くの英語学習者が英文法を学ぶことの意義を認識するようになりましたが、英文法書を書く人たちも、英文法を教える人たちも、

(J) 説明がわかりにくくてはいけない
(K) 文法学習はあくまで英語の運用のためのものであるので、文法のための文法であってはならない

という基本的な要請を忘れてはならないでしょう。
　(J)と(K)に関連して、筆者（大津）は「文法学習では深追いしてはいけない」ということを繰り返し言ってきました（たとえば、大津 2004）。学習英文法はあくまで英語学習の効率を高め、効果を上げるためのものですから、妥当性の高い記述や説明を求める科学文法とは質が違うのは当然です。たとえば、「文型」という考えは（それが伝統的な意味で使われている限りにおいて）主として表面的な語順にもとづき、文をいくつかの型に分類するという考えに基づくもので、どれだけ工夫を凝らしても、その中に収まりきれない文が出てきます。しかし、そういうことがあっても、文型を利用すると英語学習の効率が高まり、効果が上がるのであれば、学習英文法の一部として使うのになんら問題はありません。
　問題なのは、今述べたことを承知せずに、《どんな英文でも5文型のどれかに分類できる》と信じて疑わず、学習者にすべての英文の文型分類を強いる教師や、すべての英文を文型分類しないと気がすまない学習者がいることです。学習英文法の一部である文型は「深追いしてはいけない」のです。
　でも、それではほんとうの英語の力が身につかないと不安に感じる向きには、外国語学習では学習者自身が作り出す知識があるのだということを認識していただきたいと思います。考えてみれば、これは当然のことで、いまでも英語の仕組みのすべてが解明されたということはない（だからこ

そ、「英語学」という学問分野が存在できているのです）のですから、教師がどんなに努力しても、英語のすべてを教えることはできません。それでも、うまくいけば、英語が使えるようになるのです。これは学習者自身が自分で「補い」をしていると考えられます。それはちょうど、母語の獲得の場合、子どもは、外界から取り込むことができる情報を質的に超えた知識を身につけることができるのと同じです。

〈参 考 文 献〉

安藤貞雄（2005）『現代英文法講義』開拓社。
江川泰一郎（1991）『英文法解説』改訂三版、金子書房。
石黒昭博（2009）『総合英語 Forest』第 6 版、桐原書店。
大津由紀雄（2004）『英文法の疑問――恥ずかしくてずっと聞けなかったこと』（生活人新書）、NHK 出版。
大津由紀雄（2011）「母語の知識と外国語教育」、佐野富士子・岡秀夫・遊佐典昭・金子朝子（編）『第二言語習得――SLA 研究と外国語教育』（英語教育学大系第 5 巻）、大修館書店。
鈴木希明（2011）『総合英語 be update』いいずな書店。
安井稔（1996）『英文法総覧』改訂版、開拓社。
綿貫陽、マーク・ピーターセン（2006）『表現のための実践ロイヤル英文法』旺文社。
綿貫陽、淀縄光洋、マーク・ピーターセン（1994）『教師のためのロイヤル英文法』旺文社。
Cowan, Ron (2008) *The Teacher's Grammar of English: A Course Book and Reference Guide*. Cambridge, England: Cambridge University Press.
Huddleston, Rodney and Geoffrey K. Pullum (2002) *The Cambridge Grammar of the English Language*. Cambridge, England: Cambridge University Press.
Murphy, Raymond (2004) *English Grammar in Use: a Self-Study Reference and Practice Book for Intermediate Students of English*, third edition. Cambridge, England: Cambridge University Press.
Swan, Michael (2005) *Practical English Usage*, third edition. Oxford: Oxford University Press.
Quirk, Randolph, Sidney Greenbaum, Geoffrey Leech, and Jan Svartvik (1985) *A Comprehensive Grammar of the English Language*, second revised version. Boston: Addison-Wesley.

2 | 学習英文法の歴史的意義と今日的課題

江利川　春雄

1. はじめに

　これからの英語教育を考えるためには、これまでの英語教育を振り返る必要があります。「コミュニケーション重視」も「小学校英語」も、明治期から繰り返し議論され、試行錯誤を重ねてきました。英文法をめぐっても、日本には約150年にわたる議論と実践の歴史があります。小論では、そうした歴史を振り返り、これからの英語教育に示唆を与える問題を中心に考えてみたいと思います。

　150年の間に時代は大きく変わりました。しかし、昔も今も、日本人にとって英語は言語体系が極端に異なるやっかいな外国語であり、日常生活では使わない学習言語です。しかも、英語の授業は週に数時間にすぎず、大規模クラスで学び、受験が主な学習動機であることも変わりません。

　こうした独特の条件下では、英文法の学習が重要な役割を果たしてきました。そのために、幕末・明治以来の先人たちは、英米の母語話者向けの規範文法に改良を加えて、日本人学習者に適した英文法体系と指導・学習法を開発してきました。その精華が「学習英文法」です。

　日本の学習英文法は、欧米の文法教科書、各時代の英語学の知見、英語教授法、教授要目や学習指導要領、入試出題傾向などの影響を受けて進化をとげてきました。そうしたダイナミックな展開をたどりながら、日本人にとっての学習英文法の意義を再考し、今後の課題を考えていきましょう。

2. オランダ語文法から英文法へ

　江戸時代に西洋で唯一交易を許された国はオランダでした。未知のオランダ語を学習する困難さは、杉田玄白の『解体新書』（1774）に感動的に描

かれています。それはあたかも、舵のない小舟で大海原にこぎ出すようなものでした。

しかし19世紀初頭に、長崎蘭通詞の中野柳圃（＝志筑忠雄 1760–1806）がオランダ語文法（ガランマチカ）を大成します。手探りで意味を模索していた蘭学者たちにとって、文法は闇夜を照らす光明でした。門下生の馬場佐十郎は「自ら知らずして拍手して喜声を発すること数回あり。実にこの書は我が業における千金の鴻宝なり」と文法書の威力を賞賛しています（伊村 2003: 20）。ちなみに、馬場たちが魅了されたgrammar（文法）とは、もともと「深遠で神秘的な学問」の意味であり、glamour（女性的な魅力、魔力）と同じ語源です。

日本人による英語研究は、1808年のイギリス戦艦フェートン号の長崎港侵入事件を契機に始まりました。こうして作られた日本最初の英和辞典『諳厄利亜語林大成』（1814）には、簡単な品詞論の解説が付けられており、当初から英文法が研究されていたことがわかります。

日本最初の本格的な英文法書は、1840–41年に書かれた『英文鑑』です。これは幕府天文方の渋川敬直（1815–51）が、英人マレー（Murray, L.）の規範文法書 *English Grammar* のオランダ語版を底本に訳述したもので、品詞論が中心です。ただし鎖国体制下では、これらの英語学習書は部外秘であり、出版は許されませんでした。

日米修好通商条約によって日本は1859年に開港します。こうして、1862年には幕府の蕃書調所が、ロンドンで刊行された *The Elementary Catechisms, English Grammar* （1850）をタイトルだけ『英吉利文典』と変えて英文で出版します。薄い本なので「木の葉文典」とも呼ばれました。オランダ語を経由しない英文法書が日本で刊行されたという意味で、蘭学から英学への時代の移行を象徴する文法書です。

この『英吉利文典』を読み解く参考書として、1866（慶応2）年には足立梅景編述『英吉利文典字類』が刊行されました。この本には、「冠詞」「名詞」「形容詞」「三単現」「過去分詞」「関係代名詞」といった訳語が掲載されており、現在と同じ文法用語の一部は幕末から使われていたことがわかります（図1）。この参考書では、たとえば「acts 規 自動 三単現 働ク」というように、「働ク」という語義だけでなく、「規則動詞、自動詞、三人称単数現在」といった単語自身が持つ文法情報まで書かれています。

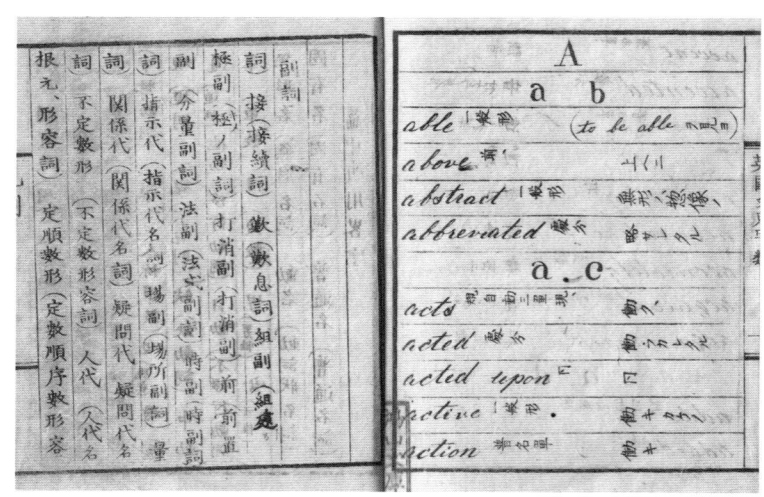

図1　足立梅景編述『英吉利文典字類』(1866)

今日注目されているレキシカル・グラマー（語彙文法）の先駆ともいえる参考書です。さらに、翌1867（慶応3）年には、『英吉利文典』の訳し方を示した「虎の巻」である阿部友之進著『挿訳英吉利文典』も刊行されるなど、英文法の学習人口が拡大していったことがわかります。こうして、時代は明治を迎えます。

3. 日本人向けに進化した学習英文法

3.1 舶来文法書の時代

1869（明治2）年には、福沢諭吉の慶應義塾から『ピネオ氏原板　英文典』が英文のまま翻刻されました。原本はアメリカのピネオ（Pinneo, T. S.）が著した *Primary Grammar of the English Language* です。慶應義塾は幕末・明治前期における英学研究のメッカでした。その英語教授法は「変則式」と呼ばれ、発音にはこだわらず、まず文法を学んで読解力の養成に主力を置くなど、文法訳読式教授法の一つの源流となりました。

明治期の舶来文法書としては、他にカッケンボス（Quackenbos, G. P.）の *First Book in English Grammar* や、スウィントン（Swinton, W.）の *New*

Language Lessons、少し遅れてネスフィールド（Nesfield, J. C.）の *Idiom, Grammar, and Synthesis for High School* などが中等学校の教科書として盛んに使われました。スウィントンの英文典は、文構成（sentence-building）の発想を取り入れることで、従来の文解剖（parsing）など分析本位の文法に総合的な要素を加えており、その後の英文法教材に大きな影響を与えました。ネスフィールドの英文典はインド人に英語を教えた経験にもとづいて書かれており、外国語として英語を学ぶ日本人に受け入れやすいものでした。これらの舶来英文典は、日本人が執筆した文法書にも大きな影響を与えました。

3.2　お雇い外国人の貢献

　日本における学習英文法の確立には、日本人に英語を教えていたお雇い外国人の貢献も見過ごせません。ブリンクリー（Brinkley, F.）は、1875（明治8）年に詳細な日本語解説を付した『語学独案内』を著して、英米の文法書には見られなかった「無生物主語」や受動態をめぐる日英対照、日本人が苦手とする冠詞についても詳述しました（斎藤 2010）。日本語と英語とは言語構造が大きく異なるので、英語母語話者向けの文法書はそのままでは使いにくいことを悟ったからでした。こうして、同書は外国語としての英語（English as a Foreign Language）を学ぶ日本人向け EFL 学習書の先駆けとなりました。

　ディクソン（Dixon, J. M.）は *English Lessons for the Japanese Students*（1886）で日本人学生が困難を感じる事項を詳述しており、斎藤秀三郎の英文法研究に大きな影響を与えました。この他、東大の英語教師だったコックス（Cox, W. D.）の *A Grammar of the English Language for Japanese Students*（全2巻、1880–81）やシーモア（Seymour, J. N.）の *Easy Grammar Lessons for Japanese Students*（1889）なども、学習英文法を日本人向けに体系化するうえで貢献しました。

3.3　斎藤秀三郎らによる学習英文法の体系化

　日本人が執筆した先駆的な文法書としては、1871（明治4）年に刊行された青木輔清の『英文典便覧』があります。しかし、日本人英語教育者による文法書の刊行が本格化したのは 1890 年代からでした。1894（明治27）

年には、中学校教師だった菅沼岩蔵が『初等英文典』を著し、文部省検定を受けた日本人初の文法教科書となりました。崎山元吉の『英語教授書』(1893, 94) も初期の検定教科書で、高等小学校でも使われました。

こうした助走期を経て、「斎藤英文法」の時代を迎えます。大塚高信 (1949) は日本における英語学の発達を、第1期 (明治) の斎藤文法時代と、第2期 (大正・昭和) の市河時代に分けています。その斎藤秀三郎による代表的な文法書が、1898–99 (明治31–32) 年に英文で刊行された全4巻の *Practical English Grammar* (実用英文典) です。この本は、日本の学習英文法の大枠を決定づけました。斎藤は、日本人が理解しにくかった「時制の一致」や「話法」などを詳述し、英語に関するメタ言語的な知識（＝理屈）を意識的に学ばせ、膨大な練習を通じて血肉化させるなど、その後の文法書と指導法に絶大な影響を与えました。

こうして、日本で独自に花開いた学習英文法は、1900年ごろまでの約30年の間に、英米の文法書がほとんど叙述していなかった知覚動詞、使役動詞、全否定と部分否定、意味上の主語、話法、時制の一致、無生物主語、形式目的語、分詞構文、仮定法過去完了などを文法体系に組み込み、今日の原型を作り上げたのです（斎藤 2009）。

さらに、こうした学習英文法の体系化こそが、同時期に確立された「英文解釈法」（南日恒太郎『英文解釈法』は1905年刊行）や「和文英訳法」を下支えし、日本人の英語力増進に寄与しました。

3.4 参考書による学習英文法の普及

学習英文法が日本人に浸透してゆく上で、学習参考書の役割は見逃せません。明治中期までの文法参考書の大半は、ピネオ、カッケンボス、スウィントンなどの舶来英文典の「直訳」、「独案内（ひとりあんない）」、「講義」などと銘打っていました。1897 (明治30) ～1902 (明治35) 年ごろにはネスフィールド文典に準拠した参考書が隆盛をきわめます。これらを経て、明治後期からは国産の文法参考書が支配的地位を獲得していきました。

その代表的なものが、1913 (大正2) 年に発行された山崎貞の『自修英文典』で、構成も例文も師である斎藤秀三郎の『実用英文典』を受け継いでいます。この参考書は改訂を重ね、斎藤が大成した学習英文法を1世紀にわたって普及させます。山崎はその「はしがき」で、日本人にとっての

英文法学習の重要性を明快に述べています。

> 自国語なら、別に文法などやらないでも相応に使いこなすこともできよう。しかし他国語を学ぶのに母国語に熟すると同じやり方で行けというのは、その国に生れ変れというに等しく不可能である。(中略) 文法を知らずして文を作ろう、本を読もうというのは、舵なくして舟を進めようとするようなものである。

この『(新) 自修英文典』がどれほどの影響を与えたかは、様々な手記からも明らかです。中学4年生以上を対象とした『上級英語』(研究社) の「読者だより」には、次のような投書が掲載されています (1930年3月1日号、111頁)。

> 私は、先に某氏の英文法で勉強して居りましたが、三回ばかり通読して幾分自信が出来たと思ふ頃、山崎貞先生の著、新自修英文典の好評を耳にしまして、早速一ヶ月ばかり前に買求め本日丁度第二回の通読を完了いたしました。所で同先生の稀に見る講義振りに依り、僅か一ヶ月にして驚く程、読書力の増進したのを感じて居ります。

文法学習は受験勉強の必須課題でした。1888 (明治21) 年に出題された第二高等中学校〔東北大の前身〕予科第1年級の英文法問題は、(1) 品詞名とその役割、(2) 品詞の修飾・被修飾、(3) 名詞の複数形、(4) 動詞の過去形、(5) 文の解剖 (parsing) といった基礎的な内容でした。その後の入試では、しだいに重箱の隅をつつくような難解な文法問題が出題されるようになり、受験生を悩ませます。それに歯止めをかけたのが、1979年の共通一次試験の導入です。以後は語法問題が増え、文法の理解よりも語法の暗記が求められていきます。

さて、大正期に入ると、言語現象を学問的に研究する「科学文法」が活発になりました。まず1912 (大正元) 年に市河三喜の『英文法研究』が刊行され、1917 (大正6) 年には細江逸記の『英文法汎論』が、1923 (大正12) 年には八木又三の『新英文法』が出版されました。

こうして、岩崎民平 (1936) は科学的文法研究の成果を学校文法に応用

すべきだとの主張を行っています。戦後の英文法参考書では、たとえば江川泰一郎の『英文法解説』(1958) が学習文法と科学文法との橋渡しをする内容になっています。安井稔の『英文法総覧』(1982) も学習文法に新しい言語学の知見を取り入れています。学習英文法は学問的な研究成果を取り込みつつ、たえず進化してきたのです。

4. 戦前の英文法指導法

4.1 英文法の意義と位置

　戦前の旧制中学校は男子のみの5年制（現在の中1～高2に相当）が原則で、成績優秀者が集まるエリートコースでした。英文法はどのように指導されていたのでしょうか。

　1881（明治14）年の「中学校教則大綱」にもとづく兵庫県神戸中学校教則の「英語科授業の要旨」を見ると「綴字・読方・訳読・読書・文法・修辞・習字・作文」が教えられていたことがわかります（大村ほか 1980: 48–49）。文法を教える意義については、次のように書かれています（一部現代表記に改変、以下同じ）。

> 文法および修辞を授くるの要は、英語を理解するの力を鞏固ならしめ、その実用助くるにあり。すなわち文法に依りて言詞章句の法則用格等を知らしめ、修辞に依りて言論文章の潤色、活用等を知らしむるを旨とす

　このように、文法は英語の理解を鞏固にし、実用性を高めると書かれています。コンクリートを支える鉄筋の役割です。

　1886（明治19）年に文部省が定めた「尋常中学校の学科及其程度」では、第一外国語（英語）の内容は「読方・訳解・講読・書取・会話・文法・作文・翻訳」となり、文法の授業は3年生に配当されています。

4.2 英文法の指導方針と内容

　英文法の指導方針は、専門家の意見をふまえて確立されていきました。1898（明治31）年7月には、文部省が学科程度の暫定基準である『尋常中

学校教科細目調査報告』を各中学校に配布しました。調査委員長は外山正一、英語科の委員は神田乃武(ないぶ)、矢田部良吉らで、文法の指導方針は次の通りです。

> 文法は初めは一科として之れを課せず会話作文訳解を教ふるに方(あた)り言辞の実際の用法に就きて少許(しょうきょ)づつ教ふべきものとす。而して生徒の学力或る程度に達したる後は一定の教科書により纏(まと)めて之れを教ふるを良とす。但し法則は単にこれを記憶せしむるに止めず種々の用例に照して之れを活用せしむるを要す。且(かつ)既に文法書を修了せし後と雖(いえど)も訳解作文等を課するに方り常に文法に注意せしめ実際の復習をなさしむべし

はじめは文法教科書を使わず、生徒の学力が一定レベルに達した後に教科書で体系的に教える。その際に、文法の規則を記憶させるだけではなく用例に照らして活用させる、などの基本方針が書かれています。

ただし、当時も今も学校現場は必ずしも法令通りに授業をしたわけではありませんので、法令文書だけでは実態はわかりません。そこで、全国の学校で使用された英語教科書の種類から、実際の授業の様子を見てみましょう。その一端を明らかにする資料が、文部省が編纂したと思われる『大正十二年度　中等学校教科書配当表　中学校の部』で、現在1冊だけ所在が確認されています。手書きで読みにくい上に書誌情報も簡略ですが、特定できた1,619点の英語教科書をグラフにすると図2（次ページ）のようになります。学年ごとに教科書の構成比を示したもので、グラフ中の数字は学校数です。

これによれば、1年生で12校（4.2％）、2年生で25校（8.5％）の学校が文法教科書を生徒に持たせていますが、やはり本格的な使用は3年生以降です。現在でも、文法教科書を使っての指導は大半が高校1年生になってからです（裏メニューですが）。そうした文法指導法は明治期からあまり変わっていないようです。ということは、長い経験と実績に裏打ちされた日本人にふさわしい文法指導法だと言えるでしょう。

さて、1902（明治35）年には初めての「中学校教授要目」が文部省によって定められました。戦後の学習指導要領に当たるものです。この教授

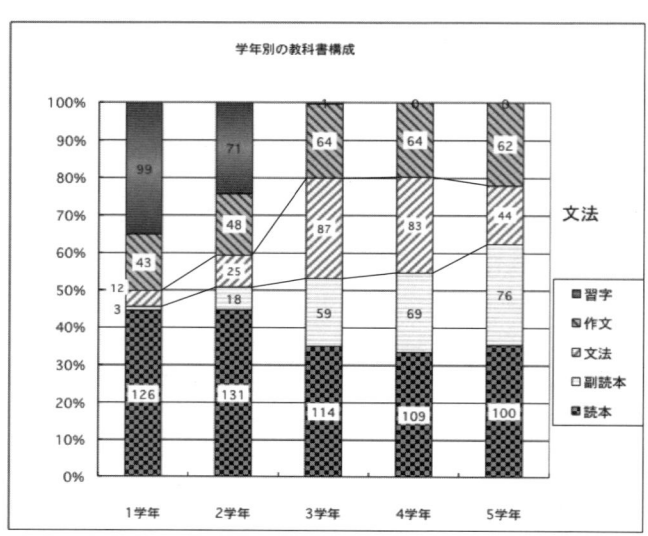

図2　英語教科書の使用状況（1923年）

　要目では、英語の週時数は各学年が6–6–7–7–7時間で、文法の授業は3年生と4年生に1時間ずつ配当されています。その内容は、3年生が「名詞の変化　代名詞の種類及びその変化　動詞の種類及びその変化　形容詞及び副詞の比較　冠詞の種類　文章の解剖」で、4年生が「代名詞の用法　時及び法に関する動詞の用法　前置詞の用法　冠詞の用法　文章論」でした。

　また指導法に関しては、「文法を授くるには生徒をして煩雑なる規則の記憶に陥らしむることなく応用自在ならしめんことを期すべし」とあります。2007年（高校は翌年）に告示された学習指導要領は、中学・高校ともに、文法を「言語活動と効果的に関連付けて指導すること」や、「用語や用法の区別などの指導が中心とならないよう配慮し、実際に活用できるように指導すること」と述べています。ここでもまた、基本方針は明治期の「教授要目」とあまり変わりません。

　「中学校教授要目」は品詞論から教えるよう指示していますが、これはラテン文法に起源を持つ規範文法の伝統に則ったものです。これに対して、岡倉由三郎は『英語教育』（1911）で、「まず知るべき大切の事柄は、文章の要素たる単語の活用変化等より、むしろ単語の位置の観念である。（中

略）文章論〔統語論〕を先にし、その大要に通じてから、徐々に品詞論に入るという進み方を取るべきである」と主張しています。これは実に先駆的な主張で、今日の英文法書では主流となっています。

さらに岡倉は同書で、「初歩の程度によりては、学生自ら文法上の事実を発見し、これを分類総括していくように、教師より補助を与えて誘導するが頗(すこぶ)る有効である」と述べています。入門期には教師が文法規則を演繹的に教え込むよりも、生徒に文法規則を「発見」させるという帰納的な指導法で、現在でも通用する方法です。

4.3　文法用語と教授用言語

現在でも文法用語などはいつから教えるべきかが議論になりますが、「明治43年東京高等師範学校附属中学校教授細目」（1910）には次のように書かれています。

> 第1・第2学年程度にては理論的説明、術語等は務めてこれを避くることとし、たとえば動詞のPrincipal Parts の如きは、第1の形（又は現在）第2の形（又は過去）及び第3の形と呼びて、過去分詞なる名称はなるべく教えざる方針をとる。

日本語と英語のどちらで教えるかという教授用語の問題も、明治期から議論されてきました。先の東京高師附属中の教授細目は、教室内での「英語を用ふる場合と国語を用ふる場合」について次のように定めています。

> 外国語の授業時間には生徒をしてその外国語の行わるる社会中にある如き感を抱かしむるを可とす。たとえば、教場管理に関する事項を談話する場合、すでに授けたる語句を用いて説明し得る場合、国語を用いずとも絵画・身振等の助けをかり英語にて説明しうべき場合、及び復習・練習に用うる問答等はなるべく英語のみを用う。されど、例えば事物の名称の如き、英語を用いては徒(いたず)らに長き説明を要するもの、並びに文法上の説明の如き、正確を要するものは、国語を用うることとす。（全文の大意を言わしめ又は文の形式及び語句を説明する際に国語を用うる場合あることは読方教授の章参照）

「文法上の説明の如き、正確を要するものは、国語を用うる」など、指導の内容や局面によっては日本語を使うことも奨励しています。ところが、文部科学省は2009年告示の高校学習指導要領で「授業は英語で行うことを基本とする」と一律に定めてしまいました。適度な母語の使用が外国語学習の効率を高めることは、内外の研究からも明らかになっています（亘理2011など）。使用言語の問題では、100年以上も前の「教授細目」のほうに軍配を上げざるを得ません。

5. 英文法必要・不要論争

日清戦争（1894）に勝利し、日本は資本主義的な基盤を急速に強化しました。急増する貿易実務のために「使える英語」を求める経済界からの影響もあり、1900〜1910年ごろに「英語が話せないのは文法を意識しすぎるからだ」といった英文法不要論が沸き起こりました（斎藤2011b）。生田長江は『英語独習法』（1910）の中で、「従前はこの文法ということを、たいそうやかましく申した（中略）これに反して近来は、文法の必要を甚だ軽く見るような傾向が生じております。なかには、文法などどうでもよいというような、乱暴な議論を唱えている人もあります」と述べています。こうした動きに呼応して、文法や訳読によらず幼児のように英語を英語のまま学ぶべきだとするナチュラル・メソッドも紹介されました。

この時期の英文法必要論・不要論を読むと、今日まで続く論点がほとんど出つくしていたことがわかります。不要論から見てみましょう。

明治期を代表する英学者だった神田乃武は、「文法は学んでこれを得るよりも、むしろ習慣と模倣とによりてこれを得ざるべからず。ゆえに余はむしろ会話の演習よりして自然に生徒を文法的に訓練せんと欲するなり」との意見を述べています（神田1898: 5）。神田は14歳で渡米して以来ずっとアメリカで教育を受けた人ですから、必ずしも日本人の実情に合った英語学習法を熟知していたわけではありません。皮肉なことに、神田乃武が著者名義になっている英文法の検定教科書は17種類もあり、そのシェアは1910（明治43）年の時点で英文法部門の上位4位までを独占していました（小篠・江利川2004: 12）。

牛中山人（1907: 259）の論文「文法倒れ」では、次のような主張が述べ

られています。

> 世界的活動をなすには先づ、外国語を巧みに操る必要がある（中略）英語に至りては、小学時代よりポツポツこれを始め、中学に進んでは随分たくさんの時間をこれに費やし、さらに進んで高等の学校に入りて益々これを勉強するにかかわらず、その結果の極めて劣悪なるは困り切ったことである。（中略）今日中学の英語学は、余りに文法学に傾いて、肝心の練習は常にお留守に相成るの一事である。

「グローバル化だ」「使える英語だ」と叫ぶ現在の財界人の意見を聞いているような錯覚に襲われるのは私だけでしょうか。

次に英文法必要論をみてみましょう。こちらのほうが多数派でした。斎藤秀三郎門下の佐川春水（1909: 3）は次のように述べています。

> 英語は日本人にとりては絶対的に外国語にして両語の間に存する語法の相違甚しきが故に、日本人は決して独仏の学生と等しき方法にて英語を学ぶこと能はざることなり。（中略）文法、翻訳等は之を適法に用ふれば此困難なる国語を学習する上に多大の効用あるを信ず。

佐川はここで、日本語と英語との言語的な距離が離れていることを論拠にしています。たしかに、両者は「鏡像言語」と言われるほど音声、文字、語順などの言語構造が異なります。アメリカ国務省のForeign Service Instituteの調査（1973）によれば、アメリカ人の国務省研修生が日常生活に支障のないレベルの外国語会話能力の習得に要する時間は、フランス語やドイツ語などでは約720時間なのに対して、日本語・中国語・アラビア語などでは約2,400〜2,760時間の集中的な特訓が必要だそうです。つまり、日本人が日常会話レベルの英語力を獲得するために必要な時間は、フランス人やドイツ人の3〜4倍かかるということです。

日本という特異な言語環境にふさわしい英語教育・学習法を考えるためには、欧米の第二言語習得理論などだけに依拠せずに、日本人の過去の英語教育・学習史から学ぶことも大切なのです。

なお、多くの論争がそうであるように、英文法必要・不要論争は決着が

つかないまま終わりました。しかし、どちらが正しかったかは歴史の事実が証明しています。文部省の検定認可を受けた英文法教科書は、戦前の中学校用だけで278種もあり（江利川 2006: 24）、参考書は数えきれません。

6. 戦後の英文法教育

　戦後初期の学習指導要領は拘束力のない「試案」でした。1958（昭和33）年告示の中学校指導要領からは、文法・文型を学年別に固定し、文法シラバスによる画一的な言語材料配列を強いました。たとえば、過去形を1年生で教えようとすれば教科書検定で落とされるという理不尽なものでした。こうした国家的愚挙を約30年も続けたのちに、1990年代からは方針を一転させ、機能や場面などを重視するコミュニカティブな英語教育が進められました。

　高校では1978（昭和53）年告示の指導要領によって英文法の検定教科書が廃止され、文法の授業は表舞台から消されました。こうした文法軽視に対して、予備校講師だった伊藤和夫は『英文法教室』（1979）で痛烈な批判を加えています。

> 言葉の学習は、何よりもまずそれぞれの言語に固有のロゴスを身につけることである。高校生の頭脳はすでに記憶力のピークを越え、反面理解力と分析力が伸張していることを考えれば、方法性を欠いた反復の中からひとりでに言葉が身につくことを期待しても効果は薄い。英米人は文法を知らなくても英語が使えるのだから日本の学生にも文法は無用のはずだというのは、母国語の学習と外国語のそれとを混同した暴論である。文法を追放することは、英語学習からその科学性を奪い、所詮は不可能な幼児期への退行を強いることなのである。

　母語と外国語の習得法が異なることは、近年再評価されているヴィゴツキーの『思考と言語』（1934）などが先駆的に明らかにしています。また、知的に発達した高校レベルでは「理解力と分析力」を駆使した文法学習が不可欠だという意見も、明治期から実践されてきた文法指導の実態に合致しています。

しかし、その後も経済界などからの英文法に対する逆風が吹き荒れました。中曽根内閣下の臨時教育審議会は、第二次答申（1986）で、中・高の英語教育が「文法知識の習得と読解力の養成に重点が置かれ過ぎている」と断罪し、翌年の最終答申でオーラル・コミュニケーション重視を打ち出しました。

　2000年には経団連が「小・中・高校においては、英会話を重視した英語教育に一層の力を入れるべきである」と要望しました。こうした意向を受けて、文科省は「『英語が使える日本人』の育成のための行動計画」（2003–07年度）を実施し、オーラル重視を強めました。

　しかし現実には、「英語が使える」どころか、「英語が嫌い」「わからない」子どもが増え続けています。斉田（2010）によれば、高校入学時での英語学力は1995年から14年連続で低下し続け、下落幅は偏差値換算で7.4にも達します。中学2年生を対象としたBenesse教育研究開発センターの調査（2009）では、英語が（とても＋やや）「苦手」が61.8％にも達しています。苦手分野を尋ねると、生徒たちの実に78.6％が「文法が難しい」と回答しており、ダントツの第1位です。

　これは、子どもたちの「自己責任」でしょうか。2002年度から実施された中学校学習指導要領には、驚いたことに英文法の意義や指導法について何ひとつ書かれていません。中学では文法指導をしていない教員が3割に達するという報告もあります。文の仕組みも理解させないまま、英会話のまねを繰り返させる。これでは、「文法がわからない」「英語が理解できない」と子どもたちが悲鳴を上げるのも当然ではないでしょうか。

7. おわりに

　日本人にとって、英語は言語構造が著しく異なる習得困難な外国語です。明治以降の先人たちは、自分の体験を通じて、日本人の英語学習に適した学習英文法を開発し、その指導法と学習法を磨いてきました。

　近年の危機的な英語学力の低下をくい止めるためには、日本人にふさわしい英語学習法をいま一度再考する必要があります。そのカギの一つが、約150年にわたって日本で進化をとげてきた「学習英文法」の歴史的意義を再評価し、活用することではないでしょうか。

もちろん、学習英文法にも課題はあります。当面は以下のような取り組みが必要でしょう。
　（1）　意味論、口語文法、語法研究、コーパス言語学などの成果の摂取
　（2）　文法指導事項の精選と段階化の研究
　（3）　明示的で体系的な文法指導を進める時期と方法の検討
　（4）　協同学習や自己表現活動によって文法知識を運用力に高める工夫
　（5）　様々な情報メディアの活用による多面的な文法指導法の開発
　多くはすでに着手されつつあります。これらを通じて、今日の日本人の学習環境に合った学習英文法の内容と指導法をさらに進化させて行きましょう。

〈主要参考文献〉

生田長江（1910）『英語独習法』新潮社。
井田好治（1968）「英文法：紹介と研究」『日本の英学一〇〇年・明治編』研究社出版。
伊藤和夫（1979）『英文法教室』研究社出版。
伊藤裕道（2003）「英文法教育の歴史と大学に於ける英文法教育の今日的課題」拓殖大学言語文化研究所『語学研究』102号。
伊村元道（2003）『日本の英語教育200年』大修館書店。
岩崎民平（1936）『英文法の教授と問題』（英語教育叢書）、研究社。
牛中山人（1907）「文法倒れ」『東洋経済新報』第423号。
江利川春雄（2006）『近代日本の英語科教育史――職業系諸学校による英語教育の大衆化過程』東信堂。
江利川春雄（2008）『日本人は英語をどう学んできたか――英語教育の社会文化史』研究社。
江利川春雄（2009）『英語教育のポリティクス――競争から協同へ』三友社出版。
江利川春雄（2011）『受験英語と日本人――入試問題と参考書からみる英語学習史』研究社。
大塚高信（1949）『英語学論考』研究社。
大村喜吉・高梨健吉・出来成訓編（1980）『英語教育史資料1』東京法令出版。
小篠敏明・江利川春雄編著（2004）『英語教科書の歴史的研究』辞游社。
神田乃武（1898）「英語学の研究」『英語世界』第1巻第8号、英語世界社。
斉田智里（2010）「項目応答理論を用いた事後的等化法による英語学力の経年変化に関する研究」（名古屋大学提出の博士論文：未刊行）。
斎藤浩一（2009）「〈学校文法〉の論理：その成立の過程と要因」（東京大学提出の修士論文：未刊行）

斎藤浩一 (2010)「ブリンクリ著『語學獨案内』と斎藤文法：日本における日英比較対照研究の源流」『日本英語教育史研究』第 25 号。
斎藤浩一 (2011a)「日本の学習英文法史：「国産」文法項目を中心に」東京大学大学院総合文化研究科『言語情報科学』第 2 巻第 6 号。
斎藤浩一 (2011b)「明治期英文法排撃論と実業界」『日本英語教育史研究』第 26 号。
佐川春水 (1909)「時と金の浪費のみ」『英語の日本』第 2 巻第 6 号。
Benesse 教育研究開発センター (2009)『第 1 回中学校英語に関する基本調査（生徒調査）』ベネッセコーポレーション。
亘理陽一 (2011)「外国語としての英語の教育における使用言語のバランスに関する批判的考察」『教育学の研究と実践』第 6 号、北海道教育学会。

> **オススメの学習英文法関連書**
>
> ・伊藤和夫 (1979)『英文法教室』研究社。
>   英語を成り立たせている原理を思索する魅力。「英語を学べばバカになる」という路線とは対極の本。こんな本なら「英語を学べば利口になる」だろう。
> ・江川泰一郎 (1991)『英文法解説』改訂第三版、金子書房。
>   座右の書。これ 1 冊でまず対応できる。的確な解説、選び抜かれた用例、学習英文法を超えた世界へのいざない。学習英文法の未来は本書を超えることから始まる。

3 足場としての学習英文法

斎藤　兆史

1. 序——新たな視座から

　昨年の秋に大学院教育学研究科・教育学部に学内異動になり、英語教育に関する新たな視座を得ました。同じ英語教育関連の仕事をするにしても、いままでは八割方英語教師としてそこに関わってきたので、仕事をしているときには大学生・大学院生だけを前にしていることが多かったのですが、いまや学習者（本稿では、英語を学習する「児童」、「生徒」、「学生」、「院生」と書き分ける代わりに、それらをひとまとめにしてこの用語を用いることにします）と教師のやり取りを傍から見ることが多くなりました。そのような視座から改めて英語教育を見つめ直し、いままでの認識をいくつか微修正しつつ再確認しています。

　まず、日本語と英語の言語的な距離を考えた場合、現在の学校の授業時間のなかだけで学習者に高度な英語力を授けることの難しさに改めて思い至ります。昔の英語教育の大御所である岡倉由三郎は、著書『英語教育』（1911）のなかで「かのあらゆる学科に原書を用ゐなければならなかつた時代には、英語の力の上から見て、其活用方面は兎まれ、単語に於ては、充分豊富なる知識を有するを得たことは事実である」（下点筆者）と書いています。逆に言えば、英語漬け教育を受けた明治初期のエリートでさえ、英語の「活用」に苦労していたと考えられます。新聞記者の杉村楚人冠は、大正時代、英語廃止論を展開しつつ、「今の中学校の英語教育ほど無用のものはない。一週間十時間位教へて、五年たつたところで何になるものでない。（中略）中学校を卒業しても、話も出来なければ手紙も書けない」（「英語追放論」、『東京朝日新聞』、1924年6月22日）と嘆じました。ここでの「中学校」は旧制中学で、いまの中学1年から高校2年あたりに相当します。そこで週に10時間ほど教えても「話も出来なければ手紙も書けない」

とすれば、現在のように週3〜5時間程度教えて、高校修了時に「使える英語」を身につけるのが（「使える英語」の定義にもよりますが）いかに難しいかがわかると思います。教室現場を見るにつけ、現在の制度的制約のなかで英語教育にできることは、学習者に英語の基礎を与えることだけであるとの思いを強めています。

また、英語教育には科学では割り切れない部分が多いとの認識も深まりました。私は、けっして純粋な第二言語習得理論の科学性を否定するつもりはありません。しかしながら、授業研究や教室SLAの名の下に行われるアンケート調査や実験の結果が、かならずしも長い目で見た場合の学習者の英語習得を包括的に捉えているようにはとても思えません。むしろ本当に効果的な英語教授・学習法がどのようなものかは、結果的に高度な英語力を身につけた「英語学習成功者」の記録や談話から、事例研究やオーラル・ヒストリーの手法を用いつつ割り出していくべきだと思われます。私自身はその立場で研究をしてきましたし、そのような方向で研究を進める新しいプロジェクトにもいくつか関わっています。

さらに、教育を中心的な関心事とする部局に異動になって鮮明に見えてきたのは、英語教育の現場が、そもそも学習者と教師が作り上げる教育空間であり、両者の人間関係（rapport）がとても重要だということです。誤解のないように申し上げておけば、私は、英語教育に余計な機能を持たせる考え方には反対です。英語教育の目的は、あくまで学習者の英語力を伸ばすという一点に収斂していくべきものです。とはいえ、学習者の英語力の伸長を目指すにしても、まず基本となるのは、学習者と教師との自然で良好な人間関係の構築です。日本においてその基本的な教育の枠組みを作り上げる際、日本語の果たすべき役割が重要であることは言うまでもありません。現在、英語教育の現場から教授言語としての日本語を一律に排除しようとする動きがありますが、私は、学習者ができるだけ多くの、上質な（ここが重要！）英語に触れるべきであるとの立場に立ちながらも、この動きに対しては異を唱えたいと思います。

2. 学習英文法に関する私の認識

本稿では、日本人の英語学習にとって学習英文法の勉強が有効な足場と

なるとの論を展開したいと思います。そして、その足場を築くうえで教師の役割が重要であることも論じます。「足場」という比喩を使うと、教育学で言うところの「足場掛け」(scaffolding；親、教師、先輩などが対話のなかで学習者に対して支援を行うこと)を思い起こすかもしれませんが、私は次のように少し違った意味でこの言葉を使い、とくに日本語を介した文法学習の重要性を説いてきました。

> たとえを用いて説明しましょう。母語話者は小さいときから一つ一つ石を積み上げながら家を造ります。ときには石の大きさが合わなかったり、途中でくずれてしまったり、いろいろな試行錯誤を繰り返しながら、最終的に堅固な石造りの家を建てます。一方、英語を外国語として学ぶ日本人は、いまから石選びなどやっていられない。ともかく突貫工事で家を完成させなくてはならないのです。そのためには、木枠を組み、足場を組んで、急いでコンクリートを流し込んで壁を固めてしまう必要がある。木枠も足場も、いずれは取り去ってしまうものですが、最初にそれをしっかりと作らないと作業が始まりません。(斎藤 2007: 39)

言い換えれば、ある言語の母語話者は、生まれたときからその言語が使用される環境に置かれているために、知らず知らずのうちにその文法を獲得しますが、外国語を学習する際には、すでに獲得している母語を足掛かりとしてその構造を理解する必要があり、またそのような理解の仕方が効果的だということです。第二言語習得研究のなかには、意識的な学習や母語使用の効果を否定する理論を提示しているものもありますが、いずれも仮説にすぎません。私は、短期的な実験によって導き出された仮説よりも、200年以上にわたる日本人の英語受容・学習史、加えて40年にわたる自らの英語学習・教育経験のほうがよほど信頼できるデータだと思っていますので、それに基づいて論を進めます。

本稿では、「足場」という比喩で日本の学習英文法の機能を説明しますが、もう一つ、比喩としてわかりやすいものは「補助線」です。たとえば、一見しただけでは認識しづらい多角形があったとします。ところが、この角とこの角、この角とこの角を線で結ぶと、それがいくつか単純な三角形

の組合せとして認識しやすくなる。理解を助けるそのような線のことです。いまの英語教育研究においては、たとえて言えば、補助線を引くのは余計な作業で、最初の多角形をそのまま理解するように努めるべきだというような論が目立ちますが、まずわかりやすく鉛筆描きで補助線を引いておいたほうがよほど図形の理解が深まるように思われます。この比喩に沿って言えば、日本語を母語とする人間が英語を見るとき、それを理解しやすくするために先人たちが引いてくれた補助線、それが学習英文法です。先人たちが苦労して作り上げたという意味で言えば、「知恵の結晶」などの比喩で敬意を表することもできそうです。

　「足場」、「補助線」という比喩の裏には、学習英文法の知識に関する（少なくとも私の考える）重要な含意があります。すなわち、いずれは取り外すべきもの、消すべきもの、という意味合いです。現在の英語教育においては、できるだけ英語は英語のまま、日本語を介さずに理解させたほうがいい、文法項目は明示的に教えるのでなく、さり気なく気づかせるような指導がいい、との主張がなされることが少なくありません。英語を英語のまま理解する、文法の存在に自然に気づく、と言えば聞こえはいいですし、それができればできるに越したことはない。だが、現実にはそれほど簡単なことではありません。そこでまず足場、補助線が必要となり、肝心の知識、技術が身についた段階でそれを取り外す作業をすることになります。もちろん、英文法の知識と運用能力がついた段階でもまだ文法項目に興味があるのであれば、無理にその知識を取り除く必要はありません。学習英文法自体、とても奥の深いものですから、大いに研究していただく価値があります。

　母語の獲得と違い、外国語の学習は、基本的に楽器の練習や身体訓練と同じです。まず規則を学び、型を反復練習することによって、（うまく行けば）自然に技を繰り出すことができるようになります。ジャズ・ピアノの即興演奏を例に取りましょう。ピアノに向かって自由に引きまくればジャズになるか。そんなことは絶対にありません。まずは複雑なジャズの楽理を学び、どのコードのときにどのスケールが使えるか、どの音が緊張音となるのかを頭で、理屈で覚え、ジャズの名手の演奏を聴き、その楽譜をさらい、反復練習をすることで、指が自然にジャズの規則に適った動きをするようになるのです。ジャズの勉強と即興演奏のプロセスは、外国語学習

とその延長線上にある外国語の運用のプロセスととても似ている部分が多いので、私はよく両者を並べて説明します。ジャズの即興演奏が思うようにできないときは、どうするか。単純な話です。反復練習に戻り、ジャズの演奏を体が覚えるまでそれをひたすら繰り返すだけです。よく日本人は文法を気にしすぎるから英語が使えないと言われますが、そうではない。文法が気にならなくなるまで十分に文法を体に叩き込んでいないから使えないのです。

3. 英文法指導の要点・注意点

　昔、私自身もジャズ・ピアノの即興演奏がしたくて、ジャズ・ピアニストにどうすればいいかをたずねたことがあります。単純な答えが返ってきました。「人に教わるのが一番早いですよ」。英語学習もしかり。教師の役割がとても大事です。昨今は、「学習者主体」、「発見型学習」、「協同学習」といった聞こえのいい理念の下に、英語教育においても、学習者同士でコミュニケーションを図り、自分たちで英語の構造に気づくことを奨励するような教え方がよしとされていますが、私は、教師が教室にいることの意味をもう少し重視してもいいと思っています。もちろん、悪い教授法として（なぜか昔の英語の教授法がすべてそのようなものであったかのような言い方で）しばしば引合いに出される、教師がひたすら教科書の英文の日本語訳を読み上げ、それを生徒が書き写しているといった教え方は避けるべきです。それは、いつの時代においてもまずい教え方です。一方、たとえ昔であっても教え方の上手な教師はいたはずで、昔の教授法は文法・訳読中心の悪い授業で、これからは学習者を主体とした、発見型の協同学習に切り替えるべきであるとの主張を耳にすると、やや振り子が反対に揺れすぎたと思わざるを得ません。どの科目についても言えることですが、とくに英語は、学習者がお互いに教え合える類の科目ではありません。

　学習者が主体となる、自ら発見する、協同で学ぶ。いずれも大事なことです。しかしながら、母語ではない言語の文法に気づく、それを教え合うのは至難の技です。そこでまず基本的な語彙や文法を明示的に教える必要があるのですが、残念ながら、昨今の英語教育は明示的な指導を嫌い、逆に「気づき」を偏重する傾向にあります。とくに中学校段階におけるその

ような傾向に触れ、東京大学大学院教育学研究科・教育学部の研究科長・学部長の市川伸一教授は、次のような鋭い批判を行っています。

> 一九九〇年代以降、ネイティブの子どもをモデルとして、「教えないで気づかせる」という暗示的な指導法が、我が国の中学校でも盛んになったという経緯がある。(中略)私は、年齢も環境も異なる学習者に、このような学習論・教育論を押しつけた関係者に驚きと怒りを禁じ得ない。こうした論者に「教えて考えさせる授業を」といっても、「教えるのは古い」と一蹴されるだけだろう。学力低下が最も顕著な教科といえば、私は学習相談の経験上、「中学校の英語」と答えている。(市川 2012)

　私もまったく同意見です。学習者の「気づき」を促すためにも、まずは英文法や語彙を明示的に教える必要があると考えます。昔の文法指導を、構文を単発的に教えるだけのものとして Focus on Forms と呼び、それに対し、文脈のあるコミュニケーションのなかで文法に気づかせる Focus on Form のほうが効果的であるとする考え方が昨今流行しているようです。もちろん、英語だけでやり取りをするなかで学習者が文法の機能や語法の誤りに気づくならそれに越したことはありませんが、それに気づくためにはそもそもある程度の文法知識が必要です。それを学習者に授けるためにも、英文法の基礎的な部分は明示的に教えてしまったほうが簡単である場合が少なくありません。

　同じ意味で、文法指導を訳読と組み合わせることが効果的な場合もあります。訳読というと、古くさい、効果のない教授法の代表格になっている感がありますが、効果がないのは「下手な訳読」です。上手に用いれば、文脈のなかでこれほどわかりやすく文法が解説でき、またこれほど正確に英文を読み解く能力を伸ばす教授法はありません。「西洋ではとうの昔に廃れた文法訳読式教授法をまだ行っている日本の英語教育は間違っている」というような批判がなされることがありますが、ギリシャ・ラテンの古典語教育の方法論を基にする西洋の Grammar-Translation Method と漢文訓読の流れを汲む日本の訳読はまったく違います(平賀 2005; 2007, 56–92)。この２つの教授法の混同が不当な訳読排斥を引き起こしてきたのは残念な

ことです。訳読、あるいは少なくとも「訳すこと」の効用は再評価されてしかるべきものです (Cook 2010; 菅原 2011 参照)。もちろん、私は訳読だけをやるべきだと主張するつもりは毛頭ありませんし、それが授業の中心を成すことすら好ましいことだとは思いません。あくまで私が主張したいのは、用い方次第で効果のある教授法であるかぎり、訳読というだけで拒絶反応を示すのはよくない、訳読にも果たすべき役割がある、ということなのです (Saito 2012)。

　文法指導を行う際、それが語学の指導であるかぎりにおいて、音声面の指導も怠ってはいけないということも、ここで強調しておきたいと思います。例文を音読させたり、必要に応じて発音指導・矯正を行う必要もあります。私自身は、放送大学の放送授業において、履修者が聞き取り教材の英文の理解を確認しやすいように訳読式でその構文を解説し、日本語だけが頭に残らないように、もう一度教材の音声を流します。放送授業の制約上、発音指導はできませんが、できるだけ履修者が英語の音声に慣れるような工夫をしました。

4. 教師自身の文法学習

　文法の授業において教師がしかるべき役割を果たすためには、教師自身が学習英文法に関する豊富な知識を有している必要があります。次項で述べるとおり、学習者の個性を考えて「文法を気にするな」と指導する場合にも、教師は必要に応じて文法構造を説明できるだけの知識を有していなければいけません。そのためには、常日頃から学習英文法を研究し、自己研鑽に励むことが大事であることを、自戒の意味も込めてここに記しておきたいと思います。もちろん、学習英文法は、英語話者の頭のなかにある文法を学習者にわかりやすく説明するための一つの方便ですから、5 文型についてよく言われるように、完全なものではありません。さまざまな不備があります。そして、足場として用いるものと考えれば、建築物そのものと違って寸法のゆがみがあっても仕方がありませんが、できればあまりぐらぐらしないほうがいい。そのために教師はどこにパイプを立てるか、どこに横板を置くかを工夫する必要があります。

　たとえば、クワークらの有名な伝統文法の本 (Quirk et al. 1985) のなか

に次のような記述があります。

> For example, we can say (or write) one or the other of each of these pairs:
> He stayed a week. ～ He stayed for a week. (Quirk et al. 1985: 31)

どちらの言い方／書き方でもいいと書いてありますが、ならばなぜ一方の文には for があって他方にはないのか。そういうことに疑問を持つ学習者は当然いるはずです。そのときにどう説明するか。そのあたりはあまり気にするな、と言ってしまうのも一法です。でも、きちんと説明したほうが納得してくれる学習者もいます。そういう場合には、たとえば、左の文では不定冠詞＋名詞の week のひとまとまりで副詞と同じ働きをしており、右の文では、for が期間を導く前置詞、不定冠詞＋week があくまで「一週間」という意味の名詞句で、3 語ひとまとまりで副詞的な働きをしていると説明してもいいでしょう。for a week のような句は、前置詞に導かれるという意味で、言語学・英語学では前置詞句と呼ばれますが、学校文法では、品詞としての機能に基づいて副詞句と説明されることも多いので、この説明をどうするかも教師の裁量にかかっています。また、どちらの言い方／書き方でもいいといっても、形が違う以上、意味も文体もまったく同一ではありません。for a week のほうが期間を明示的に表していますし、文の前半部が He stayed with his family であったとすれば、文体的には for を入れるほうが自然でしょう。このようなことについて説明をするかしないか、あるいはどういう説明をするかは教師の選択にかかっていますが、そもそも教師自身が十分な文法知識を有している必要があります。

　あるいは、『研究社新英和大辞典』第 6 版の spend の項目に He spent a lot of time (in) fixing his car という例文が載っており、「in を用いないほうが普通」との注記があります。これも、「～するのに時間を使う」と言う場合にはとにかく spend のあとに動詞の ing 形を持ってくると指導する手もありますが、「この ing は何だろう？」と気になってしまう学習者もいる。その場合には、in（あるいは on）を入れるときの ing 形は動名詞で、入れないときには現在分詞である、と説明してもいいでしょう。どうでもいいようですが、そのような説明は、たとえば look forward to のあとには不定

詞ではなくて動名詞が来ることを理解させるときにも活きてきます。

　少しマニアックな例を挙げましょう。日本の学校文法で言うところの It … that の強調構文を用いて現在時制の文中のある要素を強調する場合、It を受ける be 動詞は現在形の is となります。しかし元の文の時制が過去の場合、It を受けるのは is か was か。私はあまり本格的に考えたことがなかったのですが、この言語事象に興味を持つ学習者もいるような気がします。質問されたら困っていたところでした。じつは、これに関する記述が Quirk et al. (1985: 1386) にあることを最初に教えてくれたのは、比較文学研究の権威であり、学習英文法にも大変お詳しい東大名誉教授の川本皓嗣先生でした。それによると、Miss Williams enjoys reading novels の novels の部分を強調する場合は、It is (was は不可) novels that Miss Williams enjoys reading となりますが、元の文が過去の場合、主節の It を受ける最初の be 動詞と次の従属節中にある動詞の時制との間には、次のとおり単なる語法以外の要素が関係するようです。

　　Where the second verb is past, the first can always be past:
　　　It was novels that Miss Williams enjoyed as a pastime.
　　　It was as a pastime that Miss Williams enjoyed reading novels.
　　But the first verb may be in the present where the persons concerned are still living or the objects concerned still familiar in the participants' experience:
　　　It is Miss Williams that enjoyed reading novels as a pastime.
　　　It is these very novels that Miss Williams enjoyed reading as a pastime.
　　　*It is as a pastime that Miss Williams enjoyed reading novels.

要するに、従属節が過去の場合、主節が過去であるぶんには問題ないが、強調されている人が生きている場合、あるいは強調されている事物が話者にとって親しみがある場合、主節が現在形になる場合もあり得るということです (as a pastime は、その条件には合わないので、最後の文は不可となります)。

　教育の現場でここまでの文法を議論することはあまりないかもしれませ

ん。しかしながら、教師は、どのような質問を受けてもいいように、普段から文法書をひもとき、研鑽に励むべきだと考えます。文法事項を知った上で教えるか教えないかの判断をすることと、自分でもよくわからないから知らなくていいと指導することとの間には、天と地ほどの開きがあります。

5. 英語教師に対する要望——ふたたび新しい視座から

　学習者に英文法の指導を行うには、教師自身がしっかりとした学習英文法の知識を身につけることが必要であることを論じました。さらに言えば、英語の教師には、英語使用者としての手本を示す責務を認識し、つねに自らの英語力を高める努力をしてほしいと思います。昨今の英語教師養成のプログラムがもっぱら教授法の研究のみを重視し、教師の英語力の増強をほとんど顧みないのは残念なことです。夏目漱石は、いまから100年も前に、「語学養成法」（『学生』、1911）という論文のなかで次のように論じています。

　　教授法とは畢竟、適当な教師が周囲の事情を見計らつて、これが最良（ベスト）だと思つて実行しつゝある教授を概括して、条項に書き並べたものに過ぎない。故に適当な教師が居なければ、如何に条項が完備してゐても、到底その運用ができるものではない。同時に適当な教師さへあれば、教授法などが制定せられなくても、その行ふ所が自然教授法の規定した細目に合ふ訳である。

もちろん、ここでの「適当な教師」とは、英語力が高い教師という意味だけではありませんが、高度な英語力を有することは「適当な教師」の必要最低条件だろうと思います。
　最後に、ふたたび私の新しい視座からの要望を書き記しておきます。英語教育は科学である前に教育です。科学的な側面よりもはるかに教育的な側面の多い営みだと言ったほうがいいかもしれません。したがって、教師には、つねにクラスや生徒の個性に応じた指導を心がけてほしいと思います。英語教育において理想的な教師と学習者の人数比を考えた場合、一対

一が一番いいことを疑う人はあまりいないと思われます。たとえば、目の前にいる一人の生徒が、文法に凝り固まって萎縮してしまい、一言も英語を話せなかったらどうするか。おそらく私でも、「そんなに文法を気にしないで、もっと伸び伸びと話しましょう」と指導します。逆に、その生徒が社交性にすぐれ、文法無視でひたすら単語を並べてコミュニケーションを図るタイプであったら、「もう少し構文を考えてごらん」と指導するでしょう。

　ならば、一対二の教室で、目の前の二人の生徒がそれぞれのタイプであったらどうするか。授業の半分で英語による自由な対話を図り、残りの半分で文法の解説をするか、授業ごとに教え方を変えるか、あるいは全体として英語力の高い／低いほうの生徒に合わせるか。さらに、それぞれ個性の違う生徒が3人、4人、10人、30人になったらどうするか。マイケル・サンデル教授の正義論ではありませんが、ここにはもう絶対的に正しい結論などありません。教師が、それぞれの教室の個性に合わせた教授法を工夫しなくてはいけないのです。

　そのためには、教師自身がまず多くの教授法に熟達していなくてはいけない。いろいろな道具を持ち、学習英文法の足場が必要となれば、クラスの個性に応じた足場を築く道具を選んでそれを組み立てられるだけの力量がなくてはならない。そこに教師の役割があります。

　そして、もう一つ要望したいことは、教師が自分の得意技を大事にする、ということです。昨今は、文法・読解指導を得意とする先生方が肩身の狭い思いをすることが多い。自分の得意技を活かすのはいけないことだと思い込まされていることが多い。それは残念なことです。文法・読解指導をしてはいけないことはまったくありません。訳読をしたら絶対にいけないというのも、おかしな指針です。教師は自らの得意技を活かし、必要とあらば発音指導も、会話指導もできるように研鑽を積む。そのような教師がいい教師だと私は確信します。

〈参考文献〉

市川伸一（2012）「各教科・各校種での『教えて考えさせる授業』」、連載「『教えて考えさせる授業』をめぐって」第10回、『現代教育科学』、No. 66, 91–95頁。
斎藤兆史（2007）『これが正しい！　英語学習法』筑摩書房。

菅原克也（2011）『英語と日本語のあいだ』講談社．
平賀優子（2005）「『文法・訳読式教授法』の定義再考」、『日本英語教育史研究』第20号、7–26頁．
平賀優子（2007）『日本の英語教授法史――文法・訳読式教授法存続の意義』、博士論文（東京大学大学院総合文化研究科）．
Cook, Guy (2010) *Translation in Language Teaching*. Oxford: Oxford University Press.［斎藤兆史・北和丈訳（2012）『英語教育と訳の効用』研究社］
Quirk, Randolph, Sidney Greenbaum, Geoffrey Leech, and Jan Svartvik (1985) *A Comprehensive Grammar of the English Language*. London: Longman.
Saito, Yoshifumi (2012) "Translation in English Language Teaching." *Komaba Journal of English Education*, Vol. 3, 27–36.

☞ **オススメの学習英文法関連書**

- 安藤貞雄（**2005**）『現代英文法講義』開拓社．

 Quirk et al.（1985）と似た仕立ての網羅的な伝統文法の本。学習英文法の枠を越えたスケールの本ですが、これを通読すれば相当な英文法の力がつくと思われます。

- 宮川幸久・林龍次郎編（**2010**）『アルファ英文法』研究社．

 大学受験を見据えたバランスのいい学習参考書。内容もすばらしいが、編者の一人の林氏は、大学院の後輩のなかでも圧倒的に英語のできる人でした。彼が作った本は無条件で信用するようにしています。

4 国際コミュニケーションと学習英文法

鳥飼　玖美子

　本稿では、国際コミュニケーションにおける共通語として位置づけられている英語と学習英文法の関係についての考察を試みます。まず、国際コミュニケーションに使える英語について概観したうえで、「国際共通語としての英語」（English as a lingua franca）について論じ、次に国際コミュニケーションを可能にする英語力を支える文法について「ヨーロッパ言語共通参照枠」（CEFR = *Common European Framework of Reference for Languages*）を例示しながら考えます。そのうえで、「文法ではなくコミュニケーション」という二者択一を脱するような今後の学習英文法指導について、いささかの提言ができればと願っています。

1. 国際コミュニケーションに使える英語

　国際コミュニケーションという言葉はよく使われますし、英語は国際共通語であるという言説も目新しいものではありません。しかし、国際的なコミュニケーションに使われる英語が具体的にどのような英語なのか、という点についてはさほど議論されていません。2011年度から小中高と順次施行されつつある新しい学習指導要領でも、その点は明らかではありません。文科省が2011年7月に発表した「国際共通語としての英語力向上のための5つの提言と具体的施策」でも、「国際共通語としての英語力」の定義は明記されていません。

　そこで本論では、まず、「国際共通語としての英語」はどのような英語なのか、という点を明確にしておきます。

1.1 「グロービッシュ」（**Globish**）

　グローバルに使える英語として2011年にビジネス界で話題になったの

は「グロービッシュ」(Globish)です。これはフランス語話者のネリエール (Jean-Paul Nerrière) 氏が、英語に代え、短期間に習得可能で簡単に使えるグローバル・コミュニケーションの言語として提唱したものです。ネリエール氏は、元IBMヨーロッパ・中東・アフリカ地域担当副社長で、世界各国の人々と英語で仕事をした経験をもとに、英語母語話者が使う自然言語としての英語ではなく、誰でも平等に使えるという特別な意味を持つ道具 (tool) であることを明確にするため、「グロービッシュ」と命名したようです。では、なぜふつうの英語ではだめなのか。その主たる理由についてネリエール氏は、英語という言語は、単語数が多すぎるうえに不規則動詞が多い、文法も難しすぎる、発音と綴りの関係が悪い、したがって国際共通語として機能するには不向きである（ネリエール & ホン 2011: 25–26)、と主張しています。特に、発音がスペルと連動していない英語は非母語話者にとって「ぞっとするような体験 (a horrible experience)」(前掲書: 27) だと評しています。そこでグロービッシュでは、語彙を1,500の基本語とその派生語を入れた5,000語に絞り、発音については、理解を容易にするにはアクセントの位置が重要だとして、単語で強める音節（シラブル）を太字にして明記しています。

　文法面では、SVO（主語＋動詞＋目的語）の簡単な構文を基本とし、時制 (tense)、態 (voice)、叙法 (mood) の種類を制限しています。例えば、グロービッシュでは、受動態をなるべく使わず主として能動態で書きますし、動詞の時制は12あるうち10だけを使用し（前掲書: 136–137)、過去完了進行形と未来完了進行形は外しています。1つのセンテンスは15語以内にとどめ短くシンプルにすることを求めます。グロービッシュの本そのものがグロービッシュで書かれており、英語の原著ではオバマ大統領の就任演説を英語版とグロービッシュ版で対比させた付録を、やさしい言葉で簡潔に書けばわかりやすいという見本として提示し、グロービッシュを使うことを英語母語話者にも求めています（前掲書: 123–141)。

　実は、語彙を制限し文法を簡略化すれば英語学習は楽になるだろう、というのは英語教育専門家も以前から考えています。今から約80年前、1930年にオグデン (Charles K. Ogden) が *Basic English: A General Introduction with Rules and Grammar* を刊行しました。これは英語の語彙を850語に絞ることで、スペルと発音の習得を容易にしようと試みたものです。1953

年には Michael West が、2,000 語からなる "General Service List" を作成し、語彙数で難易度をつけた教材（graded readers）などに使用されましたが、頻度に準拠したリストではありませんでした。やがて 1980 年に Roland Hindmarsh が、"General Service List" をはじめとするそれまでの語彙リストを参照したうえで、4,470 語の "Cambridge English Lexicon" として発表しています。アメリカ英語に特化した語彙リストには、グロービッシュも参考にしたという "VOA Special English Word List"（1,510 words）, Paul and Bernice Noll による "Top 3000 American English Words" などがあり、イギリス英語では Brian Kelk の "Top 1,000 UK English Words" や英語学習者用の "Cambridge Preliminary English Test Vocabulary List" があります。日本では大学英語教育学会が JACET8000 を出しています。最近はコーパス言語学の発達により、Brown Corpus, LOB Corpus, CoBuild Corpus, British National Corpus などを利用した頻度別の語彙リスト作成が可能になっています。他にも、明確で簡潔な英語を書こうという "Plain English"（Ernest Arthur Gowers, *Plain Words: A guide to the use of English*, 1948）や語彙と文法を簡略にして英語使用を容易にしようとする "Simplified English" などの試みも多くなされてきました。言語をレベル分けした欧州評議会（Council of Europe）の "Threshold level English"（1980 年、J. van Ek により作成）は、2001 年の「ヨーロッパ言語共通参照枠」（CEFR = *Common European Framework of Reference for Languages*）に発展しました（CEFR については後述）。

　このような長年にわたる多くの研究成果は指導や教材開発に活用されてきましたが、それでも英語学習から語彙や文法についての悩みや議論が消えているわけではありません。これには理由があり、英語を使用する状況によっては相当の語彙力を要する場合も多く、例えば語彙研究の第一人者であるネイション（Paul Nation）は、内容のある話をするには 8,000 語程度のボキャブラリーは必要で、それだけの語彙を習得するには、何となく覚えるのでは間に合わない、自律的かつ意識的な学習が必須である、と述懐しています（鳥飼 2010）。
　また、文法の簡略化と言っても限度があります。ある言語の文法それ自体が「コミュニケーションの地平（コンテクスト）に基礎づけられている」

（小山 2008: 228）ことは社会記号論系言語人類学の研究が明らかにしており（例えば 1970 年代中葉の Michael Silverstein による「名詞句階層の発見」など、小山 2008 を参照）、学習英文法で恣意的に取捨選択することの難しさも感じます。

　卑近な例を挙げれば、英語の場合、能動態ではなく受動態を使用するのは着目する対象が異なる、主体を明示したくないなど理由があるからですし、丁寧な表現には仮定法が欠かせません。グロービッシュでは提唱者が冠詞を有するフランス語話者であるせいか冠詞についての説明はわずかですが、冠詞のない日本語を母語とする日本人にとって冠詞を使いこなすのは至難です。それでも英語の場合は、不定冠詞、定冠詞ともに一定の規則に則りコンテクストにより意味を持って使われるので、学ばないと十分なコミュニケーションを行えないことになります。

　とはいえ、英語の国際共通語としての現代的位置を考えれば、習得すべき事項に優先順位をつけたい、と考えるのは自然な成り行きです。まさにそのような目的で「国際共通語としての英語」（English as an International Language, English as a Lingua Franca）の研究が進められています。次項では、「国際共通語としての英語」研究の概要と文法との関連を論じます。

1.2　「国際共通語としての英語」（ELF＝English as a Lingua Franca）

　世界で使われる英語を考えるときにまず思い浮かぶのは、何と言っても「世界の英語たち」（World Englishes）でしょう。文法的には複数形にならないはずの English をあえて複数で表記した World Englishes は、グローバル化した世界での英語の実態を示しています。世界には多様な英語が存在し、もはや母語話者だけのものではないという考えを、カチュル（Braj Kachru）は同心円モデルで示し、母語話者の外側にいる第二言語として使用する人々、そのさらに外側にいる外国語として使用する人たち（日本人もこのグループに入ります）が使う英語の存在を正統なものとして提示し、英語教育関係者に多大な影響を与えました。

　これに対しては当然、世界中で皆が英語を好きなように使ったら、今に英語自体がバラバラになり共通語として機能しなくなる、という危惧が出てきます。例えばクリスタル（David Crystal）が『地球語としての英語』（*English as a Global Language*）で予測した World Standard Spoken English（世界標準口頭英語）の必要です。普段は母語の影響を受けた自分なりの英語を使うが、外国と関わるような公的な場では、標準的な英語が共通語として機能するであろう、というものです。いってみれば日常的には方言を使っていても、改まった場では標準語を使用するようなものが、クリスタルの言う「世界標準口頭英語」です。しかし、現実にはクリスタルが予想したようにはなっていません。私的な地域英語と公的な標準英語の2種類を使い分けることは、母語話者はともかく、非母語話者には無理ですし、誰がどのように「標準英語」を定めるのかという問題もあります。

そこで登場したのが、「国際共通語としての英語」という考えです。英語は世界中の人々のものであってそれぞれが自由に使ってよい共通語だ、しかし国際コミュニケーションが円滑に行われるためには共通語として機能しなければならない、という2つの矛盾する条件を満たそうという試みが、「国際共通語としての英語」（ELF = English as a Lingua Franca）、もしくは「国際語としての英語」（EIL = English as an International Language）です。カチュルの「世界の英語たち」のように英語の多様性を認めつつ、そうかと言ってクリスタルのように母語話者を基準にした標準英語を決めようというのではありません。ネリエールの「グロービッシュ」のように語彙を制限し文法を簡略にしようという提案でもありません。

英語が国際共通語として機能するために最低限どのような要素が必要か、「共通語としての核（コア）」（Lingua Franca Core）を探そうという野心的な試みです。

ジェンキンス（Jennifer Jenkins）という音韻学者が2000年頃から提案し、非母語話者の英語を音韻（発音、ストレス、リズムなど）から分析し、英語特有の音で習得が難しいとされる 'th' などは国際コミュニケーションではさほど問題にならないが、英語の特徴である子音連結の多くはコミュニケーションに影響を与える、などの結果を報告しています。この研究の目的は、「共通語としての核」を同定して英語教育に役立てようというものですから、例えば 'little' のように子音が3つ続いた最後の 'l' などのように、習得がきわめて困難なうえ、うまく発音できなくてもコンテクストから推測が可能であると考えられる場合は、習得に要する時間と効果を勘案し、あえて「コア」からは外すとしています。つまり学校の英語教育で、英語の発音を学ぶ際に、「コミュニケーションに支障なくわかってもらえる

か（intelligible）？」「授業で教えられるか（teachable）？」「習得が可能か（learnable）？」という視点から優先順位をつけ、最低限必要な発音（強勢の位置などを含む）を教えよう、という狙いです。

文法面に関してはウィーン大学で、サイドルホッファー（Barbara Seidlhofer）やウィドーソン（Henry Widdowson）が中心となり、非母語話者による多様な英語を収集しコーパスを構築しています（VOICE = Vienna-Oxford International Corpus of English）。英語教育に応用するまでには未だ時間がかかるようですが、興味深いデータもあります。英文法に苦労するのは日本人だけではないようで、動詞の活用や語尾変化の誤り、関係代名詞の誤用、不要な複数形など、正確な文法規則習得の困難さは各国の非母語話者に共通しているようです。しかし、これも「コミュニケーションに支障があるか否か」という基準で優先順位をつけることが可能です。一例としてサイドルホッファーは、3人称単数現在の"s"を付けずに動詞を使う非母語話者が多いけれど、コミュニケーションが阻害されることはない、としています。

国際コミュニケーションで使われる英語の基準は、文法にしても発音にしても正確性や流暢さではなく、「わかりやすさ」（intelligibility）であり、その点から指導を見直す必要が示唆されています。どの文法規則の間違いが国際コミュニケーションに支障を来たすかが判明すれば、学習英文法で取り上げる文法事項を大幅に整理することができるでしょうし、コミュニケーションの際に誤解を生んでしまうような重要事項に焦点を当てて指導することがいずれは可能になるでしょう。

2. コミュニケーションと文法

2.1 コミュニケーション能力と文法能力

学校英語教育を巡る議論では、コミュニケーション能力育成を阻害する要因として文法が語られることが多いのですが、コミュニケーション能力と文法能力との関連はどうなっているのでしょうか。

周知の如く、言語人類学・社会言語学のハイムズ（Dell Hymes, 1974）が「コミュニケーション能力」（communicative competence）という概念を提示した際、その定義は「単なる言語知識だけではなく、社会の中で適切に

言語を使用することができる能力」とされ、これを言語教育に落としこむ作業がさまざまになされました。

その中で最も簡潔でわかりやすいのがMichael Canale & Merrill Swain (1980), Canale (1983) による「コミュニケーション能力」(communicative competence) の4要素です。第1番目の要素として挙げられているのが「文法能力」であり、その内容は、「語彙や形態、構文、センテンス文法の意味などの規則、音韻に関する知識」です。センテンスを超える単位としての談話 (discourse) については、別に「談話能力」として取り上げられており、次に「社会言語的能力」「方略能力」と続きます。

これより後、評価の視点から構成要素を明示化したLyle Bachman (1990) のモデルでは、「文法能力」を「語彙、形態素、構文、音韻」から成るとして、結束性などの「テクスト能力」と別に分けています。

日本では「会話主眼」の指導法として、1960年代のオーディオリンガル・メソッド (Audiolingual Method, Audiolingualism) と、その後のコミュニカティブ・アプローチ (Communicative Approach, Communicative Language Teaching) が混同されることが多いのですが、文法について2つの指導方法はまったく異なった方針を有しています。オーディオリンガル・メソッドでは文法説明を徹底して排除し、習慣として身につくまでパターン練習を繰り返しますが、コミュニカティブ・アプローチでは文法指導を排除しません。しかし形式重視のオーディオリンガリズムへの反動で、コミュニカティブ・アプローチでは「意味」を重視するあまり「正確性」が犠牲になるという弱点があり、やがて、その欠点を補強しようとFocus on Formが登場するに至ります。

Michael Long (1991) は、従来型の文法指導はFocus on formsであると複数形で表示し、「音韻、文法、語彙」などの形式指導が中心でコンテクストを捨象していることを問題視します。脱コンテクスト化された文法規則を教える従来型とは異なる文法指導であることを明示するためにFocus on Formという呼び方で、「意味とコンテクスト」を重視しつつ、言語活動の中で付随的に帰納的に文法指導を導入することを提案したわけです。

この新たな文法指導方法については、さまざまな議論と試行錯誤がなされているところですが、その動きとは別にヨーロッパではまったく違った観点から言語能力を包括的に捉える試みが実現しています。次項では「ヨー

ロッパ言語共通参照枠」について、特に文法の面から検討します。

2.2 CEFR（ヨーロッパ言語共通参照枠）と文法能力

欧州評議会の Threshold Level は、『外国語の学習、教授、評価のためのヨーロッパ言語共通参照枠』（*Common European Framework of Reference for Languages: Learning, teaching, assessment*, 2002）に発展し、CEFRとして日本を含め世界中の外国語教育に多大な影響を与えています。

学習者を「社会的存在」として考える行動中心主義の視点から言語熟達度を微細に分類し、能力記述により言語熟達度を測定しようとする参照枠は、個別言語にとらわれずすべての言語に応用することが可能なものです。欧州評議会が提唱している「新しいコミュニケーション能力」である、「言語同士が相互の関係を築き、また相互に作用し合う」（吉島他 2004: 4）「複言語主義」（plurilingualism）という新たな理念を具現化するものと言えます。

CEFRにおいて「言語コミュニケーション能力」は、「異文化に関する意識」など外国語学習に関連するいくつかの能力の一つと考えられており、「言語構造的能力」、「社会言語能力」、「言語運用能力」の3種類に下位分類され、それぞれが異なる知識と技能とノウハウから構成されています。Canale & Swain (1980), Canale (1983) による「コミュニケーション能力」4要素と照らしてみると、社会言語的能力はCEFRの「社会言語的能力」に対応し、「談話能力」「方略能力」は「言語運用能力」に組み込まれ、「文法能力」は、語彙、音韻、統語に関する知識と技能を含む「言語構造的能力」に該当すると考えられます。学習英文法が関係するのは、「言語構造的能力」に含まれる「文法能力」となります。CEFRの定義によれば「文法能力とは、ある言語の文法全体に関する知識を持ち、またそれを使うことのできる能力」（吉島他 2004: 122）であり、「まとまりのある一連の鎖（文）を作り出すための規則のセット」である文法に従って、「句や文をしかるべき形に組んだ言い回しを作り出し、またそれを認識することによって意味を理解し、表現する力である」としています。

文法構造に関する学習の進歩について、「どの言語にも適応できる尺度を作ることは不可能である」（前掲書: 123）という前提は明確にしながら、「文法的正確さ」の指標となる尺度は次のように記述されています（前掲書: 124）。

［**Proficient User** 熟達した言語使用者］

C2（**Mastery**）
（例えば、これから言うことを考えている時や、他人の反応をモニターしているような時といった）他のことに注意を払っている時でも、複雑な言葉について常に高い文法駆使力を維持している。

C1（**Effective Operational Proficiency**＝効果的に操作が可能な程度の熟達度）
常に高い文法的正確さを維持する。誤りは少なく、見つけることは難しい。

［**Independent User** 自立した言語使用者］

B2（**Vantage**）
高い文法駆使力がある。時には「言い間違い」や、文法構造での偶然起こした誤りや些細な不備が見られる場合があるが、その数は少なく、後で見直せば訂正できるものが多い。

比較的高い文法駆使力が見られる。誤解につながるような間違いは犯さない。

B1（**Threshold**）
馴染みのある状況では、割合正確にコミュニケーションを行うことができる。多くの場合高いレベルでの駆使能力があるが、母語の影響が明らかである。誤りも見られるが、本人が述べようとしていることは明らかにわかる。

比較的予想可能な状況で、頻繁に使われる「繰り返し」やパターンのレパートリーを、割合正確に使うことができる。

［**Basic User** 基礎段階の言語使用者］

A2（**Waystage**）
いくつかの単純な文法構造を正しく使うことができるが、依然として決まって犯す基本的な間違いがある。例えば時制を混同したり、性・数・格などの一致を忘れたりする傾向がある。しかし、本人が何を言おうとしているのかはたいていの場合明らかである。

A1（**Breakthrough**）
学習済みのレパートリーについて、いくつかの限られた単純な文法構造や構文を使うことはできる。

CEFRに依拠して考えれば、「コミュニケーション能力育成」には、まずは基礎となる「言語構造的能力」を育成しなければならず、その能力を支える文法能力については、「本人が何を言おうとしているのかはたいていの場合明らか」なレベル、すなわち高校ではA2, 大学でB1レベルくらいまでが現実的な学校での取り組み範囲と言えるのではないでしょうか。

3. 国際コミュニケーションと学習英文法

これまで見てきた通り、日本でよく言われる「文法ではなくコミュニケーションを」という常套句は、コミュニケーションを日常会話だけを指すかのように矮小化して考えているがゆえの無理難題であることがわかります。「コミュニケーション」は、対面コミュニケーションのみならず、読むこと、書くことも含む行為であり、相手との関係性がその心髄です（鳥飼2004, 2011など）。特定のコンテクストの中で生起するコミュニケーションを可能にするのは、それが話すことであれ書くことであれ、言語に関する知識です。そもそも文法はコミュニケーションと無縁な空間に切り離されて存在しているのではなく、コミュニケーションという相互行為と密接に関連づけられていると考えることができます。つまり文法とコミュニケーションは、どちらかを選ぶという二者択一の問題ではありません。文法とコミュニケーションの関連性に思いを致せば、コミュニケーションにこそ文法学習は必要であり、国際共通語としての英語を駆使するためのコミュニケーション能力育成には英文法が欠かせないことになります。

今後の課題は、学習英文法の中身と指導方法でしょう。「国際共通語としての英語」の内容を突き詰めて考察することで、中学高校の各段階でどの程度の文法規則を扱うのかという取捨選択は行われてしかるべきでしょうし、それは可能だと考えます。地域語としての英米語を習得するのは専門分野での探求となり、中学高校では一般的な目的の英語（English for General Purposes）を学ぶわけです。それはすなわち、母語話者だけでなく非母語話者とのコミュニケーションを念頭に置いた「共通語としての英語」を学習することになります。となれば、国際共通語としての英語に必要となる最低限の文法事項を精選することになるでしょう。その際には、英語の受容（読むこと、聞くこと）のみでなく、発信（書くこと、話すこと）も

視野に入れた文法指導のあり方が工夫されるべきでしょう。

　さらには、相互行為としてのコミュニケーションを行う能力を考えた場合、コンテクストを捨象した文法規則の指導については再検討する必要があると考えます。むろん、文法は抽象度が高く脱コンテクスト化されたものであることはやむをえないのですが、コミュニケーションを念頭にコンテクスト化した例文を用いての指導を取り入れることで、文法は退屈で難しい、という学習者の反応を変えられないだろうかと思います。この規則は、こういう場と状況で、この目的でこういう相手に対し、このように使うのだと例示することにより、学習英文法は血の通ったものとなるはずです。

　グローバルに活躍する人材育成が要請される時代にあって、国際コミュニケーションに使用する共通語としての英語を学ぶという目標が明確に定まれば、コミュニケーション能力を支える基盤としての文法力を育むために、新たな学習英文法への模索が始まることになる、と期待しています。

〈参 考 文 献〉

小山亘（2008）『記号の系譜――社会記号論系言語人類学の射程』三元社。
鳥飼玖美子（2004）「小学校英語教育――異文化コミュニケーションの視座から」、大津由紀雄（編著）『小学校での英語教育は必要か』慶応義塾大学出版会、pp. 187–217.
鳥飼玖美子（2010）『「英語公用語」は何が問題か』角川 One テーマ 21.
鳥飼玖美子（2011）『国際共通語としての英語』講談社現代新書。
細川英雄、西山教行編（2010）『複言語・複文化主義とは何か――ヨーロッパの理念・状況から日本における受容・文脈化へ』くろしお出版。
吉島茂他訳（2004）『外国語の学習、教授、評価のためのヨーロッパ共通参照枠』Council of Europe. 朝日出版社.［原著: Council of Europe (2002) *Common European Framework of Reference for Languages: Learning, Teaching, Assessment*. Cambridge: Cambridge University Press］
Bachman, Lyle F. (1990) *Fundamental Considerations in Language Testing*. Oxford: Oxford University Press.
Canale, Michael & Merrill Swain (1980) "Theoretical bases of communicative approaches to second language teaching and testing." *Applied Linguistics* 1 (1): 1–47.
Canale, Michael (1983) "From communicative competence to communicative language pedagogy." In Jack C. Richards & Richard W. Schmidt (eds.) *Language

and Communication. London: Longman.
Crystal, David (1997) *English as a Global Language*. Cambridge: Cambridge University Press.
Hymes, Dell (1974) *Foundations in Sociolinguistics: An Ethnographic Approach*. Philadelphia: University of Pennsylvania Press.
Jenkins, Jennifer (2000) *The Phonology of English as an International Language*. Oxford: Oxford University Press.
Jenkins, Jennifer (2007) *English as a Lingua Franca: Attitude and Identity*. Oxford: Oxford University Press.
Kachru, Braj B. (ed.) (1992) *The Other Tongue: English across Cultures*. Champaign, IL: University of Illinois Press.
Long, Michael H. (1991) "Focus on Form: A design feature in language teaching methodology." In Kees De Bot, Ralph B. Ginsberg, & Claire Kramsch (eds.) *Foreign Language Research in Crosscultural Perspective*. Amsterdam: John Benjamins. 39–52.
Nerrière, Jean-Paul & David Hon (2009) *Globish the World Over*. International Globish Institute.［一般財団法人グローバル人材開発訳（2011）『世界のグロービッシュ』東洋経済新報社］
Seidlhofer, Barbara (2011) *Understanding English as a Lingua Franca*. Oxford: Oxford University Press.

☞ オススメの学習英文法関連書

・鈴木希明（**2011**）『総合英語 be update: Voyage to English Grammar』いいずな書店。
　英語参考書の編集者が、大学院で学んだ認知言語学を学習英文法の解説に生かした書（2009 年初版の改訂版）。基本概念を学習し、使える英語をめざす新たな視点での文法書だといえます。

・マーク・ピーターセン（**1988**）『日本人の英語』岩波新書。
　文法書ではなく、著者の主張すべてに賛成できるわけでもありませんが、日本語にはない冠詞など実例を挙げながら説明していることで、コミュニケーションに文法が必須なことを納得させてくれます。

II 方法論

5 コミュニケーション能力と学習英文法

柳瀬　陽介

　「英語でのコミュニケーションのために英文法は必要なのか?」と一部では未だに問われ続けていますが、明確な定義をしないままの論争は不毛です。逆にきちんとした定義をして丁寧に考えてゆけば、学習文法がコミュニケーション能力の育成のために何をなし得、何をなし得ないかは明確に理解できます。この小論では、(1) まず「文法」と「コミュニケーション能力」の定義をして、(2) そのうえで学習英文法が、コミュニケーション能力育成に対してできる貢献を整理し、(3) 最後に学習英文法を私たちはこれからどうデザインしてゆくべきかを考えます。

1.「文法」と「コミュニケーション能力」の定義

　この節では「文法」と「コミュニケーション能力」を定義します。どちらのことばもいくつかの明確な下位概念に分類して整理します。なお、この章では、日本における外国語としての英語学習の典型例を念頭におきます。ここで言う「文法」とはむろん「英文法」のことですが、その英文法は日本語で表現されているものとします。また、「コミュニケーション能力」については「英語を主な手段としてコミュニケーションを行う能力」と考えますが、この英語使用者は、言語獲得のための臨界期（敏感期）をほぼ超えた時点から英語をもっぱら学校だけで学び始める人たちを指すものとします。

1.1　文　　法

　「コミュニケーションに文法は必要か」と問われれば、答えは強いYesと弱いYesに分かれます。「文法」の定義によって答えが異なります。「文法」は「体現される文法」と「語られる文法」の2つに分けられます。

(a) 体現される文法

1つ目の「体現される文法」とは、ある特定の言語(私たちの場合なら英語)の使用者が、その言語を使用しているという事実において自然に示している文法のことです。英語で表現するなら、同格の意味の前置詞の of を強調して "grammar *of* a particular language"(「言語という文法」)となります。英語使用者の使用する言語は周りの人に「英語」と認識されていますが、その認識は、話し手の言語使用が、聞き手のもっている「一定の音のつながりを、英語と判断する基準」(=文法)を充たしていることから生じています。言語使用者が文法を体現(embody)しているわけです(母語話者ならば幼児でもこの文法を体現しています)。言語獲得も言語使用も「体現される文法」なくしてはありえません。「体現される文法」はコミュニケーションに絶対に必要です(強い Yes)。

(b) 語られる文法

2つ目の「語られる文法」とは、ある特定の言語の使用について整合的に説明した言語(=メタ言語)のことです。英語で表現するなら、"grammar *about* a particular language"(「言語についての文法」)です。この意味での文法を、母語話者は通常ほとんど知りません。5歳の母語話者は、いやたいていの成人母語話者ですら、自分の言語の文法についてほとんど語ることができません。

一方、学校での外国語(英語)学習においては、そもそもその外国語を学習者は知らないし体現もできないわけですから、先生によって「語られる文法」を道標にして学習を始めるわけです。このようにして使われるのが学習文法です。「語られる文法」はこのかぎりにおいて必要です(弱い Yes──方便として必要)。しかし学習文法に話を進める前に、私たちは学習文法の兄貴分とも言える伝統文法と科学文法について理解しておくべきです。伝統文法・科学文法・学習文法は、「語られる文法」の下位分類です。

b–i) 伝統文法 まずは伝統文法(traditional grammar)の説明です。この文法が「伝統」的と言われるのは、ヨーロッパで古典語としてのギリシャ語やラテン語を研究する中で生まれたからです。英語やドイツ語などの近代ヨーロッパ言語でも、この伝統の枠組みで文法が体系化され洗練されて一つの学問となりました。ですから伝統文法としての英文法は、人文学者が、観察できるかぎりの英語使用をできるだけ整合的に解明するという「観

察的妥当性」(observational adequacy)(あるいはかなり緩い意味での「記述的妥当性」(descriptive adequacy)——どちらもチョムスキーの用語です)を目指して作るものと言えます。この伝統文法としての英文法の説明言語(メタ言語)は、私たちが使う「自然言語」ではありますが、非日常的で理解はそれほど容易ではありません。しばしば「文法用語」とは訳のわからないことばの代表例になっていますが、それはこの説明言語を、人文学者が観察的妥当性をできるだけ高めるために学術的に使うからです。説明言語としての文法用語(およびその体系)を理解するためには、読み手の高い知性が要求されます。

b–ii) 科学文法　「語られる文法」の2番目は科学文法(scientific grammar)ですが、これは観察的妥当性や記述的妥当性よりも高いレベルの「説明的妥当性」(explanatory adequacy)(チョムスキー)を目指します。[1] 人間が言語という複雑なシステムを限定された外部情報(第一次言語資料)を利用して短期間に構築してしまう言語獲得の謎を、科学的に説明する(個別文法を超えた)一般言語理論です。自然科学者はこの科学文法の理想を目指して少しでも説明的妥当性のレベルを上げようとして努力を重ねています。ですから科学文法の説明言語(メタ言語)は、自然言語からかなり離れた人工的な理論言語(および表象)であり、専門的な訓練なしではその理解はきわめて困難です。

b–iii) 学習文法　私たちの関心事である学習文法(pedagogical grammar)は、上記の伝統文法や科学文法を参考にはしていますが、目的を異にして作られるという意味でこれら2つとは区別されるべきものです(なお学習文法をさらに"teachers' grammar"と"learners' grammar"に下位区分することもできますが、ここではそこまでの下位区分は考えません。本書の亘理氏の6章を参照のこと)。学習文法の目的とは、教師が目標言語を、学習者が習得しようとするレベルで解説し、学習者の習得を助けることです。学習文法はその目的のために作られ、使われます。

学習者の言語習得に役立つことが目的ですから、学習者が学習文法の理解・活用にかける労力(efforts)に見合った習得の効果(effects)を出すと

---

1) 近年チョムスキーは、"Beyond Explanatory Adequacy"という論文を書き、起源進化を説明できる理論を射程に入れ始めたそうです。編者のご教示に感謝します。

いう意味での「教育的妥当性」(educational adequacy)——新語です——が大切です。学習文法そのものの理解あるいは活用が難しすぎては駄目ですし、逆にわかりやすくて使いやすくてもそれを活用した結果、誤った英語理解や英語産出が多出しては駄目なのです。学習者にとっての労力と効果のいいバランス——スペルベルとウィルソンの用語なら「関連性」(relevance)——を重視しなければなりません。ですから学習文法は、学習者のタイプの数だけありえます。これは、科学文法ができるだけ一つの形（科学理論）に収束しようとするのと対照的です。教育的妥当性を確保するためには、学習文法で使われる説明言語（メタ言語）は、厳密だけれどわかりにくい抽象的・人工的な言語よりは、学習者にあまり負担をかけない日常的な自然言語（および視覚情報）のほうが好ましい、だがわかりやすさのみを追求してはいけない、ということになります。

　私たちが「文法」について語るとき、それは「体現される文法」なのかそれとも「語られる文法」なのかについては常に注意が必要です。「学習文法」は、学習者が「体現される文法」を体得するために使われる「語られる文法」です。

1.2　コミュニケーション能力

　次に「コミュニケーション能力」についての概念を整理しましょう。詳しい議論は柳瀬 (2006, 2008, 2009) などで行いましたので、ここでは単純化して要点だけを述べます。コミュニケーション能力 (ability for linguistic communication) は、個人的・相互作用的・社会的の3つのレベルで定式化することができます。

(a)　個人的コミュニケーション能力

　「あの人はコミュニケーション能力が高い」などと言うとき、私たちはこの能力を個人に帰属させています。この意味での個人的 (individual) なコミュニケーション能力は、Bachman (1990, 1996) に準じて、

　　(1) 言語知識 × (2) 活用力 × (3) 心身協調

と定式化できます。個人がもつと想定することができるコミュニケーション能力は、これら (1)「言語知識」、(2)「活用力」、(3)「心身協調」を（比

喩的な意味で）掛け算した力だと説明できます（どれか1つの要素がゼロだと、言語を使ったコミュニケーションを成功させることができないという意味で、足し算でなく掛け算という比喩を使っています）。

　構成要素を1つずつ説明しましょう。まず（1）の「言語知識」（language knowledge）ですが、実はこれは（1.1）「構成的知識」と（1.2）「語用論的知識」の下位区分を持ちます。（1.1）の構成的知識（organizational knowledge）は、さらに（1.1.1）「文（センテンス）を構成するための知識」と（1.1.2）「文章（ディスコース）を構成するための知識」に下位分類されます。（1.2）の語用論的知識（pragmatic knowledge）も、（1.2.1）「言語を特定の機能のために使うための知識」（機能的知識）と（1.2.2）「言語がその言語使用共同体でどのような含意を持っているかの知識」（社会言語学的知識）に下位分類できます。この構成的知識と語用論的知識を足したのが（1）の言語知識です（この「言語知識」は、理論的に考えるなら「体現される文法」でなければなりませんが、応用言語学でもこれが「語られる文法」と明確に区別されないまま曖昧に議論されていることもあります）。

　（2）の「活用力」（capacity）とは判断による総合です。言語を使用するとき、人は自分の「言語知識」の実に様々な項目のうち、適切なものを選び出し、それらを適切に並べなければなりません。この選択と統合が活用力です。ですが、この活用力はもっぱら心的なものですから、言語使用の実際ではこの心的な力を身体と同調させなければなりません。いくら（1）の言語知識と（2）の活用力が育っていても、それらの心的な知識と力に即応する身体を動かす力がなければ、思うように身体が動かず、きわめて不本意なコミュニケーションしかできません。心の動きが即、身体の動きとなり（スピーキング・ライティング）、身体の動きが即、心の動きとならなければなりません（リスニング・リーディング）。このように心身一如になる力が（3）の「心身協調」（psychophysiological mechanisms）です。

(b)　相互作用的コミュニケーション能力

　さて上の「活用力」は、判断によって総合する力、あるいは選択と統合を行う力のことでしたが、この力についてもう少し考えてみましょう。ここに2人の人がいるとします。Aさんは饒舌でとにかく機関銃のようにしゃべりますが、あなたは話の分量に圧倒されるものの、Aさんが何を言いたいか要領を得ません。一方、Bさんはどちらかといえば単純なことば

を少しずつだけしかしゃべらないほうですが、一つ一つのことばが的確であなたはBさんの趣旨をよく理解できます。もしここで浅薄な言語テストを行い、コミュニケーション能力を「文法の正確さ」「発話した分量」「発話文の文法的複雑さ」を総合して測るならAさんのコミュニケーション能力のほうがBさんより高いことになってしまいます。しかしどんなにその測定が厳密であっても、私たちの健全な日常感覚に従うならBさんのほうがコミュニケーション能力に優れているということになるでしょう（測定方法の厳密さ［=「信頼性」］は、その測定が有意味であるかどうか［=「妥当性」］とは関係ありません。ですが上記のような測定を 'accuracy, fluency, complexity' と名づけてひたすら測定と統計計算の厳密さを競うだけに終わる研究者も残念ながら一部にはいます）。

　Bさんが優れるのは「活用力」の質です。Aさんの活用力は一人よがりです。自分勝手に自分が得意な表現を選んでペラペラと一人でしゃべっているだけです。それに対してBさんは、聞き手である相手に合わせて言語表現を選択し統合します。相手の心をよく読んでいるのです。それだけでなく、相手の非言語的・言語的反応をよく観察し相手の心の動きをさらに正確に推定しようとします。コミュニケーションとは相手に即して自分の動きが決まるという「相互作用的」(interactive) なものです。この相互作用的なコミュニケーション能力を単純に定式化すれば、

　　（A）相手の心を読む力×（B）身体を使う力×（C）言語知識

となります（これらの定式化では、重要だと考えられる順番に番号・記号をつけています。この定式化では、言語知識をコミュニケーション能力を構成する最後の――しかし重要な――付け足しと考えています）。

　（A）の「相手の心を読む力」(mind-reading ability) とは元々認知科学の概念ですが、コミュニケーション能力論では、(A.1) の「非言語的に相手の心を読む力」と、(A.2) の「言語的に相手の心を読む力」に下位区分することができます。(A.1) は、幼児や動物も有している力です（まったくことばが通じない国に行ったときの私たちもこれを多用します）。(A.2) は、言語表現に込められた相手の意図（行間の意味や裏の意味など）を読み取る力です。

(B)の「身体を使う力」(physical ability)は、(B.1)の「非言語的に身体を使う力」と(B.2)の「言語的に身体を使う力」に分かれます。(B.1)は、身振り・手振り、表情・目配せ、周りの物をうまく説明に使うことなどです。(B.2)は英語なら英語用の耳・口・目・手を作った上でそれらを使う力です。先ほどの「心身協調」に相当します。

　以上のうち(A.1)と(B.1)を掛け合わせて使えば、原始的なコミュニケーションが可能です(共通言語を有さない人の間でのコミュニケーションが一例でしょう)。しかしそのような原始的なコミュニケーションは表現の幅が非常に限られていますから、やはりコミュニケーションに言語を導入しなければなりません。それが(C)の「言語知識」(language knowledge)です。言語知識は、(C.1)「丸ごと体得した固定的な定型表現という知識」と、(C.2)「文法で、毎回新たに単語を組み合わせて文を創造する知識」に下位区分することができます(これら2つの知識も「体現される文法」です)。ちなみに「外国語は、いくつか単語さえ覚えておいたら、後は度胸でいくらでも話は通じるわよ!」という猛者は(A.1)と(B.1)と(C.1)の掛け合わせでコミュニケーションを図っているわけです。

　これらの(A)「相手の心を読む力」、(B)「身体を使う力」、(C)「言語知識」を掛け合わせたものが上の相互作用的コミュニケーション能力の定式化ですが、もちろんこの掛け算も比喩的なものです。また「三者」としましたが、そもそもこれらは相互浸透している概念です(身体を使わずに相手の心を読むことなどできませんし、心とは身体の動きに他なりません(Damasio 2010)。また、言語の要素も相手の心を読むこと(A.2)や身体を使うこと(B.2)に浸透しています)。ですから上の3項目の掛け算というのは、少々単純化が過ぎるのですが、ここでは話のわかりやすさを優先させます(詳しくは柳瀬(2008)をご参照ください)。

(c)　社会的コミュニケーション能力

　このようにコミュニケーションは、時空を共にしている相手と自分の身体の動きに基づき、互いの心を読み合い、言語を使いこなすことを典型例とします。しかし昨今の情報技術の発展は、時空を異にする相手との言語コミュニケーションの機会をますます増やしています。ここでは時空を超えての言語使用を「社会的」(social)と称することにしましょう(「相互作用的」も「社会的」も社会学のルーマンに倣った用語法です)。コミュニ

ケーションが「相互作用的」だとお互いの身体の変化を目や耳で確認しながら心を読み合い意図を伝え合うことができますし、言語の応酬でも相手の反応に応じて細かに修正を加えることができますが、コミュニケーションが「社会的」になると私たちは読者の身体的反応を直接に知ることができません。また、いったん書いたことばは原則として修正できません。ですから社会的なコミュニケーション能力の定式化としては、「相手の心を読む力」が高度になって、

(A') 高度に相手の心を読む力 × (B) 身体を使う力 × (C) 言語知識

となります。

現代の英語に関しては、こういった「社会的」なコミュニケーションの機会がどんどん増えてきていますから、より高度に相手の心を読み、その高度な推論に基づいて言語を使い分ける社会的コミュニケーション能力をきちんと育成する英語教育——端的に言うなら「書きことばを聞き・話し・読み・書く英語教育」——が必要ですが、日本の英語教育界はまだ相互作用的な話しことばでのコミュニケーションばかり考えているようにも思えます。

2. 学習英文法はどこまでコミュニケーション能力育成に貢献できるか

それでは以上の概念整理に基づいて、学習英文法とコミュニケーション能力の関係についてまとめましょう。ここでは5点にまとめました。

2.1 「体現される文法」はコミュニケーション能力の必須の基礎

この論点はもうすでに述べましたが、どのコミュニケーション能力の定式で考えても、「体現される文法」はコミュニケーション能力の必須の条件となっています。「体現される文法」を武術でたとえますと、どんな人間も重力に逆らって立っているわけですから、武術では日常の惰性的な立ち方とは異なる武術での立ち方（重力に対する骨格・筋肉の精妙なバランス）を必ず体得しなければなりません。母語とは異なる外国語の「体現すべき文

法」を習得するということは、武術的立ち方を習得することにたとえられるかもしれません。もちろん立っているだけでは防御も攻撃もできませんから、身体の動かし方（「技」）も覚えなければなりません。しかし、そもそも立ち方が体現できていなければどんな動きも武術の技にはなりません（通常は克服できない体格差をはね返すだけの武術的な力がでません）。「体現される文法」も、武術のあらゆる動きの中に現れる立ち方のように、技能に必須の条件であり本質ですが、その本質は体得されなければなりません。

　技能の本質は、「はい、これです」と私たちの身体の外に取り出すことができないものです。私たちの身体のあり方・動き方に体現される（示される）だけです。その本質をいくら語ろうとしても、それは「語られた本質」であり、「体現された本質」と位相を異にします（要は「畳の上の水練はできない」ということです）。「語られた文法」としての学習英文法は、以下の 2.2〜2.4 のような限界を持つものであり、2.5 で述べるようにコミュニケーション能力の育成に限定的な貢献しかできません。

2.2　言語の記号的理解と身体的理解は異なる

　そもそも私たちが想定している（そして実際に学校現場で使われている）学習英文法とは、日本語で語られるものでした。これも当たり前のことですが、日本語で理解することと英語で理解することは異なります。わかりやすい例として、機械的な「英文和訳」[2]を考えましょう。多くの学習者は英語を読んだり聞いたりしたら、それをすぐに機械的・自動的に日本語の「訳語」に転換し、もっぱらその訳語を組み合わせることによって「理解」しようとします。英語そのものを感じようとはしません。これを「言語の記号的理解」と言うことにしましょう。この記号を媒体（medium）とした理解はむしろ特殊な言語理解です。日常生活で私たちは「身体的理解」をしています。たとえば私たちが日本語で何かを聞くとき——わかりやすいように、感動的なことばを聞いたことにしましょう——、私たちはそのこ

---

[2]　私は訳語を機械的に当てはめるだけの「英文和訳」と、創造的な言語使用である「翻訳」を区別しています。「翻訳」では、いったん英語を読んでその英語そのものを身体で感じ取り、その感覚を、今度は日本語で表現するとすればどうすればいいかと吟味して日本語翻訳文を創出します。「英文和訳」と「翻訳」は似て非なるものです。

とばを受けて身体内部に何かを感じます。その身体内部の情動（= emotion）という動きを心が感じる（= feel）ことが私たちの理解と反応の基盤です（Damasio 2010）。英語を習得するということは、英語を日本語訳語という記号媒体を通じてではなく、直接的に身体という媒体で感じること（mediation）ができるようになることです。ですから、日本語でいくら学習英文法を学んでも、それは英語の体得には直接的にはつながりません（ただし 2.5 で述べるように間接的にはつながります）。

2.3　説明という言語ゲームは一つの言語ゲームにすぎない

それなら「授業は英語で行うことを基本とする」で問題解決だ、英文法を英語で教えればいい、と思われる方もいらっしゃるかもしれません。しかしそれは短絡というものです。英語で英文法を説明する授業を行ったとしても、生徒は「説明を理解する」という「言語ゲーム」（= 言語を使った私たちの生活の一つのあり方——ウィトゲンシュタインの用語です）を経験するだけで、他の言語ゲームは経験も習得もできません（というより「説明を**自ら**行う」という言語ゲームさえ自ら行うことはないのですから習得できるか定かではありません）。個人的コミュニケーション能力モデルの用語で言えば、言語知識だけに話を絞っても、(1.1.2) の「文章（ディスコース）を構成するための知識」と (1.2) の「語用論的知識」が説明を理解するという言語ゲームだけのものに限られており不十分です。ですから、たとえ「オール・イングリッシュ」で英文法を教えてもコミュニケーション能力の育成には構造的な限界があるわけです。

2.4　「自動化」ではコミュニケーション能力は完成されない

いやいや英文法「を」教えるのではなく、英文法「で」教えた文型が「自動化」（= automatization）されるように訓練すればいいのだ、とお考えの方もいらっしゃるかもしれません。しかしこれもコミュニケーション能力の一部しか捉えていない見方です。英文法に基づいて、文産出がいくら素早くほとんど何も考えずにできるようになっても、それは単に、開始の合図を与えられたときに、定められた単純な動きを正確に速く行うことができるようになっただけのことです。コミュニケーション能力の「活用力」と「相手の心を読む力」で説明したように、コミュニケーションでは実に

様々な選択と統合をしなければなりません。「自動化」の訓練に、この選択と統合はありません。「自動化」の訓練は重要ではありますが、それがそのまま言語習得につながることはありません（白井 2012）。「自動化」以外にも大切なことはたくさんあるのです。

2.5 学習英文法とは、非意識を育てるための、意識的な導きである

　現実のコミュニケーションでは、きわめて短時間に様々な選択と統合を行い、自分の発話が英語の文法を体現するように英語を発話しなければなりません。この全過程を意識で操作することは不可能です。意識はクラッシェンが言うように、せいぜい発話の結果の誤りをモニターできるぐらいです。コミュニケーションの過程の大半は「非意識（nonconsciousness）」——フロイトの言う「無意識（unconsciousness）」よりも深い、意識や想起ではアクセスできない心の働き。神経科学の用語です——によります。コミュニケーション能力育成の大半は、非意識の働きを育てることです。第一言語獲得でしたら生物学的要因（臨界期など）で非意識は自然に育ちますが、外国語学習では自然に育たないことはご承知の通りです。臨界期を超え、認知的にも成長した外国語学習者にとっては「意識を使って非意識を育てる」のが現実的な方法となります。[3]「意識を使って外国語を使う」のではありません。意識には外国語使用のように複雑で大量のことを短時間にやってのけるだけの力はありません。「非意識に任せておく」のでもありません。ぼんやりと「英語のシャワーを浴びる」だけでは英語は身につきません。意識を、非意識を育てるための良い導きとして使うわけです。学習英文法は、意識のそのような働きのために使われるべきものです。

　3）「非意識は『育つ』ものであり、『育てられる』ものではない」とおっしゃる方もいますが、楽器演奏にしても大工仕事にしても武術にしても、実践者は意識の思い通りにならない非意識の身体を自ら「育てる」ことに励み、そして常人とはあきらかに異なる非意識の身体を創り上げます。ですが非意識の身体を育てるには、たとえて言うなら、動物を訓練するような即効性を期待するのではなく、植物を育てるような配慮と忍耐が必要です。

3. 学習英文法はこれからどうデザインされるべきか

　以上の理解にもとづいて、学習英文法はどうデザインされるべきかを考えましょう。学習英文法は「学習者の意識に働きかけて、その結果、学習者の非意識が英語の文法を体現できるようにする」という目的をもち、そのためにできるだけ使いやすくあらねばならないという制約を持ちますから、「記述」や「科学」の対象ではなく、「デザイン」されるべき対象と考えるべきでしょう。

3.1 精選と順序

　学習英文法は、「教育的妥当性」の観点から、学習者の最小の労力で学習者にとって最大の効果（＝英文法の体現）を出すようにデザインされるべきです。もちろん学習のレベルが上がると、学習英文法の理解のための労力を増やしその分だけ英文法の体現という効果も上げるべきですが、とりあえずは学習者の目的とする習得レベルに合わせて、学習英文法そのものを理解するための労力は最小限にすべきです。そのためには内容を精選し、しかもその提示の順序を吟味して学習者へのわかりやすさを教育的妥当性に従って優先させなければなりません。「すべての疑問に答える」ことは伝統文法や科学文法に任せて、学習英文法は英文法体現のための方便と考えるべきです。この点で、学習英文法は「登り終わった時に捨て去るべき梯子」（ウィトゲンシュタイン）や「流れを渡った後に捨て去るべき舟」（仏陀）にたとえることができます。

3.2 活用しやすさ

　学習英文法はわかりやすいだけでなく、その活用が容易でなければなりません。学習英文法の目的はそれそのものの理解ではなく、それを通じて、英語用の非意識の心を育てることだからです。ですから学習英文法にとって、学習者がそこから発展しどんどん英文を生成できるような仕組み・仕掛けが非常に重要です。それは決して単なる付録と考えるべきものではありません。

3.3　日本語文法との関連（日本語への洞察が深まるという副産物）

　私たちの英語教育では、ほとんどすべての学習者が日本語を母語としているわけですから、日本語文法（＝学習者がすでに体現しており、語られるやいなやすぐにその正しさが実感できる文法）を有効活用することはもっと検討されるべきです。と言いますより、学習者が日本語文法（体現している文法）の影響を払拭することは非常に困難です。例えば、英語はAgent-ActionをSとVですぐに表現することを好む言語ですが、日本語はTopic-Commentの表現を好み、そのTopicの名詞句は「主語」というより「主題」を表します。この影響からか、自分の専攻を尋ねられた英文学教授が"I'm Shakespeare."と答えたという逸話すらあるぐらいです。日本語文法の有効活用は、英文法を体現した表現を生成しやすくするという主目的を果たしながら、日本語への洞察も深まるという副産物も生み出します。現代でさえ、卒業後は結果的に英語をほとんど使わない学習者はいるかもしれませんが、どんな学習者も日本では日本語を使います。日本語の深い理解はそうした学習者にとっても重要なのです。日本語文法の活用は日本語への洞察力を育むという副産物の点からもこれから真剣に検討される課題かとも思います。

　以上、概念整理をしたうえで考察し、今後の課題を示しました。学習英文法の問題にかぎらず、英語教育について理性的な論考を積み重ねたいと思います。

〈参 考 文 献〉

白井恭弘（2012）『英語教師のための第二言語習得論入門』大修館書店。
柳瀬陽介（2006）『第二言語コミュニケーション力に関する理論的考察』溪水社。
柳瀬陽介（2008）「言語コミュニケーション力の三次元的理解」*JLTA Journal*, No. 11, pp. 77–95.
柳瀬陽介（2009）「学校英語教育の見通し」、大津由紀雄（編）『危機に立つ日本の英語教育』慶応義塾大学出版会。
Bachman, Lyle F.（1990）*Fundamental Considerations in Language Testing*. Oxford: Oxford University Press.
Bachman, Lyle F. and Adrian S. Palmer（1996）*Language Testing in Practice*. Oxford: Oxford University Press.
Damasio, Antonio（2010）*Self Comes to Mind*. New York: Pantheon.

> **オススメの学習英文法関連書**

・垣田直巳（編）（1989）『英語指導法ハンドブック（5）英文用例編』大修館書店。
　本質的な意味での文法は「体現される文法」なのだから、英文法書はなにより文法を体現する例文が豊富でなくてはならない。この本は英文法の分類ごとに例文を徹底的に収集したもの。

・**Antonio Damasio**（2010）*Self Comes to Mind*（上掲書）
　「言語獲得・言語使用を考えるためには身体論が必要」と言っても、現時点での英語教育界ではほとんど相手にされないが、技能を考える場合にはきちんとした身体論が必要。

6 学習英文法を考える際の論点を整理する

亘理　陽一

1. 誰のための、何のための「学習英文法」か

1.1 概念レベルの整理

　まず「学習英文法」という言葉が何を指しているか、そもそもそこで言う「文法」はどういうものなのかを明確にする必要があります。「文法」には、「新しい発話を生成・解釈する心内の体系」（心内文法）や「個別言語の形式・用法についてのべしべからず集」（規範文法）、「熟達した言語使用者の言語行動の記述」（記述文法）など幅広い意味があります（Larsen-Freeman 2009: 518）。学習（英）文法が指しているのはこのうち「指導・評価のために（教師・学習者向けに）編集された構造や規則の体系」（教育文法・教師文法）の意味だと考えられますが、もし誰かが規範文法をイメージして「学習英文法」と言っているとしたら、同じ言葉を使っていても議論はまったくかみ合わないでしょう。

　「教育文法」(pedagogic(al) grammar) という概念は 1970 年代始めに外国語教育・第二言語習得研究において提案されたものですが、学習（英）文法にそれと重なる部分があるとしたら、その研究の蓄積も踏まえて議論をすべきでしょう。ここでは、Stern (1992) が提示した文法指導の基盤となる概念レベルのモデルにしたがって、一般言語学的な文法理論と英語という個別言語の言語学的文法、さらに教師文法・教育文法との関係を次ページのように整理してみます（Stern 1992: 131–132, 一部表記を変更）。

　レベル 1 は、英語に限らず言語一般についての理論を指し、このレベルでの考察が基底にある（例えば生成文法的、認知文法的）言語観・文法観を与えます。次のレベル 2 は、その理論的モデルを検証するために行われる個別言語の文法概念についての言語学的研究を、レベル 3 は、Quirk et al. (1985) や Huddleston & Pullum (2002) のようなその時点での研究成果を

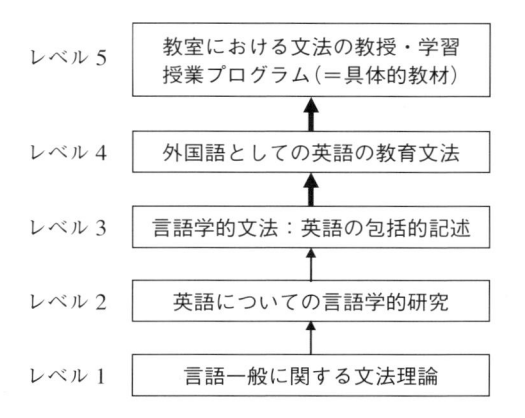

レベル 5	教室における文法の教授・学習 授業プログラム（＝具体的教材）
レベル 4	外国語としての英語の教育文法
レベル 3	言語学的文法：英語の包括的記述
レベル 2	英語についての言語学的研究
レベル 1	言語一般に関する文法理論

まとめた包括的文法書を指します。Stern（1992）は、レベル4に位置づけた「教育文法」を、言語学的文法を「ふるいにかけ、それを文法的データが用いられる実践的状況に関連づけるのに役立つ」教師向けの文法と捉えており、文法シラバスや教材、つまり学習者向けの文法とそれを用いた実際の授業プログラムはレベル5に置かれています。

つまり「学習英文法」は、論者によって生成文法の知見に基づくものであったり、認知文法の知見に基づくものであったり、他の学説も含め、それらが様々な形で混ぜ合わされたものだったりするわけです。ここでは、特定の言語理論を選択したりその是非を論じたりはせず、レベル4の教育文法を仮に「特定の語用論的制約によって決定される有意味な構造とパターンの体系」と定義して論を進めます（Larsen-Freeman 2009: 521）。この定義は、構造・パターンなしに用例を列挙するだけでは教育文法たり得ないことを意味すると同時に、学習英文法の射程は形式的側面のみにとどまるものではないことを含意しています。例えばbe動詞の主語と動詞の一致規則でさえ、単に「一人称単数にはam, 一人称複数にはareを用いる」という説明で終わらせることはできません。話し手が聞き手に対して自分の働きかけ（話すという行為）を打ち出すのか（［1a］）、聞き手がその出来事の中に含めて考えられていると感じさせたい（連帯感を出す）のか（［1b］）によって、どちらを用いるか選択の余地があるからです（Larsen-Freeman 2002: 104–105）。

(1) I am → We are
    a. <u>I am</u> speaking about the grammar of choice this afternoon.
    b. <u>We are</u> speaking about the grammar of choice this afternoon.

1.2 目的・対象

「学習英文法」という概念は、第一義的に誰に向けられたものかという点で曖昧です。上で触れたように、候補として挙がるのは学習者と広い意味での教師です。いわば、学ぶための文法という側面と教えるための文法という側面と言っていいでしょう。2つが同じものであっても構いませんが、原理的には区別することができます。学習英文法を論じるさい、少なくとも、上図の枠組みで言うとどのレベルの話をしているのかを考えたり明らかにしたりしておくことは有益でしょう。学習者向けの文法や具体的な教材・授業を想定している人は、レベル4の話をまどろっこしく思うかもしれませんが、これまでの英語教育研究・実践では、記述文法や言語学的文法（レベル2・レベル3）がそのままで教育内容とされることが少なくなかったと言えます。それとは異なり、言語学（音韻論・統語論・意味論・語用論）的研究の成果を教育を目的としてふるいにかける段階（レベル4）を独自の体系を有するものとして仮定することは、学習英文法研究の根幹に関わる重要なことです。同時に、具体的な教材や授業計画を考えずにレベル4の議論を弄していても不毛なのは言うまでもありません。この枠組みの下では、レベル4の議論は常にレベル5を想定したものであることが要求されます。さらに踏み込んで言えば、学習英文法を考えるうえで重要なのは、レベル3の成果の何をどのように組み換えてレベル4を記述するのか、そしてレベル4からどのような教材・授業が構想できるのか、つまり矢印の過程に目を向けることでしょう。

　何のための「学習」英文法かということも併せて考える必要があります。文法の多義性とあいまって、何のために文法を学ぶかということは必ずしも自明ではありません。さしあたり「英語による（言語的）コミュニケーション能力の育成」と言えば理解が得られやすいでしょうが、「日本語文法と英文法のメタ的比較」や「分析的・論理的思考の鍛錬」といった目的——実際に主たる目的として掲げるかどうかは別として、そういう結果をもたらすことがないとは言えません——もあり得るわけで、英語教育関係者に

完全に共通した見解があるわけではないのです。ここでは目的の是非を論じませんが、学習英文法は当座の目的を満たすシンプルな解説であればよいという人もいれば、それ自体が授業の中核をなす教授・学習過程の一部だという人もいるでしょう。

1.3　段階・プロセス

　もう一つ明らかにすべきことは、それがどういう学習者を想定したものなのかということです。この場合、「対象とする学習者」の意味は2つあります。

　1つは、いま現実に接している学習者、そして彼らの知識・技能の程度という意味です。ここでは彼らの個人・集団としての状況や置かれた学習環境に照らした「適切性」が問題になります。程度の差はあれ、教室には様々な熟達度の学習者が混在していますし、初学者なのか改めて文法を学ぶ学習者なのかによっても内容は変わってきます。中学校で文法を十分に理解してこなかったからといって、高校や大学で同じ説明を繰り返すのが困難かつ報われないものであることは多くの教師が実感していることでしょう。改めて学ぶ内容であっても、彼らの知的成熟にふさわしい内容と学習法が求められます。教育内容・教材を各クラスの各回の授業の文脈に応じてアレンジするのは、文法に限らず教師に求められる専門的技能の一つだとしても、学習英文法はそれを補助し得るものであることが望まれます。

　もう1つは、どのような教育内容・教材に向かい合っている学習者なのかという意味です。仮に上述の学習英文法の目的が明確になっていたとしても、例えば発音と綴りの関係や基本的な構文パターンを理解させようとするものなのか、意味の似通った文のニュアンスの違いを表現・理解しようとするものなのかで、その内容と構成は大きく変わってくるはずです。前者であれば必然的に音韻論的・統語論的側面が前面に出るでしょうし、後者であればもっと意味論的・語用論的側面に踏み込んで、動詞句で表現される法・時制・相・態を自在に表現し分けることや、照応表現や婉曲表現を適切に使いこなせるようになることが求められるでしょう。

　端的に言えば両者は、まったく意味が通じなくなる「グローバルエラー」を問題にする段階なのか、たとえ間違っていてもある程度意味は通じる

「ローカルエラー」を問題にする段階なのかの違いと言えるかもしれません（田地野 2011: 26–28）。しかし現実の教授・学習のプロセスはもっと連続的で、かつ重なり合う関係にあります。特に中学・高校では多くの場面で、グローバルエラーと格闘しつつも、比較的ローカルな「文法事項」を教えなければなりません。文法概念ごとに適した扱いも違うでしょう。学習英文法は、学習者と教師を抽象性と具象性の狭間で振り回すものであってはならず、抽象と具象を往還しながら言語的・文化的・社会的認識を深めるコンパスとなるべきもののはずです。

　以上は、学習英文法を論じる前提、言わば舞台の整理です。言語学的文法研究は、十全な文法記述が目的ですから、当然ながらこういった問題を考える必要がありません。だからこそ学習文法研究にその役目が求められるわけです。以降では、レベル3から4への、そしてレベル4から5への組み換えに関する論点について述べます。

2. 学習英文法をどう構成すべきか

2.1 学習英文法という知識の質

　まず、学習英文法をどのように記述・構成・提示するのかという点です。教育学の立場から見ると、英語教育学研究にはこの点（レベル3 → レベル4）の理論的考察が不足しているように思われます。実践的には、英文法の勘所をうまく捉えた解説や、様々な学習環境に応じて工夫をこらした授業が日々積み重ねられているにもかかわらず、それが掬い取られていないと言ってもいいかもしれません。

　例えば教育学者のEngeström（1994）は、知識の質を「知識がどのように表象されるか」と「どのように組織されるか」という2次元で整理しています。つまり知識は、a) 記号的・言語的、b) 視覚的・画像的、c) 身体的・感覚−運動的に表示され得ると同時に、i) 事実として、ii) 定義と分類として、iii) 手続き的記述として、iv) システムモデル（後述）として組織され得ます。理論的には $3 \times 4 = 12$ の異なる知識表象・組織があり得るわけです。よい学習には、両次元においてその質の柔軟な移動があることが欠かせず、様々な状況で弾力的な変容を行っていくには、その移動の背後にある原理を概念的に理解し管理することが求められます（Engeström

1994: 26)。学習英文法の「身体的・感覚-運動的な定義・分類」と言っても現実味がないかもしれませんが、「記号的・言語的事実」や「記号的・言語的定義と分類」の提示ばかりに偏っていないかということは考えてみるべきです。

これは（学習英文法の、あるいは一般的に）「知識」をどう定義するかの問題でもあり、実際の習得・深化のプロセスについてはより実証的な研究課題のもとで詳細を明らかにする必要があります。外国語学習に特有の問題もあるはずです。だとしても、学習科学の一般的知見に照らして、文法の知識が単に線形で増加するようなものではなく、非線形の質的転換を伴うものと想定しておくほうが学習英文法研究にとっては実りが多いように思います。少なくとも文法に関する知識の性質と習得・深化の過程について、バケツで水を注ぐようなイメージだけで論じるのは不毛でしょう。かつて菅野（1980）が「『三単現のS』は英語の述語の人称・数、時制、相、法（Mood）、態（Voice）の体系のなかでその独自性を主張して存在しているのであり、孤立して存在しているのではない。こう考えると『三単現のS』は中学一年で学習したといえるものではない。レベルをかえて、その都度新鮮に教授＝学習される」と述べたように、知識をどう豊富化するかだけでなく、どう再構造化するかという観点でも考える必要があります（菅野 1980: 105; 今井・野島 2003: 104–105）。

2.2 「方向づけのベース」としての学習英文法

学習者は、ある状況で冠詞のaを使ったらいいのかtheを使ったらいいのか、あるいはこのテクストでなぜtheが使われているのかという問題や疑問に直面します。この「コンフリクト」の解決のために必要とされるのが「方向づけのベース」です。方向づけのベースとは、「人が、自分なりに物事を理解したり、その物事を評価したり、その物事に関連する課題を解決したりするときに用いるモデル」のことで、適切なパフォーマンスとそのモニタリングを方向づける基盤となるものです（Engeström 1994: 57; 松下ほか訳 2010: 76）。方向づけのベースそのものが教材になるわけではなく、学習者がそれを発見・形成すること自体が教授上の課題となります。

方向づけのベースは次の5つのタイプに区別されます（Engeström 1994: 62–66; 松下ほか訳 2010: 82–87）。認識と説明に深さをもたらす抽象度の

違いによる区別と言ってもいいかもしれません。ここでは冠詞を例に、学習英文法が英語学習・英語使用の方向づけのベース足り得るかを考えます。

（2） a）例示
　　　b）先行オーガナイザー
　　　c）アルゴリズムとルール
　　　d）システムモデル
　　　e）胚細胞モデル

　(2a) の例示とは、対象・現象のあるクラスやカテゴリーを代表するプロトタイプを示すことで、図やメンタルイメージ、メタファー、物語などの形式で表されることが多いものです。冠詞について言えば、

（3） 冠詞類がないということは、「限定されていない」ということ。．．．一般的に何かを語るとき便利に使えるんですよ。．．．さまざまな経路から「1つに決まる」、それが the です。．．．a は the と対照的です。「1つに決まらない」、それが a の意味です。

といった記述（大西・マクベイ 2008: 91–92）や、

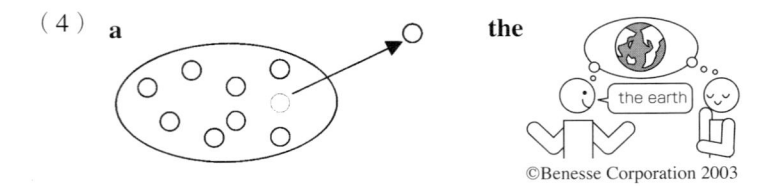

（4）

©Benesse Corporation 2003

といった図がこれに該当するでしょう（佐藤・田中 2009: 114, 120）。ただし、「さまざまな経路」とはどういうもので、何が重要な特徴となって earth に the がつくのかといったことについての明確な説明は例示自体には含まれません。
　(2b) の先行オーガナイザーは、学習する知識に先立って、その認識・構成の組織化を助けようとするものであることからこう呼ばれます。対象・

状況を部分に分けて各部分を階層的に構造化するリストや分類で、各部の詳細が全体や他の部分との関連の中に静的に位置づけられることに特徴があります。冠詞の分類について言えば、次のような表の形で整理することができます。

（5）

	冠詞の種別	形式	名詞の数
名詞句	不定	φ	単数／複数
		a(n)	単数
		some	単数／複数
	定	φ	固有名詞
		the	単数／複数

　(2c) のアルゴリズムとルールは、課題の遂行や手続きについての明確な教授を含み、遂行の重要なステップを選り分けるもので、流れ図やチェックリストの形式で表現されていることが多いものです。冠詞の使い分けについて、次のような流れ図を与えることができます。ただし、なぜその手順・方法なのかという根拠については語らないため、状況の変化や例外（例えば The Kennedy … など）に対処する際の助けにはなりません。

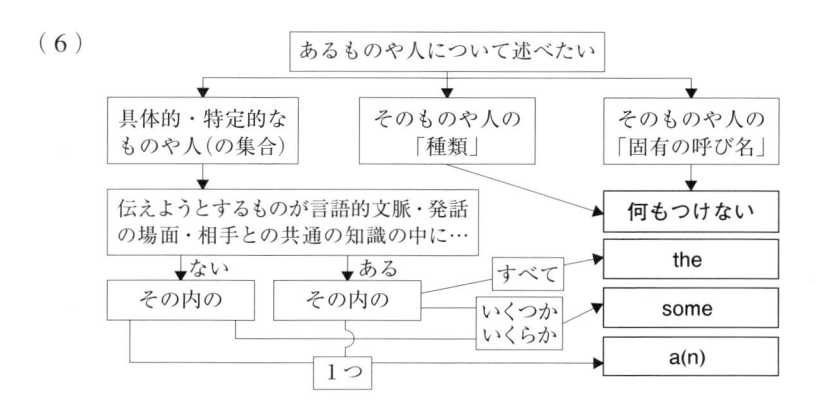

（6）

あるものや人について述べたい		
具体的・特定的なものや人（の集合）	そのものや人の「種類」	そのものや人の「固有の呼び名」
伝えようとするものが言語的文脈・発話の場面・相手との共通の知識の中に…		何もつけない
ない／ある	すべて	the
その内の／その内の	いくつかいくらか	some
1つ		a(n)

　(2d) のシステムモデルは、対象をシステムとして描き、内的関連とダイナミクスを明らかにするもので、「生徒がそのシステムのさまざまな状態や

問題を診断するとともに、それに対して適切な手続きを選択し構成できるようにする」ものです。(6) は英語の冠詞という体系の内的関連を含んでいますが、システムモデルと呼び得るものにするには、名詞の可算性や名詞句の構造との関連にまで踏み込む必要があるでしょう。

(2e) の胚細胞モデルは、現象の起源にまでさかのぼって、earth の唯一性や固有名詞に冠詞がつくケースなどの個別性・多様性をすべてそぎとった、基本的な初期段階の関連性を示すモデルです。言語学的研究成果に基づいて冠詞体系の教育内容構成を論じた町田 (2000) によれば、5つの冠詞 (zero, some, a, the, null) の体系は、(7) のように、「Locatability (名詞句の指示対象の所在を話し手と聞き手の共有集合に見いだすことができるかどうか)、Inclusiveness (包括的に指示をしているかどうか)、Limited Extensivity (指示作用が及ぶ範囲に数量的な制限があるかどうか)、Count (count [可算] か mass [質量] か) の4つの対立軸」からなります (町田 2000: 109)。これを冠詞の胚細胞モデルとみなすことができるでしょう。

(7)

	Locatable	Inclusive	Limited extensivity	Count
zero	−	±	−	±
some	±	±	+	±
a	±	±	+	+
the	+	+	+	±
null	+	+	−	+

(2e) の胚細胞モデルは、「システムを創造的な不均衡状態に保ったまま、システムの中核にある内的緊張や矛盾を見つけ出し説明する」もので、抽象度が高い点に特徴があります。したがって、胚細胞モデルは単にそのままで学習者に与えられるようなものではありません。しかし、例えば町田 (2000) の、some, a, the の「意味の違いで最も重要なのは、the が総体またはすべてを指示するのに対し (+inclusive)、a, some は、語用論的原理がとくに働かない限り一部分を指示する (−inclusive) こと」であり、「この Inclusiveness の軸での対立を理解することが the, a, some の意味の理解の第1歩であり、また最も重要なステップ」だという教育内容構成論は、

(7) の胚細胞モデルと、試行的実践の分析から学習者の授業前の知識の状態を確認することで初めて可能になっています (町田 2000: 111, 116)。

重要なのは、「よい教授を生みだすための重要課題とは、異なる種類の方向づけのベースとそれらの組み合わせを形づくり積極的に用いること、そしてそれらの間を相互に柔軟に移動すること」です (Engeström 1994: 66; 松下ほか訳 2010: 87)。例示や先行オーガナイザーを活用した指導自体が誤っているとか不十分だということはありません。しかし、いつまでたっても学習者がシステムモデルや胚細胞モデルを形成できないような問いや活動しか与えていないとしたら、それは学習者のコンフリクトを本当の意味で解決していると言えるのでしょうか。

2.3　学習英文法の言語学的基準

小山内 (1985) は、「教育文法」の作成に際しては「学習者によって内面化され言語運用の基礎となる文法の内容はどのようなものであるべきか」という言語学的側面と、「それをどのように教材・教具化するか」という教授学的側面に注意が向けられなければならないと述べています (小山内 1985: 231–232)。レベル 4 を中心としてみれば、小山内 (1985) の言う言語学的側面はレベル 3 からの組み換えに、教授学的側面はレベル 5 への組み換えに該当します。

言語学的側面について Swan (1994) は、「教育的言語規則」の設計基準として次の 6 つを挙げています (Swan 1994: 45–53)。

(8)　a) 真であること
　　　b) 使用範囲の限界を明らかにすること
　　　c) 明確であること
　　　d) 単純であること
　　　e) 概念的複雑さを最小限にすること
　　　f) 学習者の英語に関する問いに答えるものであること

しかし何をもって (8) の基準が満たされたと言えるのか十分に明らかになっているわけではありません。i) かつて五島・織田 (1977) や小寺・森永・太田垣 (1992) が取り組んだように、既存の教科書・文法解説書をこの視点か

ら批判的に分析することと、ii) この基準について具体的に明らかにするような組み換えについての仮説を盛り込んだ教育内容と、iii) それを学習者に提示可能な形で具体化することが、学習英文法研究には求められています。

　比較表現の導入を例に取れば、教科書・文法解説書の多くが than/as の後の代名詞の格の扱いに触れています。古い英語やフォーマルな書き言葉では主格が用いられ、話し言葉では目的格がほとんどを占めるからです。しかし、英語学の議論においても、このような例での than/as 以下を節とみなすべきか直接補語とみなすべきなのかについては確定的な結論が得られていません (Huddleston & Pullum 2002: 1114–1117)。そのような言語事実に対して、主格と目的格のいずれかを教えるべきだとして一方のみを提示するとしたら、どの段階であれ、それは (8a) や (8b) に反した扱いだと考えます。最低限、(9) のような文が意味的に曖昧であることを伝えるべきで、併せて (9a)–(9b) のように、「私のその犬に対する愛情よりも Mary のその犬に対する愛情のほうが大きい」と言っている ([10a]) のか、「Mary のその犬に対する愛情は、私に対する愛情よりも大きい」と言っている ([10b]) のかを区別して表現する方法を示すべきです。

(9) Mary loves the dog more than I/me.
　　a) Mary loves the dog more than I do.
　　b) Mary loves the dog more than she does me.
(10) a)

[図: だれが Mary / どうする LOVEs / だれ・なに the dog / MORE THAN / だれが I / どうする do / だれ・なに (the dog)]

　　b)

[図: だれが Mary / どうする LOVEs / だれ・なに the dog / MORE THAN / だれが she / どうする does / だれ・なに me]

　実際の用例でも than/as が主語・動詞句を伴う言い方はごく一般的で、むしろ、主格であれ目的格であれ、代名詞だけでは比較表現の持つ表現力は十分に発揮されないと言っていいでしょう。つまり、主格と目的格のどちらを教え

るべきなのかという「問題」自体が、(8) の基準に照らすと不適切なのです。

3. 教材・授業プランとしての学習英文法が満たすべき条件

3.1 教授・学習の過程

　第二言語習得研究には文法指導の効果を一切認めない立場もありますが、学習に何らかの有効性を持つことは多くの研究によって支持されています (Ellis 2002a: 19–20)。ただし、学習英文法は明示的指導を前提として論じられることが多いように思いますが、明示的に教えるのか暗示的に教えるのかという選択の余地があります。そしてどちらを選ぼうと、学習者の側で学習は明示的にも暗示的にも生じ得ることに留意すべきです。与えられたインプットから例えば動詞の規則変化と不規則変化のパターンを発見したり、与えられたルールの記述を意識して覚える場合もあれば、そういうことは一切意識していなくても使い分けることができるようになる場合もあるということです。問題は両者の関係と最適な共存のあり方で、明示的指導と明示的学習がどのように暗示的学習に影響を与えるのかということが第二言語習得研究の主たる関心の一つです (Ellis 2011: 36)。白井 (2012) などを通じて第二言語習得のメカニズムに関する知見を深めておくことは、学習英文法の下支えとなるでしょう。

　明示的学習と暗示的学習のどちらに対しても、帰納的過程と演繹的過程を想定することができます (DeKeyser 2003: 313–315)。前者は個別から一般へと向かう認識の過程、後者は一般から個別へと向かう過程です。現実には学習者の認識は常に両過程を往還しているはずで、実際の授業で生じていることを帰納・演繹の二分法だけで論じることはできません。それでも原理的に区別しておく意味はあるでしょう。というのは、文法の明示的指導・学習を「トップダウンに説明を与えること、それを適用すること」とイコールで結ぶ論者が少なくないからです。

　例えば名詞の可算性について次のように抽象度の異なる明示的説明を与えることができます (石田 2002 を参照)。

(11) a) 一本一本の木はくっきり数えられるので a tree/ trees を用いるが、「木材」とか「樹木」といったように一本一本の区切

りがない捉え方をする場合には timber を用いる。
b) 指し示す対象が有界的な存在として認識される場合には可算名詞の形で、非有界的な存在として認識される場合には不可算名詞の形となる。

当然ながら、これを一度や二度提示したところで可算性の理解が得られるわけはありません。また、学習者がこういうメタ的な説明ができたからといって可算性を適切に使い分けられるともかぎりません。「明示的指導」について考えるべき問題は、そのような浅薄な学習観の彼岸にあることのはずです。学習英文法の授業を計画する際に必要なのは、文法概念・知識の形成過程を動的なものと捉え、帰納的過程において (11a) が一つの拠り所となるようなコンフリクトがあるかどうか、(11b) が発見的に構成され演繹的に活かされるにはどうしたら良いかといったことを考える視点でしょう。

どの言語を用いて教えるかというのも論点の一つです。英語のみでの文法指導に批判的な論者は少なくないと思いますが、原理的には媒体として母語（多くは日本語）を用いるか目標言語（英語）を用いるかについても選択の余地があります。適切な使用言語は教育内容・方法が規定するものであり、実際には教師は対象とする学習者の状態に応じて両方を用いることになるでしょうが、少なくともどちらかでしか教えられないと決めつけるのは早計です。

3.2 教材化の選択肢と良い問題の条件

文法の教材で用いられる方法論的選択を次のように整理することができます (Ellis 2002b: 158)。

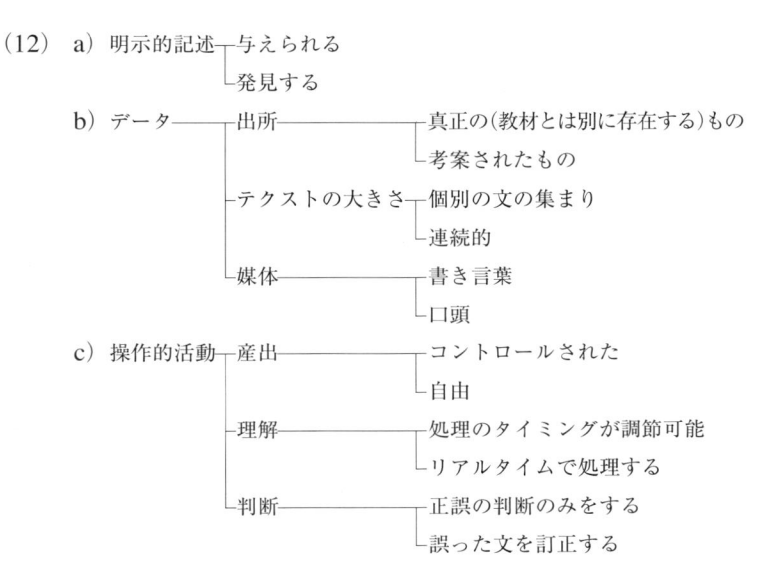

(12) a) 明示的記述 ─ 与えられる
　　　　　　　　└ 発見する
　　　b) データ ── 出所 ──── 真正の（教材とは別に存在する）もの
　　　　　　　　　　　　　　└ 考案されたもの
　　　　　　　　├ テクストの大きさ ─ 個別の文の集まり
　　　　　　　　　　　　　　　　　　└ 連続的
　　　　　　　　└ 媒体 ──── 書き言葉
　　　　　　　　　　　　　　└ 口頭
　　　c) 操作的活動 ─ 産出 ──── コントロールされた
　　　　　　　　　　　　　　　└ 自由
　　　　　　　　　├ 理解 ──── 処理のタイミングが調節可能
　　　　　　　　　　　　　　　└ リアルタイムで処理する
　　　　　　　　　└ 判断 ──── 正誤の判断のみをする
　　　　　　　　　　　　　　　└ 誤った文を訂正する

Ellis（2002b）が複数の定評のある文法教材に対して行っているように、この枠組みで既存の教材を見直してみるのも有益かもしれません。しかし、より重要なことは、文法の明示的記述をどう導き、どういうデータをどう提示し、どういうインプット・アウトプットを求めるかに関して、こうした選択が存在することを教える側が認識し、そのうえで多様な学びの筋道を示していくことでしょう。学習英文法の議論においても、i) 具体的な問いや活動を通じて規則や使い分けの原理を発見するような授業を仕組むこと、ii)「多様な学習者が集団で参加する」という授業の特性を活かして教材を構成することはもう少し意識されてもいいように思います。

　では、i) の授業で求められる問いとはどのようなものでしょうか。藤岡（1982）は社会科における「よい問題」の条件として「具体性」「検証可能性」「意外性」「予測可能性」の4つを挙げています（藤岡 1982: 100–104）。

(13) a) 具体性：問題を構成する要素が（量・感覚・日常生活等の面で）学習者の経験と結びついているということ
　　　b) 検証可能性：問題に対する答が存在し、しかもどの予想が答として正しいかを調べる手だてが存在するということ

　　　　c) 意外性：子どもたちの予想と正答との間に何らかのズレがあ
　　　　　り、結論が多かれ少なかれ思いがけないものになること
　　　　d) 予測可能性：その問題を学習した結果として、同類の新しい
　　　　　問題に対して学習者がより正しい予測ができるようになり、
　　　　　また、関連したより多くの問題に予想がたてられるように
　　　　　なっていくという性質を問題が有していること

　このような条件を満たす英文法の授業は可能でしょうか。例えば大西 &
マクベイ（2006: 147）の次の例は、名詞の可算性について「具体性」の条
件を満たす問題と言えるでしょう。

　　（14）　A: What did you think of the salad?
　　　　　　B: I thought ＿＿＿＿ in it.
　　　　　　　i) there was **too much apple**
　　　　　　　ii) there were **too many apples**

私の経験では、「apple は数えられる名詞だ」、「数えられる名詞には many
を使う」といったことを「勉強」してきた学生ほど (ii) を選びます。この
場合、サラダに入っていて自然なのは刻まれた、あるいはペースト状になっ
たリンゴであり、(i) がそれを意味し、(ii) ではリンゴが丸ごと投入されて
いるイメージになることを知ると多くの学生が驚きます。選択肢はたった
2つですが、全員が (ii) を選ぶ場合もあるくらいで、彼らにもたらす「意
外性」はかなりのものです。

　解説の根拠として、道行く英語話者に同様の対比でどちらを用いるかを
尋ねる映像を利用することができます（NHK エデューショナル 2006）。
この「実験」映像が「検証可能性」を補強してくれます。「角度をかえてい
うと、問題づくりではいきなり本質を問うてはいけないということでもあ
る。資料で正誤をたしかめうるような現象を問うて、それが結果的に本質
的なものの認識に到達できるようにするのが教材づくりのポイントである」
（藤岡 1982: 102）。

　一連の問題・解説を経た学習者は、＿＿＿＿ on the kitchen table. と
＿＿＿＿ in the pasta sauce. のそれぞれに、There is **a lot of onion** と There

are **a lot of onions** のどちらを入れるでしょうか。それまでの問題の「予測可能性」が試されます。もちろん統語的・意味的にはどちらを入れても構いません。テーブルにスライス状・ペースト状のタマネギがこぼれて広がることだってあり得るし、料理初心者の向こう見ずな人ならパスタソースに丸ごとのタマネギを放り込むかもしれません。その状況を想像するのも言葉の面白さと恐ろしさに気づく助けとなるでしょう。「予測可能性は、その教材で何が学ばれるか、という成果の側面を直接問う基準である。教材の中に内在する教育内容へのすじみちが検討される局面であり、問題の良し悪しを評価する最終的なキメ手でもある」(藤岡 1982: 104)。

予測可能性は、もっと広汎なコミュニケーション中心の活動の中でも語られるべきでしょう。さて、カレーの作り方の説明をグループで考えましょうか、昨日の夕食についてペアで伝え合いましょうか。

3.3 学習英文法の評価

上でも触れているように、学習英文法の内容研究(レベル4)とその教材化および実践(レベル5)をどう評価するかということは常にセットで考えなければなりません。Thornbury (1999) は「文法提示と演習活動」を評価する基準として次の「基本原理」を掲げています(Thornbury 1999: 28; 塩沢ほか訳 2001: 49–50)。

(15) ・それらがいかに効果的 (efficient) であるか (E 要素)
　　 ・それらがいかに妥当 (appropriate) であるか (A 要素)
　　 活動の効率性は次のものを決定することで測定される。
　　 a) 経済性: どれだけ時間を節約できるか
　　 b) 簡便性: どれだけ準備が簡単か
　　 c) 有効性: よい学習原理に一致しているか
　　 活動の妥当性には次のことが含まれる。
　　 d) 学習者の要求と興味
　　 e) 学習者の態度と期待

学習英文法が「英語好きのためだけの英語弄り」にならないためにも、E 要素を学習英文法の教材の善し悪しを測る基準とし、具体的実践を通じ

て学習英文法の「学習原理」を明らかにする取り組みは間違いなく必要でしょう。一方でこの基準にも、「経済性」とは誰にとって、何のため、どういう意味での時間の節約なのか、A 要素は学校教育の一環としての英語教育に対する基準足りうるのかといった課題があります。学習英文法の研究と実践は、結果として準備や展開の時間的効率性を高めるものではあっても、それだけを求めて行うものではないように思うのですが、どうでしょうか。

4. カリキュラム上の位置づけと展望

　最後に、学習英文法指導を、学校教育の一環としての英語教育のカリキュラム上のどこに、どのように位置づけるかという問題を考えます。Ellis (2002a) は、そのためには i) 文法指導のタイミング、ii) 文法指導の濃度 (少数の文法構造を深く掘り下げるべきか、幅広い構造を浅く取り上げるべきかといったこと)、iii) 文法構造に焦点を当てた指導と意味に焦点を当てた指導との関係の考察が必要だと指摘しています (Ellis 2002a: 21–29)。

　i) については 1.3 でも触れましたが、どのような段階のどのような内容・方法であれ、学習において「誤り」は自然かつ不可避のものであり、文法指導がそれを直接防ぐことを目的とするものではないことは共通に認識しておくべきです (Ellis 2002a: 22)。もちろんこれは「正確さ」・「流暢さ」を向上させるための意味のある練習を否定するものではありません。ただ、行動主義的に完全な正確さ・流暢さと結び付けていくら文法を教えても、2.1 で述べたように、学習者・教師の双方に徒労感が募るばかりです。そこに加担するような学習英文法であっては「見直す」意味がありません。

　では、学習英文法指導のゴールはどこにあるのかと言うと、周縁まで含めれば「文法諸概念が関係する言語的・文化的・社会的認識を深めること」、中核としては「文法諸概念の形式・意味・使用にかかわる特徴を理解し、学習者がその時点で抱えるコンフリクトを原理的に解決するモデルを発見・形成すること」だと考えます。このような立場で ii) について考えるとき、レベル 4, 5 から見てこのうちのどこまでをどういう順序と比重で取り上げるべきかについては、まだほとんど何も明らかになっていないと言っていいでしょう。少なくとも学習指導要領や教科書、既存の文法解説

書の項目と順序・比重が最善のものだという確たる根拠はありません。

　教科の限られた時間の中では特に、学習英文法指導とコミュニケーション活動とのバランスが問われます。Ellis (2002a) は (iii) について、カリキュラム編成上の選択肢として ① コミュニケーション中心のタスクの中で特定の言語形式に注意が向くよう前もって準備したり、タスク中・タスク後に特定の言語形式に関する誤りにフィードバックを与えたりする統合型と、② コミュニケーション中心のタスクと文法構造に焦点を当てた指導を別々に用意する並行型を挙げています。どちらが間違いということはありませんが、これまで論じてきた学習英文法のゴールや内容に合致するのは ② の並行型です。

　Ellis (2002a) はさらに ② の立場から、初級段階はコミュニケーション中心のタスクのみで構成し、中級段階で基礎的な語彙が定着したところから徐々に文法指導の割合を増やしていき、上級段階では文法指導が半分程度までを占めるようにするカリキュラムを構想しています。小学校外国語活動まで含めて考えると現行の学校教育の課程と合致しやすい構想とも言えますが、このモデルの妥当性以上に、各段階で行われる文法指導の内容・方法が気になります。どういう割合であれ、Swan (1994) の挙げた (8) の基準に反するような内容が教えられるのでは文法嫌いをよけいに増やすばかりです。

　内容の選択・配列について Ellis (2002a) は、複数形 -s の脱落・3 単現 -s の脱落・冠詞 the の過剰使用・二重の比較 (例えば "more faster") といった、いわゆる普遍的な「発達上の誤り」に基づくことを提案していますが、このすべてが等しく学習者に概念上のコンフリクトをもたらすようには思えませんし、Ellis (2002a) 自身が、暗示的知識から見た難しさと明示的知識から見た難しさの違い (例えば、3 単現の -s は明示的知識としては易しいが、暗示的知識として使いこなすのは難しいといったこと) を指摘しています (Ellis 2002a: 27–28)。いずれの文法概念についても、レベル 4 での分析が (原因として関連があるとしても) 形式上の「脱落」や「過剰使用」を認めるだけでは済まず、その明示的知識が Ellis (2002a) が言うほど簡単に教えたり学んだりできるものではないことは、これまでの考察から明らかなはずです。だからこそ、2.3 で述べた i)–iii) の理論的・実践的研究が求められていると思うのです。

本稿では、学習英文法の対象・目的、内容とその構成、教材化と評価の諸条件といった、学習英文法を論じるうえで整理が不可欠だと思われる点を素描し、学習英文法の研究・実践を展開していくための予備的考察を試みました。「見直す」からには、これまでに度々繰り返されてきた百家がまったく響き合わない争鳴ではなく、英語教育に着実な実りをもたらす里程標としたい。そのための概念の整理・検討です。こうした作業は、具体的な内容論・方法論からより多くの知見を得る際にも活きてくると思うのですが、どうでしょうか。

〈参 考 文 献〉

石田秀雄（2002）『わかりやすい英語冠詞講義』大修館書店。
今井むつみ・野島久雄（2003）『人が学ぶということ——認知学習論からの視点』北樹出版。
NHK エデュケーショナル（2006）『3 か月トピック英会話　ハートで感じる英文法：会話編 3』NHK エンタープライズ。
大西泰斗、ポール・マクベイ（2006）『ハートで感じる英文法——会話編』日本放送出版協会。
大西泰斗、ポール・マクベイ（2008）『ハートで感じる英語塾——英語の 5 原則編』日本放送出版協会。
小山内洸（1981, 1985²）「『教育文法』の内容と方法」黒川泰男・小山内洸・早川勇『英文法の新しい考え方学び方——日英比較を中心に』三友社出版、pp. 210–263.
菅野冨士雄（1980）「『詩的な文法教材』はちっとも素敵ではない」『教育』国土社、385: 104–110.
小寺茂明・森永正治・太田垣正義（1992）『英語教師の文法指導研究』三省堂。
五島忠久・織田稔（1977）『英語科教育——基礎と臨床』研究社。
佐藤芳明・田中茂範（2009）『レキシカル・グラマーへの招待——新しい教育英文法の可能性』開拓社。
白井恭弘（2012）『英語教師のための第二言語習得論入門』大修館書店。
田地野彰（2011）『〈意味順〉英作文のすすめ』岩波書店。
田中茂範・武田修一・川出才紀編（2003）『E ゲイト英和辞典』ベネッセコーポレーション。
藤岡信勝（1982）「社会科教材づくりの視点と方法 10: 教材化の四つの形式」『社会科教育』明治図書、225: 100–108.
町田佳世子（2000）「英語教育カリキュラムにおける文法教育の位置と内容: 言語的コミュニケーション能力の形成を目指して」『カリキュラム研究』9: 103–120.
DeKeyser, Robert（2003）"Implicit and Explicit Learning." In Catherine J. Doughty

& Michael H. Long (eds.) *The Handbook of Second Language Acquisition*. London: Wiley-Blackwell. pp. 313–348.

Ellis, Nick (2011) "Implicit and Explicit SLA and Their Interface." In Cristina Sanz & Ronald P. Leow (eds.) *Implicit and Explicit Language Learning: Conditions, processes, and knowledge in SLA and bilingualism*. Washington, DC: Georgetown University Press. pp. 35–48.

Ellis, Rod (2002a) "Place of Grammar Instruction in L2 Curriculum." In Hinkel & Fotos (eds.) pp. 17–34.

Ellis, Rod (2002b) "Methodological Options in Grammar Teaching Materials." In Hinkel & Fotos (eds.) pp. 155–179.

Engeström, Yrjö (1994) *Training for Change: New approach to instruction and learning in working life*. Geneva: International Labour Office.〔松下佳代・三輪建二監訳 (2010)『変革を生む研修のデザイン――仕事を教える人への活動理論』鳳書房〕

Hinkel, Eli & Sandra Fotos (eds.) (2002) *New Perspectives on Grammar Teaching in Second Language Classrooms*. New York: Routledge.

Huddleston, Rodney & Geoffrey K. Pullum (eds.) (2002) *The Cambridge Grammar of the English Language*. Cambridge: Cambridge University Press.

Larsen-Freeman, Diane (2002) "The Grammar of Choice." In Hinkel & Fotos (eds.) pp. 103–118.

Larsen-Freeman, Diane (2009) "Teaching and Testing Grammar." In Michael H. Long & Catherine J. Doughty (eds.) *The Handbook of Language Teaching*. London: Wiley-Blackwell. pp. 518–542.

Quirk, Randolph, Sidney Greenbaum, Geoffrey Leech & Jan Svartvik (1985) *A Comprehensive Grammar of the English Language*. London: Longman.

Stern, Hans Heinrich (1992) *Issues and Options in Language Teaching*. Oxford: Oxford University Press.

Swan, Michael (1994) "Design Criteria for Pedagogic Language Rules." In Martin Bygate, Alan Tonkyn, & Eddie Williams (eds.) *Grammar and the Language Teacher*. New York: Prentice Hall. pp. 45–55.

Thornbury, Scott (1999) *How to Teach Grammar*. Harlow: Pearson Education.〔塩沢利雄監訳 (2001)『新しい英文法の学び方・教え方』ピアソン・エデュケーション〕

> **オススメの学習英文法関連書**
- 黒川泰男・小山内洸・早川勇（**1981,1985²**）『英文法の新しい考え方学び方——日英比較を中心に』三友社出版。
  　日英語の比較を重視して「英語学習が、より多くの生徒によって、より速く、より愉快に、よりやすく行なわれるように」学習英文法を考えた論集。小山内の理論的考察をまず再吟味すべきでしょう。
- **Marianne Celce-Murcia & Diane Larsen-Freeman (1991, 1999²)** *The Grammar Book: An ESL/EFL Teacher's Course*. Boston, MA: Heinle and Heinle.
  　Stern（1992）が教育文法（レベル4）の例として挙げた教師用文法解説書。形式・意味・使用の観点から主要な構造を解説しており、英語教師を目指す学生・院生には批判的に検討して欲しい文献です。

7 新しい学習英文法の検討から見えてくる学習英文法の条件

松井　孝志

1. はじめに

　2011年9月10日に行われた学習英文法のシンポジウムに当たって、指定討論者の私は「事前公開質問」を投げかけました。そこでの最初の問いは次のようなものです。

1. 登壇者のそれぞれが、英語学習者として「英語文法の体系」「英語ということばのしくみ」を身につけたと感じたのはいつでしょうか。
　　その時に、自分が「捉えた」と思う英語のしくみ・体系は、それまでに学んできた部分の総体となっていましたか。少なかった（精選・絞り込まれていた、圧縮・凝縮されていた、統合されていた）でしょうか。それとも、実像はつかみきれないけれども、それまでの総体を越えたもっと大きなものを感じたのでしょうか。
2. 「学習英文法」というと、より整備された学校文法の体系にしろ、精選・簡略化されたものにしろ、やはり「全体」の姿をどう構築するかという問題に収束するように感じるのですが、Michael Lewis (1993) が言う "language consists of grammaticalised lexis—not lexicalised grammar." という捉え方については、どう考えますか。個人的には、この考え方は、これまでの文法を「使えない全体像・体系」と見なし、それよりは「使いでのある個々の積み上げ」を志向しようとするものともとれるのですが。
3. 上記2点の振返り、考察を踏まえて、「ミニマム・エッセンシャルズ」や「学習項目の精選」、「学習・指導順序」に関して、どのようにお考えますか。

「学習英文法」確立の難しさは、学習者の視点・実感を体現することの難しさでもあります。outline とか outlook というものは、そもそもその実体の外側にいないと実感できないものでしょうから。第一の質問は、個人の学習者としての履歴、経験を踏まえて学習英文法を考えようという意図からなされたものでした。

本来の意味での「学習者」の視点・実感での英文法とは、得体の知れない森に踏み入れ、迷ったり戻ったりしながらも、自分の中に、「自分の足跡の分だけの」地図を記録していき、あたかもそれを「外側」から見たかのような「全体像」的な見取り図を描いていく作業ではないかと思うのです。その覚束ない足取りを持つ者から見える風景としての英文法を考えた時に、旧来の英文法指導が反省すべきなのは、

- 英文法を完成された「体系」と見る時、その体系に不備がある。
- 英文法の体系の説明・記述で用いられる個々の具体例が英語の実態と一致していない。
- 言語事実の記述、運用に当たっての取り扱い説明で用いられる言語情報が不正確、不適切である。

ということでしょう。明治以来、英語の達人や名教師といわれた人は皆、英文法の「体系」を把握し、その達人なりの「ミニマム・エッセンシャルズ」を持ち、それを体現する「適切な実例」を掌に、文法に関しての「言語」化ができていたのではないかと思います。ところが、日本の英語教育全体を眺めてみると、戦前・戦後を通じて、学習者の多くは「英文法」を身につけた、とは言い難い状況にあります。そこで大きな意味を持ってくるのが、質問2で引いた Lewis のことばです。「体系としてのルールに語彙という表現形式を与えるのではなく、語彙に文法性を与える」という Lewis の考え方は、「体系の完成を目指す」英文法観を揺すぶるものとして注目に値します。

そのうえで、あらためて、これからの「学習英文法」に何を求めるかを考えるとき、そもそも1つの体系を目指すことは正しいのかという疑問が浮かび、そのような体系を前提にしたうえで、単純に文法を「精選」し「簡略化」すればよいのだろうかということも問題になってきます。最後の質

問の背景にはこのような思惑がありました。

2. 「学習英文法」観を捉え直す2つのアプローチ

　伝統的な「英文典」のように、網羅的で完成した体系を、煉瓦を一つひとつ積み上げ建物を完成していくような英文法学習観に取って代わる、新しい英語学習への「アプローチ」が、近年脚光を浴びています。そのうち、2つを取り上げて、その有効性と問題点を考えてみたいと思います。

　1つは、SLA 研究の成果、知見を受けて発展しつつある Focus on Form（フォーカス・オン・フォーム）の考え方を取り入れた指導（和泉伸一『フォーカス・オン・フォームを取り入れた新しい英語教育』［大修館書店］、高島英幸編著『英文法導入のための「フォーカス・オン・フォーム」アプローチ』［大修館書店］など）。もう1つは、認知言語学などの知見を活かして、英語母語話者あるいは、卓越した英語の運用者が備えている言語直観の反映を謳った、「フィーリング」や「イメージ」、「コアミーニング」を使って英語を捉えるアプローチ（大西泰斗、ポール・マクベイ『ネイティブスピーカーの英文法絶対基礎力』［研究社］、田中茂範・佐藤芳明・阿部一『英語感覚が身につく実践的指導——コアとチャンクの活用法』［大修館書店］、今井隆夫『イメージで捉える感覚英文法——認知文法を参照した英語学習法』［開拓社］など）です。

2.1　「フォーカス・オン・フォーム」——見過ごしたもの、見損なったものをどうやって見せるのか

　「フォーカス・オン・フォーム」という言葉は、近年の英語教育界でよく聞かれるようになりました。伝統的な英語指導とされる、「フォーカス・オン・フォームズ（Focus on Forms）」、すなわち、

- 英語という言語を形作る必要不可欠な形式を次々と導入し
- 練習によってその形式に一つずつ習熟し
- その後、実際の言語運用を模した活動の中で、意味を伝達するのに必要、適切な形式を自ら選択できるようにお膳立てする

という教授法に対するアンチテーゼと言えるでしょう。ここで代替される対象となる「フォーカス・オン・フォームズ」では、「伝達する意味内容には、ほとんどあるいはまったく注意が払われない」と考えられていることが多いようです。

「フォーカス・オン・フォーム」の考え方に基づけば、初学者のうちから実際の英語運用をする中で、「伝達したい意味」と「自分が表現できる形式」とのギャップに気づかせ、そのギャップを教師からの支援で埋め、自分が表現できる形式を整備していくということになるようです。ここでは「気づき」というものがとりわけ重要視されています。

「教え込まずに『気づき』を促せ」という提言にはなかなか反論が難しいのです。ただ、「『気づき』を得るには実際に運用することです」と言われても、限られた語彙と文法能力で初学者が実際の言語運用をする中で、どのようにしてその「気づき」が生まれ、その「気づき」が実際どのようにして、「表現形式」の習得、適切な抽象化・一般化につながるのかという部分はよくわかりません。

「フォーカス・オン・フォーム」の考え方に適う、効果的な教室での英語活動の一つに、「ディクトグロス」があります。まとまった内容の文章を英語で聞かせ、自分が理解できた内容を英語で再現させる中で、ギャップに気づかせ、レディネスを作り、形式を身につけさせる、という活動です。1990年代くらいから広く英語教室で用いられていて、私自身、かれこれ十数年、この手法を授業に取り入れています。でも、この「ディクトグロス」というのは、いったいどのような現実の場面でのコミュニケーションなのかと考えたときに、決して「日常の言語使用」と同一ではないということは、教える私も私の生徒も同様に感じています。私は自分の実践から、この活動は英語力を高めるのにきわめて効果的であると信じています。しかしながら、それは英語力を高めるのに有効な手段であるからこそ、教室で、授業の中で、時間を割いて行っているのであって、教室の外の「リアル」な言語運用を模しているわけではありません。この指導で、本当に重要なのは形式に「どのようにフォーカスを当てるか」、「その結果、その形式は身についたのか」ということであり、そのために取り組んだ言語運用が「どの程度もっともらしいか」ではないことには注意が必要です。

「フォーカス・オン・フォーム」とは、名前の通り、抽象度の高い "form"

という無冠詞単数形名詞を用いて、個々の具体例の集合体としての一般論である無冠詞複数形の "forms" との差異化を図った概念なのだろうと理解しています。しかしながら、そこでの「気づき」や「フィードバックの結果成功したアウトプット」の説明で用いられるのは、結局は冠詞の習得だったり、時制の習得だったり、適切な動詞の運用だったり、現在分詞と過去分詞の使い分けであったり、適切な前置詞の選択だったりと、結局 "a form" の話に戻っているのではないか、という疑念がなかなか払拭できません。

　教室での教師と生徒のやりとりを考えた場合に、「意味のやりとりが成立したけれども、フォーカスを当てた言語形式には誤用が残った」場合や、「そもそもその言語形式を回避して意味のやりとりを成立させてしまった」ときに、いったいどのように、そのフォーカスされた言語形式を「習得させ」、実際の「運用」につなげるのか、という部分には大きな疑問が残ります。教室内に、様々な習熟度で、30〜40人の生徒が単一のタスクに取り組む中で、次々と「気づき」に成功してくれるとはかぎりません。「言い直し」「修正」「訂正」などのフィードバックを与える中で、目的とする形式に対する気づきを得られない場合には、やはりその形式を「明示」すると思うのです。見過ごしてしまったもの、見えていないものに気づかせるのは容易ではないのですから。では、「その形式に特化したドリルを与える」とか「その形式の選択に関わる基準を解説する」となった場合に、「明示的文法指導」に対して、有意に優れているとは言えなくなるように思います。

　さらに、そもそも、教師による「言い直し」「修正」「訂正」などのフィードバックによる支援を成功させるためには、教師の側で、「好ましくない形式」としての「不適切な、不正確な、誤った表現形式」を実例として認識できていなければなりません。そして、どのような「好ましくない形式」を、どのような「好ましい形式」へと変換するのか、教師がフィードバックを与えようというときには、少なくとも教師の側に「レファレンス」としての英文法が必要になると思うのです。正しい、適切な形式を臨機応変に提示できるためには、「学習者の視点と実感」で再整理・再構築された英文法と、「できるようになるための、わかるような説明記述」が求められるのだと思います。

2.2 「イメージ」と「コア」――「目は口ほどにものを言う」か

学習英文法シンポジウムの事前公開質問では、もう一つ、すべての登壇者に投げかけた問いがありました。

> 近年、すでに母語で学習者が持っていることばに関する理解・知識・直観を出発点として、母語による言葉の記述である「フィーリング」を活用し、「コア」や「イメージ」などの映像を拠り所とした英語学習が大きく取り上げられています。こういった指導を受け、「目から鱗がおちた」「なぜ、学校ではこういうことを教えてくれなかったのだ」という学習者の声もよく聞きます。一方では、このような「フィーリング」や「イメージ」に依存した指導法に非常に危ういものも感じています。みなさんは、このような「イメージ」や「フィーリング」、「コアミーニング」といった考え方をどのようにごらんになりますか。

巷の教材や概説書などで扱われている「文法」、「言語事実」とその説明・解説をいくつか読んでみたのですが、「イメージ」や「フィーリング」「感覚」に訴えかける文法指導が共通して得意としている対象は、

- have, get, give, put, make などの、いわゆる「基本動詞」
- in, at, on, out, over などの、いわゆる「前置詞」または「不変化詞」による空間表現

における「意味論」です。この分野では、「できるようになるための、わかるような説明記述」が豊富であり、学習者に多くの「気づき」をもたらすでしょう。しかしながら、「空間表現」で用いられる前置詞の意味論では強みを発揮する「コア」といった捉え方も、その「コア」だけですべてが記述できるわけではありません。例えば、in.「空間内に何らかの境界を設定する」のがコアだとした場合に、「平面」であれば、その境界は「線」となりますが、「立体的な空間」であれば、その境界は「面」となるわけです。では、方向や方角を表す in the direction や in the west などの in はどのような境界を表すものなのか。「線」なのか「面」なのかというときには「比喩的な発展」を辿り、「解釈」をしなければなりません。例えば、ある前置

詞の「コア」を理解し覚えた、というには、英語ということばを使いこなす人たちは、どのような「共通の比喩」を経由して、現在のような前置詞の使い方へと至ったのか、ということを併せて学び、身につける必要があります。そのための補助線、ガイドラインの役目を果たしているのは、絵や写真などの視覚的映像や、キャッチコピーのような短いフレーズではなく、「説明・解説」のためのことばで、主として日本語です。日本の伝統的指導法である「文法訳読」、「英文解釈・英文和訳」では日本語に翻訳することや、日本語を介在させること自体が、英語習得を妨げている、という批判を受けていたわけですが、「コア」や「イメージ」を身につけるためには、かなり大量の日本語による「解釈」や「翻訳」を理解することが求められるわけです。明示的な情報の宝庫とも言える辞書でも、すでに *Macmillan English Dictionary for Advanced Learners* では、約40語を取り上げ、英語における重要な「比喩」を具体的に説明していますが、多くの学習者にとっては「比喩」はまだ自覚するには至らない領域でしょう。

　空間や位置関係での in を考える格好の材料を江川泰一郎（1965）は次の実例で示しています。

- I have a racket in my hand.
- Just then two big robins came to the nest. They had something in their mouths.
- She looked wonderful in her new dress.
- In the prison he saw five prisoners in chains.
- People laughed when they saw the boys walking in the sun.

このような in をどのように「実感」させ、「ことば」として定着させるのか、母語話者の持つ完成したイメージの体系に収束させるよりは、ことばを補って説明したり、同様の例を広く体験させたりすることで「学習者の視点」を少しずつ精緻なものにしていくアプローチのほうが有効ではないかと思います。

　空間表現で用いられた同じ前置詞による「時間表現」を考えるときには、さらなる課題が生じてきます。

　例えば、in が時間について用いられる場合。ここでは、時間を何かの

「容器」のようなものとして捉えることに賛成・納得してもらわなければ、「境界」を設定すること自体が適いません。in January「1月に」とか in times of trouble「苦しいときに」のように、「自分がその中にいる」ことを感じやすい名詞と一緒に使われる場合はまだ理解しやすいかもしれませんが、経過時間を表す I'll be back *in* a minute. などの in ではどのように「容器」を設定するのか、初学者にはわかりにくいでしょう。「経過時間を表す in」という日本語による用法分類と説明よりも、「コア」や「イメージ」、「比喩」のほうが、「母語話者の直観に基づいているから覚えやすく、使いやすい」とは言い切れないように思います。

　さらに、語の並べ方、語と語の結びつき、そして「活用」という、統語論、形態論に目を移せば、従来「修飾」で扱われていた項目は、「コア」や「イメージ」による捉え直しでは、いろいろなところに説明上の歪みが出てくるように思います。

　次の3例を見てください。

- I will call you when I arrive at the airport.
- My parents have been married for twenty five years.
- The school bus is standing by the main entrance.

話者がどのような気持ちの時に will を選択するのか、という点では「コア」や「イメージ」の記述は有効でしょう。時を表す副詞節中での現在時制の選択にも、母語話者の直観が役立つかもしれません。情報構造の原理原則を踏まえて、「受け身」での語順を説明するときにも「イメージ」は有効かもしれませんし、動詞の意味特性に焦点を当てることで、現在分詞を選択した話者が抱いている「イメージ」を共有することも可能でしょう。しかし、ここでの will, have, be という個々の助動詞、さらには、これらの助動詞同士が一緒に使われるときの語順と形合わせの「原理原則」を「修飾」などの簡潔なキーワードのみで把握させるのは無理があるように思います。たとえば、A という語と B という語を順に、AB と並べたときに、どのような条件・環境が満たされれば「A は B を限定する」となり、どのような場合に「B は A を説明する」となるのか、学習者から見える風景は複雑です。名詞句の限定表現としての前置修飾、後置修飾のルールと、このよう

な助動詞の語順と形合わせのルールの両者を、同一の「限定」とか「説明」といった「ラベル」を貼ることだけで解決するのは難しいでしょう。上述の第1文で、will が call の意味内容を「限定する」とか、call が will を補足して「説明する」とは考えにくいでしょうし、第2文の have been married、第3文の is standing でも同様のことが言えると思います。

英語母語話者の「言語直観」を言語化するためには本来、「感覚」「捉え方」「世界の切り取り方」を伝えるための「言葉による説明」の精度を高めておく必要があるはずです。

「言葉による説明」の例として、2つ引用します。

まずは、「修飾」。安井稔（1973）は大学生用のテキストの注釈で次のような有益な解説を施しています。

- 12.4. small piggish eyes
  そのまま日本語になおすと、「小さな豚のような目」となる。しかし、「小さい」のは「豚」ではなくて、「目」であり「豚の目のような小さな目」の意味であることに注意。

- 12.7. a little red cock's tail
  そのまま日本語になおすと「小さな赤いおんどりの尾羽」となる。この場合、小さくて赤いのは尾羽であって、おんどりではない。cock's tail というのは一種の複合語のようなもので、red cock's tail は red +（cock's tail）という修飾関係にあり、little red cock's tail は little +（red cock's tail）という修飾関係にあり、この語群全体に不定冠詞がついて、a little red cock's tail となったものである。the fine young gentleman's hat のような構文と一見似ているが、修飾関係はまったく異なる。この場合の修飾関係は（the fine young gentleman's）hat であることに注意。この場合のアポストロフィーは the fine young gentleman という語群全体を一つのかたまりとする単位についているのであって、gentleman についているのではない。（my father）'s house などの場合も同様で、属格の用法としては、これらの場合のもののほうが普通のもので、本文のような例や、既出（p.7, l.3 の注）の a（children's book）のような用法のほうが、むしろ例外的なものであると考えてよい。

形容詞の限定など、修飾関係とは、ただ単に並べ方だけの問題ではないことがよくわかります。

続いて「時制」。林語堂は次のように「現在」を捉え、記述しています。

> 時間を一直線の流れだと考えて、「現在」の範囲を決めようとすると、即座に、現在とは極少の絶えず移り動いている時点に過ぎないことがわかる。理論的には、現在と称する時は、ほんの一瞬間で、それ以前は（たとえ一瞬前にしても）すべて過去に属し、それ以後は（すぐ次の瞬間でも）未来に属する。現在が常に過去や未来の領域に侵入するのはこのためである。I have just seen him. は名目上は現在であるが、事実上は過去の動作であり、I shall do it now. は、実際には動作が未来に起こることを示している。故に、現在に於いて何かを「する」ことは極めて困難なのである。従って、厳密な意味での現在の動作を表すには現在形は殆んど全く用いられず、その替わりに、幅を持った時間を表す I am doing it now のような現在進行形を用いる。その結果、現在に関して得られる文章は、we have done a thing か are going to do it か、または we are doing it right now である、ということになる。（「現在とは何か」、pp. 386–387）

現在時制の用法を語る前に、「現在」そのものに切り込むあたりがさすがにイエスペルセンも認めた中国の叡智です。

　前置詞にかぎらず英単語、語彙項目そのもののイメージ化はもうずいぶんと前から教材や辞書に取り込まれています。「イメージ」や「フィーリング」を活用した説明が多くの人にとって腑に落ちるのだとすれば、それはまさに、適切な言語情報を適切に視覚化しているからなのであり、単に「映像」が優れているからということのみに集約すべきではありません。イメージを用いてすべての英文法を説明できるわけではなく、あくまでもイメージを利用したほうが、情報処理として効率がよいもののみを取り上げているわけです。たとえば、本の目次を思い起こしてください。「イメージ」の有効性を強調する教材や概説書を取り上げて見た時に、その「目次」は写真やイラスト、アイコンなどのイメージだけではまったく機能しません。目次とは本来、本の内容をまとめたり主題を括り出したりすることで直接的に情報を与え読者の注意を惹きつけるためのものですが、目次にイラスト、アイコンだけを示し「後は本編をお読みください」と済ませることはできないでしょう。イメージだけでは目次は目次としての役割を果たせないのです。だとすれば、どのように優れたイメージであっても、「そのイメージで表現したい話者の意図」に気づかせるための、「言語による補足説明」が必要不可欠ということでしょう。

3. 母語の足場からの橋渡し

　明示的な教え込みに対するアンチテーゼである、「フォーカス・オン・フォーム」が英語教育界で盛んに取り上げられる一方で、「コア」や「イメージ」といった、視覚的・身体知的な概念・感覚をことばによって記述説明するきわめて「明示的」な指導法・学習法が巷では人気があります。対照的なこの2つのアプローチは、それぞれに得意な分野、領域があり、その一方で、苦手な部分もある、ということを前節で見てきました。

　では、このような「新たな文法学習観」を踏まえて、これからの「英文法学習」を進めていく学習者、教師には何が求められるのでしょうか。教え込まずに言語運用の中で「気づき」を促すにしろ、丸暗記に代わる「気づき」を日本語による記述・説明で積極的に仕掛けるにしろ、「気づく」ことが前提である点は共通しています。

　英語教育界では、consciousness raising「意識高揚」という用語をよく耳にしますが、「意識を raise する」というときに、raise する前の学習者の意識はどのような対象に向けられていて、その意識を「どこまで」高く上げると、どういったことに気づくことができるのか、という部分は一度じっくりと考えておく必要があるでしょう。

　「意識を高揚する」には、母語である日本語での「気づき」を利用することが考えられますが、そのさいにも工夫が必要です。母語である日本語によって思考や理解をしながら、日本語という母語に関する気づきを得るというのであれば、母語話者の言語直観が生きるわけですから、教材として典型的な事例を示すことで多くの課題を乗り越えられるでしょう。しかし、体系の異なる英語という目標言語を扱うさいには、対照言語学的な見地での「気づくべきターゲット」と「気づくための足場」を教材化、シラバス化しておくことが望ましいと思います。母語である日本語から母語使用者として抽出した「気づき」をもとに、対照言語 である英語へと架ける「橋」が必要であり、そのためには教える側に、英語学習のどの時点で、日本語の「足場」のどこから英語のターゲットのどこへと渡すのか、「目論見」「橋の設計図」があってしかるべきだろうと思うのです。

　たとえば、年間30週という日本の学校教育の現場に立つのであれば、

- 小学校段階：母語である日本語に関して気づきを得るための、日本語による気づきの事例を学年別で準備する。たとえば週に1つで2年間で60事例のシラバスを構築する。
- 中学校段階：外国語である英語に関しての気づきを得るために、母語である日本語の事例を学年別に配当する。3年間で90事例のシラバスを構築する。

などという指導に当たっての大まかな枠組みと流れも考えることができるでしょう。小学校段階の「日本語による日本語に関する気づき」の60事例が、次の中学校段階では、「日本語の足場に立った、英語に関する気づき」の90事例につながり吸収されていくような発展が可能となり、その先に初めて、

- 高等学校段階：中学段階での日本語の気づき事例90によって、すでに足場ができている英語に関する気づきを活かしながら、新たな英語に関して気づきを得るための30事例を準備する。

というような「英語の授業」としての新たな「気づき」の段階も考えられるのではないでしょうか。

4.「学習英文法」に求められる条件

「学習英文法」が活かされるには、次の3つの要素が重要だと考えています。

- 「文」の束縛からいったん自由になる。
- 学習者が「局地戦」を生き延びるための物資を保証する。
- ことばによる記述、解説の精度を高める。

4.1 「文」の縛りから離れてどこへ

ここで向かう方向は2つ考えられると思います。「文よりも小さな単位・要素」へと向かう方向と「文を越えた、意味や機能でのつながりとまとま

り」への方向です。

● 語・句など、文を構成するさいに「要素」と見なされているものを一つの「まとまり」と捉え直し、個々の表現形式を適切に扱うこと。

　特定の文法項目に焦点を当てているにもかかわらず、大文字で始まり、ピリオドなどの句読点で終わる「文」単位の言語材料で教材やシラバスが組まれているため、文を完成させられないときに、真のトラブルスポットが見極められないまま学習が先送りになっているケースが多々あります。ひとまず、文を作ることから自由になり、語と句を積み上げることからスタートするさいには、日本語との比較対照や、語の持つ「イメージ」を活用すること、語よりも大きく文までの縛りはない「チャンク」に焦点を当てて形式と意味を結びつけられるような「手がかり」を作ることが可能です。

● 一文に過度の情報を詰め込まずに、文と文のつながり、文と文のまとまりといった「談話レベル」の視点を押さえ、なぜそこではその形式を選択しなければならないのか、という必要性を感じさせるよう配慮すること。

　近年の「教科書教材」では、一度に与える分量を抑え、語彙サイズの縮小を図ることで初学者の負担を減らすことに腐心するがために、常に新出語の処理に追われ、ターゲットとなる一文での情報処理の負荷が結果として高くなり、かえって教材の難易度が高く感じられることがあります。一文の負荷を「教科書教材」よりも少し下げ、分量を増やすことで「文脈」を辿りやすくする、という「手当て」は、これまでもオーラルイントロダクションやインタラクションで現場の教師が担ってきた、得意な領域でしょう。

　「コンテクスト」とか「文脈」の重要性はよく指摘されますが、「文」が処理できない者には、文脈の把握も難しいものです。その前後の文の意味や状況設定、人物設定、その文の連なりでの発話の意図などを「日本語」や「理解のきわめて容易な英語」で与えられることでかろうじて「脈」を採ることが可能になると言えます。談話レベルでの内容理解やまとまった発話の完成を急いで求めるのではなく、そこから「文」へと戻れる余裕こ

そが求められます。

4.2 「局地戦」に必要な物資としての言語材料とフィードバック

　実際に「教室」での指導を考えた場合には、「完成された英文法の体系」を俯瞰する「鳥の目」からではなく、意味と形式を結びつける活動を一つひとつ学ぶ中で、より見通しの利く「虫の目」が育ち、森の中での行動範囲が広がり、自分の足場が均され、安心感や自信が増す、というのが落としどころではないかと感じています。

- Input → Intake → Output

という流れは、今では「英語教育」の世界での常識とされているようですが、そもそも "intake" という言葉で何を指しているのかは曖昧です。VanPatten ら（2010）も次のように言っています。

> Intake is a term that has been used in different ways by different scholars and theories.（中略）The reason the term has been used differently by different scholars is that the notion of "take in" itself is not clear.

上述の図式で、左から右へと直線的に学習・習得が進むわけではありません。極端な話をすれば、

- Output を課す → 悲しくなるくらい何もできない → ちょっと仕込む（＝ちょっと Input）→ もう一度 Output を課す → ちょっとだけできる（＝ Intake が少し行われた状態）→ さらに Output を課す → しどろもどろ → さらなる Input を課す → Output してみる → 少し自信をもってできる（＝さらにちょっとだけ Intake が整備）→ より大きな Output の課題を与え、より大きな Input の素材を与え、自分で取り組ませる → 途中で教師が少し手助けをする → Intake が少し増え、Output の質と量が向上し、Input へのさらなる意欲が増す

というサイクルでも、英語の学習を支えることは可能です。ただし、このようなサイクルで自分の居場所を少しずつ確保し拡げていくためには、input として与えられる「言語材料」が「良いもの」であることと、上の図式で言えば「→」に当たる部分で、教師からの適切かつ効果的な「介入的支援」が必要です。

　言語材料で扱う項目数をただ少なくするということが求められるのではなく、質的に精選吟味されたものが与えられることが肝要です。例えば、英語の基本語彙を精選するときには、コーパスに基づき出現頻度の上位語で教材を作成するだけでは不十分で、その語の典型的なコロケーションや、同じ語の品詞や意味の違いによる使い勝手の違いも含めて、「基本語彙というものがこのように英語ということばを支えているのですよ」という裏付けがあることが望まれます。それによって、全体像の見えていない学習者はともかく、教える側の教師は少し自信を持って、指導に取り組めるでしょう。その意味では "grammaticalised lexis" の重要性を説く Lexical Approach という考え方は見直す価値があると思います。

　また、教師からの「介入的支援」が、学習者にどのように処理されているのかを可視化する意味でも、「書くこと」のもつ「モニター機能」を活かすことが望まれます。output の形態として、初学者の段階から「書くこと」とどのように取り組ませるかが、今まで以上に重要になってくるでしょう。

4.3 「ことばによる記述、解説の精度を高める」ことの重要性

　「説明」で用いられることばを吟味することの重要性を再度、強調しておきます。局地戦としての「文法学習」を進める森の中で迷わないように、また森の中で迷ったときに、「自分は今ここにいるのだ」という現在地が確かめられる場所へと戻れるように、学習者はその局面局面での「地図の読み方」を身につけていく必要があります。

　鈴木忠夫（1983）は、次のように指摘しています。

> 自分の母語のシステムとは異なった別のシステムに、自分では疑問を持ちながら、枠にはめこまれるわけである。全体像を心得ていても、それをあらわにしないで導いて、折にふれ場に臨んで、システムの道標を示され、いつかその基本のあらましをまとめたことを教えられる

と、英語の姿が、英語の仕組みがつかめてくるだろう。耳から入り口に出て、語の並び、語順（word order）に慣れ、こんなときはこの型（pattern）かと、身につける言語の使用練習、言語活動の指導が重要ではなかろうか。

30年近く前の指摘ですが、英語の学びというものを借りものの理論だけではなく、自分の頭で考えた人のことばだと感じます。本当に英語ということばを自分のものにしているからこそ、「折にふれ場に臨んで」小出しにできる類の「説明」があるだろうと思うのです。
　「地図の読み方」の例として、次の「説明」を見てください。

>　Be careful of this word. Look at these sentences:
>　　I haven't seen you since last month.
>　　I haven't seen you for the last month.
>　*Last month*（no article）refers to the last calendar month, and is therefore a period of time in the past from which we are measuring up to now.（= since April, May etc.）
>　*The last month*（with definite article）means the length of one month（i.e. about 30 days）up to now.
>　So without the definite article we use *since*; with it we use *for*.

これは W. Standard Allen（1958）からの抜粋です。50年以上前の教材ですが、歩みを止めて振り返る「折り」や「場」の見つけ方が上手なことに加え、言語化や例示も適切で「説明」の質が高い一例だと思います。
　鈴木（2000）の次の言葉には、ハッとさせられます。

- 英文がわかっていて説明するのと、説明でわかろうとするのは大差がある。

先哲、先達の知恵に学ぶことがまだまだたくさんあるように思うのです。

〈参考文献〉

江川泰一郎（1965）「基本語法（中学課程篇）」、『現代英語教育講座6　英語の文法』研究社。
鈴木忠夫（1983）『英語教育　素人と玄人』清水書院。
鈴木忠夫（2000）『学校英語はなぜ悩迷するか』リーベル出版。
林語堂/山田和男（訳）（1960）『開明英文文法』文建書房。
ワシントン・アービング/安井稔（訳註）（1973）『リップヴァンウィンクル』開拓社。
Allen, W. Stannard (1958) *Living English Structure for Schools*. London: Longman.
Lewis, Michael (1993) *The Lexical Approach: The State of ELT and a Way Forward*. Boston: Heinle & Heinle.
Lindstromberg, Seth (2010) *English Prepositions Explained, Revised Edition*. Amsterdam: John Benjamins.
VanPatten, Bill and Alleeandro G. Betani (2010) *Key Terms in Second Language Acquisition*. London: Continuum.

☞ オススメの学習英文法関連書

・**D・キーン、松浪有（1969）**『英文法の問題点――英語の感覚』研究社。
　全編英語で書かれています。英文法のすべての項目を網羅的に扱うのではなく、someとany、冠詞、時制、助動詞、不定詞と-ingなど日本人学習者のトラブルスポットを重点的に取り上げ「精度の高い言葉で説明」しています。

・**猪野真理枝、佐野洋（2010）**『英作文なんかこわくない――日本語の発想でマスターする英文ライティング』東京外国語大学出版会。
　対照言語学的アプローチで、母語としての日本語を足がかりとして、英語への橋渡しをしてくれる教材。「表現形式と意味」の正しい理解が、英語の運用に役立つ多くの「気づき」をもたらしてくれます。

Ⅲ　内容論・授業論

8 学習英文法の内容と指導法
——語と文法と談話

岡田　伸夫

1. 英文法と学習英文法

　私が If I eat an egg, I will get egg on my tie. と言っても、周りの友だちはだれも驚きません。というのは、この文が「目玉焼きでもゆで卵でも落とし卵でもいいが、1個の卵を食べると、卵が口からこぼれ、ネクタイについてしまう」という日常の出来事を述べたものだからです。しかし、最初の egg の前にある不定冠詞 an を 2 番目の egg の前に移して、If I eat egg, I will get an egg on my tie. と言ったらどうでしょうか。「卵——卵焼きの状態や茶碗蒸しに入っているときの状態や細切りにされてサラダに入れられているときの状態がそうだが、1個と認識できない卵——を食べたら、ネクタイに1個の卵が出現する」と言うのですから、友だちは私がマジックでもするのかと期待して周りに集まってくるでしょう。では、クイズを1つ。次の (1) の英語を言っているのはだれでしょうか。

　（1）　Johnny is very choosey about his food. He will eat book, but he won't touch shelf.

(1) では数えられる名詞であるはずの book や shelf が数えられない名詞として使われています（前に a や the がついていない、books にも shelves にもなっていないことに注意）。紙でできた本や木でできた棚を食べるのはだれでしょうか。答えはシロアリです（Gleason 1965: 136–137）。(1) はシロアリの母親が息子の偏食を隣のシロアリの奥さんに愚痴っている場面です。英語を使う時には、冠詞 a(n) がどのような名詞につくかを知ることが不可欠です。

　どの言語にもその意味と形を結びつける一定の方式があります。それが

文法です。文法は、脳の中に蓄えられていて、通常は意識されることはありませんが、相手が言おうとすることを正確に理解し、相手に自分の思いを的確に伝え、また、自分の思いや考えをまとめることを可能にしてくれる大事な取り決めです。

英語を教えたり、学んだりするのを支援することを目的として作られた文法を学習英文法（pedagogical English grammar）と言います。現在使われている学習英文法には、内容の面でもその指導の面でも多くの問題があります。本稿では、学習英文法の内容とその指導法がどのようなものであるべきかについて語と文法と談話の3つの視点から考察します。

2. 語

知らない語や知らない文法は使えません。語や文法は、他の条件が同じであれば、より多く、より正確に身につけていたほうが、自分の思いや考えを表現したり、相手が言うことを理解したりするのに、有利であることは言うまでもありません。では、語を習得したというのはどういうことでしょうか。語は音と意味のカップリングです。英語では、例えば、bananaという語が、[bənɑːnə]という音形と「バナナ」という意味を持っています。音と意味の両方を習得しないと語を習得したことになりません。また、問題の語がどのような構造と共起するか（例えば、動詞 enjoy は動名詞を目的語に取りますが、to 不定詞は取れません。それに対して、動詞 hope は to 不定詞を目的語に取りますが、動名詞は取れません）という統語上の文脈情報も習得しなければなりません。

一般的には、意味が近似している動詞は、同じ構造と共起しますが、意味が近似していながら、共起する構造が異なる動詞があります。その例を2つばかり見てみましょう。動詞の tell と report は、どちらも「情報を与える」という意味を持っています。どちらも「目的語 + to + 人」を従えることができますが、二重目的語を従えるかどうかで異なります。次の (2) と (3) を見てください。

　　（2）　John told/reported the news to her father.
　　（3）　John told her father the news. [told の代わりに reported を使う

ことはできません]

また、動詞の demand と require はどちらも「要求する」という意味を持っていて、どちらも名詞句や that 節を従えることができますが、to 不定詞を従えるかどうか、「目的語 + to 不定詞」を従えるかどうかで異なります。次の (4) と (5) を見てください (文頭の * は非文法的な文であることを標示します)。

(4) I demand to see the manager.
　　 *I require to see the manager.
(5) *True marriage demands us to show trust and loyalty.
　　 True marriage requires us to show trust and loyalty.

動詞の tell と report や、demand と require のように、意味が近似しているにもかかわらず、共起することのできる構造が異なるケースには特に注意が必要です。

2.1　語形成

中学校学習指導要領 (平成 20 年 3 月 28 日告示、平成 24 年 4 月～全面実施) は、語、連語、慣用表現について、「(ア) 1,200 語程度の語、(イ) in front of, a lot of, get up, look for などの連語、(ウ) excuse me, I see, I'm sorry, thank you, you're welcome, for example などの慣用表現」を教えると述べています。この規定の一つの大きな問題は、語形成 (派生語形成と複合語形成) にかかわる規則がすっぽりと抜け落ちていることです。しかし、語形成規則を習得することによって使える語数を増やしたり、構文の知識の欠如を補ったりすることができますし、新聞や雑誌などでは派生語や複合語が多用されていますから、語形成規則を習得することはたいへん有益です。次の 2.2 で派生語形成規則の例を、また、2.3 で複合語形成規則の例を見てみましょう。

2.2　派生語

動詞に接尾辞の -er や -or をつけるとその行為を行う人を表す名詞がで

きますが、他動詞に接尾辞の -ee をつけるとその行為を受ける人を表す名詞ができます。「拉致被害者」や「誘拐被害者」を表すのに a person who has been abducted/kidnapped という現在完了受身形の関係節を含む、統語上複雑な名詞句を使わなくても、他動詞の abduct や kidnap に -ee をつけるだけで拉致被害者や誘拐被害者を表す名詞 abductee や kidnapee ができます。次の (6) の例を見てください (参考までに、対応する行為を行う人を表す名詞を語の後ろに丸括弧で囲んで挙げます)。

(6) addressee (addresser), appointee (appointor), detainee (detainer), employee (employer), examinee (examiner), franchisee (franchisor), interviewee (interviewer), murderee (murderer), payee (payer), testee (tester), trainee (trainer)

-ee 名詞の中には、上の (6) に挙げたもののように、使用頻度が高く、辞書に掲載されているものもありますが、書き手 (話し手) がその場でとっさに、あるいは、新語であることを承知のうえで作り出すものもあります。それらは、通例、-er 名詞や当該の動詞と一緒に使われます。-er 名詞や当該の動詞が -ee 名詞の呼び水 (priming) になっているのでしょう。

(7) The typical scenario for kissing someone is to move toward the kissee, then contact him or her, and then initiate the kiss.
—S. Pinker, *The Language Instinct*

ウェブサイトには、次の (8) のような、書き手自身が -ee 名詞を新造語であると意識しながら、軽いノリで、冗談っぽく使っている例もたくさんありますが、これらの新造語が多くの人に使われることになるかどうかは予測がつきません。

(8) I am sometimes the ignorer, and sometimes the ignoree (if there is such a word).—⟨http://www.problempages.co.uk/viewtopic.php?f=18&t=5435⟩

2.3 複合語

garden と vegetable の2つの語をどの順序で並べるかでまったく別の意味の複合語ができます。garden vegetable は庭で栽培した野菜であり、vegetable garden は菜園（野菜を栽培する庭）です。複合語の中には生産的な規則で作られるものがあります。次の例を見てください。

(9) x-made: handmade (made by hand/with the hands); factory-made (made at a factory); machine-made; manmade
x-infested: mine-infested (infested with mines); rat, cockroach and mosquito infested; zombie-infested

文部科学省検定済高校リーディング教科書の *Genius English Readings Revised* に次の (10) の Lecture と Drills があります。

(10) Lecture：語順を入れ替え、前置詞や冠詞や規則変化の複数語尾を削除することにより、1語の複合語をつくることができます。
 a. based at home → home-based ［前置詞が消える］
 b. kissed by the sun → sun-kissed ［前置詞と冠詞 the が消える］
 c. friendly to users → user-friendly ［前置詞と名詞の複数語尾が消える］
ただし、a と b では過去分詞と名詞の順序が逆に、また、c では形容詞と名詞の順序が逆になることに注意。
Drills：①〜④の［ ］内の語句を、1語の複合語に換えて（ ）内に記入しなさい。
① Like in any other university department, our teaching is [based on research]. (　　　　)
② I bought some [painted by hand] flower pots today. Would you like to take a look at them? (　　　　)
③ More and more public places are becoming [free from smoke]. (　　　　)
④ We are developing [friendly to our environment] products. (　　　　)

(9) に挙げたタイプの複合語は、次の (11) に図示されているように、要素の順序が日本語と同じです。

(11)　snow-covered｜雪で 覆われた

このことに気がつくとこのタイプの複合語も面白いでしょう。
　(10) の Lecture の中で示された複合語形成規則は、新しい複合語を作り出すことができるので有用ですが、できた複合語が元の構造の意味から若干拡張した意味を獲得する場合があるので要注意です。例えば、tailor-made は、made by a tailor（仕立屋さんに仕立てられた）のほかに、exactly right or suitable for someone or something（人や物にぴったり合った）という意味も持っていて、The job's tailor-made for you. のように使われます（*Longman Dictionary of Contemporary English*, 5th ed.）。

3.　文　　法

3.1　句構造

　文の重要な特徴の一つは、句構造 (phrase structure) を持っているということです。英語の文は、表面上、語が左から右に一列に並んでいます。しかし、これらの語は対等な資格で並んでいるのではありません。いくつかの語が集まって上位のまとまりをつくり、その上位のまとまりが集まってさらに上位のまとまりをつくっています。一番上位のまとまりが文です。まとまりを句 (phrase) と言います。

　複数の意味を持つ語や文がありますが、多義文の中には、句構造を考慮すると、多義性を容易に解消することができるものがあります。一例を見てみましょう。次の (12) の文は (13a) と (13b) の 2 通りに解釈することができます。

　　(12)　Kazuya read the book on the sofa.
　　(13)　a.　和也はソファーの上でその本を読んだ。
　　　　　b.　和也はソファーの上にあるその本を読んだ。（場面によっては、「和也はソファーの上にあったその本を読んだ」と解釈

されることもあります）

　句構造の概念を用いて（12）の文の多義性を説明すると、次のようになります。（12）が（13b）で解釈される時には、the book on the sofa 全体が動詞 read の目的語となる名詞句を構成します。したがって、（13b）の意味で解釈される（12）を受動文に変えると次の（14）ができると予測されます。

　　（14）　The book on the sofa was read by Kazuya.

一方、（12）が（13a）で解釈される時には、the book が単独で動詞 read の目的語になりますので、受動文に変えると次の（15）ができると予測されます。

　　（15）　The book was read by Kazuya on the sofa.

予測通り、（14）には（13b）の解釈しかありませんし、（15）には（13a）の解釈しかありません。高校生や大学生と一緒にこのような「仮説検証」の過程を楽しんでもいいでしょう。
　日本語には冠詞がないので日本人にとって冠詞の習得は厄介です。句構造を認めると、冠詞の a と the が合理的に選択されているということが見えてきます。「名詞は関係節に修飾されると前に the がつく」と誤解している高校生や大学生がいます。このような高校生や大学生に、次の（16）の空所に入る冠詞は a か the かと尋ねると、the という答えが返ってきます。

　　（16）　This is （　　）picture which I painted yesterday.

高校生や大学生は、「話し手（書き手）は、問題となっている名詞が指すものが聞き手（読み手）に同定される（identifiable）と想定する時に the を使う」という原則を折に触れて学習してきているはずなのですが、関係節に修飾されている名詞に出合うと、突然、その原則を無視して、機械的・公式的に the を使うのです。（16）に関して知るべき重要なことは、冠詞が、直後の名詞の picture だけではなく、関係節を含む picture which I painted yesterday 全体にかかるということです。話し手が、picture which I painted yesterday が聞き手に唯一的に同定されると考えれば the を使うというだけのことです。今、冠詞が picture which I painted yesterday 全体にかかると言いましたが、このことは、picture which I painted yesterday が、統語上、一つの句を構成しているということです。この句構造を知っているか否かで (16) の空所に正しい冠詞が選べるか否かが決まるのです。

3.2 　構　文

　現在の学習英文法では 5 文型が重要な地位を占めていますが、文型はどのように教えられているでしょうか。ここでは第 5 文型、中でも状態変化を表す第 5 文型について考察します。現行高等学校学習指導要領（平成 11 年 3 月 29 日告示、平成 15 年 4 月～全面実施）は、「主語＋動詞＋目的語＋補語のうち、補語が現在分詞、過去分詞及び原形不定詞である場合」を教えると規定しています。しかし、構文について最初に教えるべきことはそれがどのような意味を表すかということです。学習指導要領は、構文を構成する要素の表面上の順序は述べていますが、肝心の構文の意味については何も述べていません。

　次の (17) は Erle Stanley Gardner の "The Case of the Crimson Kiss" に出てくる文ですが、前半の文は、弁護士のペリー・メーソンが秘書のデラ・ストリートをエレベーターの中に押し込んだことを表し、後半の文は、彼がドアを引っ張った結果、ドアが閉まったことを表します。

　　(17)　Mason pushed Della Street into the elevator and pulled the door shut.

(17) の後半の Mason pulled the door shut. のような文は、第 5 文型の例として教えます。このような文を (17) の前半の Mason pushed Della Street into the elevator. のような、ものの移動を表す構文と関係づけて教えることはしません。というのは、伝統的な 5 文型に基づく教え方では、Mason pushed Della Street into the elevator. のような移動構文は、第 3 文型「主語＋動詞＋目的語＋修飾語」に所属するものと見なされ、第 5 文型とは別物と考えられているからです。しかし、(17) の前半と後半の文は本当に別

物なのでしょうか。

　第5文型の Mason pulled the door shut. は、意味上、Mason pulled the door が原因となり、the door shut という結果が生じたことを表します。このような文を「状態変化構文」と呼ぶことにしましょう。状態変化構文と移動構文は別物ではなく、前者は後者から派生したものです。そのことを簡単な例を使って見てみましょう。He pushed her into the room. の into the room は、目的語の her の空間移動の終着点を表します。それに対して、He pulled the door shut. の shut は、目的語の the door の状態変化の最後を表します。どちらの文も、前半（He pushed her と He pulled the door）が原因を表し、後半（her into the room と the door shut）が結果を表します。

　英語には次の (18) に挙げる少し変わった状態変化構文もあります。

　　(18)　Bill shaved his razor dull.

(18) の his razor は動詞 shave の目的語のように見えますが、意味を考えるとそうではないことがわかります。動詞 shave には自動詞としての用法と他動詞としての用法がありますが、他動詞として使うときには、目的語に来るのはひげや髪やそれらが生えている体の部位などです。(18) では、表面上、shave の目的語に his razor が来ているので高校生や大学生には理解が困難です。(18) の his razor は、意味上は、shave の目的語ではありません。(18) は、ビルが頻繁に（あるいは大量に）ひげを剃った（原因）のでカミソリが切れなくなった（結果）と誇張して言っているのです。

　(17) の and の前の文と後の文は、空間移動と状態変化という違いはあっても、どちらもその前の文が原因、後の文が結果を表しています。このことを認識することが大事です。5文型だけに凝り固まってしまうと、そのような見方がしにくくなるので、注意しなければなりません。学生に移動構文と状態変化構文の基盤にある原因と結果の順序を理解させるには、「原因が先にあって、結果が後からついてくる」と説明するのも一つの方法でしょう。

前置詞と不変化詞

　次の (19) の英語は Ernest Hemingway の短編小説 "Indian Camp" の冒

頭に出てくる英語です。

> (19)　At the lake shore there was another rowboat drawn up. The two Indians stood waiting.
> 　　Nick and his father got in the stern of the boat and the Indians shoved it <u>off</u> and one of them got <u>in</u> to row. Uncle George sat in the stern of the camp rowboat. The young Indian shoved the camp boat <u>off</u> and got <u>in</u> to row Uncle George.

下線を引いた off と in は、伝統的な学習英文法では、前置詞ではなく、副詞、あるいは不変化詞（particle）と分類されます。しかし、副詞と呼ばれようと不変化詞と呼ばれようと、上の off や in が、前置詞の off や in と同じ意味を持つことは明らかです。shoved it off は shoved it off the lake shore という意味であり、got in to row は got in the boat to row という意味です。大学では、下線を引いた off と in が、実は、前置詞であり、たまたま後続の名詞が、文脈上、自明であるために省略されたものであると教えるといいでしょう。

4.　談　　話

　英語教育の世界では単文主義と呼ばれる指導法が多用されます。例えばある構文を教える時には、1つの文を提示するだけで、それがどのような場面でどのような意図で使われるかを示す文脈を添えることもなければ、競合する他の構文と比較してその構文の意味を際立たせることもありません。この単文主義の土台には、暗記するには短い文が効率がよいという判断や学習者が単文だけからその機能や使用場面をすべて復元できるという思い込みがあるのかもしれません。しかし、場面や文脈を考慮しないで、構文の本質的な意味を把握しようとしてもうまくいきません。
　構文の本質的な意味を知るには場面や文脈が決定的に重要な働きをします。作品を読んでいるときに次の (20) のような主語・場所句倒置構文が出てきたらどのように教えるでしょうか。

(20) At the wheel was O'Connor.

普通は次の (21) のように説明して終わりでしょう。

(21) 倒置文。もとの形は O'Connor was at the wheel.

高校でも大学でも、普通、(20) の倒置文は、(21) にあるように、元の「主語＋動詞＋場所句」の語順に戻して教えます。「強調」という用語を使うこともありますが、「強調する」というのがどういうことなのかに対して納得できる説明を与えていません。例えば、上の (20) で言うと、at the wheel が強調されていると言ったり、逆に、O'Connor が強調されていると言ったりしているというのが現状です。「強調する」の意味を定義しないまま教えるので、結局、学生は実際の場面で倒置文を正確に理解し、適切に使う力を身につけることができないのです。

　(20) の文は Frederick Forsyth の "Sharp Practice" という短編に出てきます。この倒置文の意味を理解するために、まず、問題の場面がどのような場面かを説明します。カミン判事はいかさまポーカーで訴えられたオコナーという男の訴訟の審理を指揮することになります。その前日、カミン判事は、列車のコンパートメントでオコナーといっしょになり、同じコンパートメントにいた神父を交えた3人で賭けポーカーをすることになりました。ポーカーでは、自分とオコナーの2人が神父に大負けしました。今、目の前にいるオコナーはトラリーの食料品屋にいかさまポーカーで訴えられているのですが、オコナーは彼としたゲームでも負けたというのです。いかさま師が負けるというのはつじつまが合いません。陪審員が昼前に無罪の評決を出し、カミン判事は法廷を後にし、町一番のホテルで大好物のシャノン産の鮭を味わうべく、通りを渡ろうとします。ここで次の (22) の英語が出てきます。

(22) He was about to cross the road to the town's principal hotel where, he knew, a fine Shannon salmon awaited his attention, when he saw coming out of the hotel yard a handsome and gleaming limousine of noted marque. <u>At the wheel was O'Connor.</u>

(21)のような簡単な解説では、(20)の意味を正確に理解することはできません。参考までに、(22)を翻訳家の篠原慎氏がどのように訳しているか見てみましょう（篠原 1984: 286）。

> (23) 判事のめざすは町一番のホテルで、そこではシャノン産のすばらしいサーモンが食べられるのだ。彼がそのホテルに向かって道路を横切ろうとしたとき、一台のピカピカに磨きあげた高級車がホテルから出てくるのが見えた。<u>なんと、運転しているのはオコナーではないか。</u>

(23)の下線部は名訳です。(22)の下線部の英語の意味を正確に訳出しています。それにしても、なぜ(22)の下線部の英語がそのような意味を持つのでしょうか。たぶん次のような理由でしょう。現れるはずの要素が現れないと読み手はサスペンスの状態に置かれます。書き手はそのことを利用して情報価値の高い要素を文末に回すことがあります。学生には、まず、「主語の O'Connor が文末に回されたのは、この場面で O'Connor の情報価値が高いからだ」と推論させ、次に、「O'Connor の情報価値が高いのは、金に縁がなく、うだつがあがらない O'Connor が高級車を運転して高級ホテルの駐車場から意気揚々と出てくることがあまりにも意外だったからだ」と推論させます。説明としてはそこまででいいと思いますが、最後に、意外性を表すには日本語では、例えば、「なんと～ではないか」のような表現が使えると付言すればさらにいいでしょう。単文だけの暗記学習では、問題の構文の意味とその使用場面をイメージしにくいので、結局は実践の場で使える知識として定着しないのです。

　主語・場所句倒置構文が意外性を表すことを示す例をもう一つ見ておきましょう。次の(24)を見てください。Yvonne Carroll の *Leprechaun Tales* に収録されているある話の一節です。

> (24) It was a clear moonlit night as Tom walked home from the village. Suddenly he heard a most peculiar sound coming from the bushes ahead. His mother had warned him to ignore strange sounds at night, as this was when the fairy people appeared. Even so, Tom

paused for a moment before moving closer to the bushes to see what could possibly be making the noise. He couldn't believe his eyes! There in front of him was a little man no bigger than Tom's hand, with his beard tangled in the bush.

　(24)の下線部の英語の直前に He couldn't believe his eyes! という感嘆符で終わる英語があります。下線部の英語が驚きを伝えようとしていることは場面を考慮すると明らかです。
　「旧情報（old information）を前に置き、新情報（new information）を後ろに回す」という原則を立てて主語・場所句倒置構文を説明しようとする向きもありますが、この原則には問題があります。まず、この原則は事実に関して正しくありません。(22)の例では、定（definite）の名詞である固有名詞（O'Connor）が文末に回されていますが、定名詞が新情報であるはずがありません。実際、"Sharp Practice" では、(22)に先行する部分に O'Connor が何度も出てきています。もう一例見てください。

(25)　Someone knocked at the door.
　　　'Avanti,' George said. He looked up from his book.
　　　In the doorway stood the maid. She held a big tortoiseshell cat pressed tight against her and swung down against her body.
　　　[avanti はイタリア語で come in の意味]

　これは Ernest Hemingway の短編小説 "A Cat in the Rain" の一節ですが、In the doorway stood the maid（ドアのところに立っていたのは、だれかと思ったらホテルのメードだった）という文では定冠詞 the + maid が文末に回されています。このメードは、ここより前のテキストの中で何度か出てきていますので新情報ではありません。この文は、ドアをノックしたのがメードだったことが意外だったということを伝えているだけです。
　また、新旧情報に基づく語順の原則は、上で述べた「聞き手（読み手）の期待を高めるために情報価値の高い要素を文末に回す」という原理のサブケースと考えられます。新情報が文末に回されるのは、その特定の場面でたまたま新情報が高い情報価値を担っているからなのです。

上の (22) や (24) の場面は主語・場所句倒置構文の本質的な意味を浮き彫りにしています。このような場面の助けを借りずに、教師の説明だけで主語・場所句倒置構文の本質的な意味を伝えることは至難の業です。作家が推敲を重ねた文章の中に教材として高い価値を持つものがたくさんあるということを強調しておきたいと思います。

　本稿では、学習英文法の内容を語と文法と談話の3つに分類して、それぞれの中で、教えるべき重要な内容でありながら実際には教えられていないものをいくつか選び出し、それらについて検討しました。近年の英文法研究によって、語のレベルでも文法のレベルでも談話のレベルでも、多くのことが明らかになってきています。また、今までばらばらに扱われてきた事実を統一的に説明する見通しのよい説明法も提案されています。これらを取り入れて新しい学習英文法を編集する時が来ています。

〈引用文献〉

岡田伸夫他 (2008) *Genius English Readings Revised*（高等学校外国語科用文部科学省検定済教科書）大修館書店.
篠原慎（訳）(1984)「悪魔の囁き」『帝王』角川書店, pp. 247–287.
Gleason, Henry Allan, Jr. (1965) *Linguistics and English Grammar*. New York: Holt, Rinehart & Winston.

☞ **オススメの学習英文法関連書**

- **Raymond Murphy (2004)** ***English Grammar in Use: A Self-Study Reference and Practice Book for Intermediate Students***, **3rd ed. Cambridge：Cambridge University Press.**
  　基本的な文法事項の説明が秀逸。具体的な状況を設定して構文の意味や働きを説明しています。構文を説明するのに別の構文と対比したり、別の構文で言い換えたりしているところも有益です。
- **河上道生 (1991)**『英語参考書の誤りとその原因をつく』**大修館書店。**
  　語法が中心で、文法を体系的に扱ったものではありませんが、英文法参考書に散見される間違いを実証的に示しています。間違った語法・文法を教えたくないと思っている教師の必読書です。

9 学生・生徒の文法力
——現状分析と処方箋

久保野　雅史

1. 高校生の戸惑いからわかること

1.1　既習か未習か

　A君は高校1年生です。いわゆる中高一貫校に通っているので、高校入試のための受験勉強はしていません。予備校や塾にも通いませんでした。ですから、彼の頭にインプットされている英語は学校の授業で使った教科書とサイドリーダーがすべてです。

　中学校時代は、音読をしていれば何となく教科書は覚えられました。覚えた文を応用してスピーチをすることも苦には感じませんでした。しかし、文法に対しては漠然とした苦手意識を感じていました。どこかスッキリと納得がいかない部分があるのです。高校に入学してまもないころの授業で、文法事項をまとめたページを学習していたときにも、このような思いを強くしました。そのときの様子を再現してみましょう。

　　先生：　People also call my country "the Land of Smiles." は、本文にも出て来た第5文型SVOCの文で「my country を the Land of Smiles と呼ぶ」という意味でしたね。その次の文 We found this book very interesting. は、どんな意味になりますか、A君。
　　A君：　（首を傾げながら）「私たちは、とても面白い本を見つけた」ですか。
　　先生：　この find は「見つける」ではなくて「...だとわかる」だね。SVOCの文なのだから、先ほどの例と同じように「this book が very interesting だとわかった」という意味になる。中学校で習ったよね。
　　A君：　たぶん make や call は習ったと思うんですが...。「...だとわかる」だったら find out ではないんですか。

先生：？？

どうして、A君は先生の説明が理解できなかったのでしょうか。また、彼の最後の発言は何を意味しているのでしょうか。その答えは、彼が中学生時代に学んだ教科書を詳しく見るとわかってきます。

1.2 教科書の分析

それでは、3年生の教科書を見てみましょう。確かに、SVOCの文型が登場します。教科書の本文に出てきた文をすべて拾ってみましょう。太字や斜体は引用者によるものです。

（1）Ainu people **call** them *the gods of the wetlands*.
（2）The discovery **made** people *happy*.
（3）I hope to **make** people *happy* by selling pretty flowers.
（4）They saw he was a cultured man and that helped to **make** his life *easier* in many ways.

A君が指摘した通りでした。教科書ではわずかに4例、それもcallとmakeしか扱っていません。findがSVOCの文型で使われている例は1つもないのです。3年間通して調べてみても、findは(5)〜(9)のように「...を見つける」という意味でしか使われていません。

（5）A man in this story **found** a treasure. How did he **find** it?
（6）Let's go back and **find** your button.
（7）Maybe I can **find** an answer to my problems in this.
（8）Later, Yuki **found** the reason.
（9）Some Japanese cranes **were found** in the Kushiro Wetlands.

そして「...だとわかる」の意味では、(10)のようにfind outを使っている例が一つだけ見つかりました。

（10）My grandmother cried and cried when she **found out** the seed was gone.

動詞 find について、以上のような文にしか触れていなければ、find は「...を見つける」の意味で「...だとわかる」の意味は find out で表す、と誤解してしまっても不思議ではありません。

1.3 どのように対応するか

　教える側に必要なのは、このような生徒のつまずきに気づくことです。気づかなければ、つまずきの原因を推定することはできません。そのさいに重要なのは、教科書を分析的に読み込み、どのような英語表現が使われていたかを頭に入れ、生徒たちの学習履歴を正確に把握しておくことです。

　中学校の教科書を、高校の教員が頭に入れていれば、「SVOC で使う find は未習なので誤解する可能性が高い」ことに気づきます。そこで、find も含めた既習の動詞が SVOC で使われる場合（(11)〜(19)）について、意識的に指導する必要があると考えるはずです。（(11)(12) は C が名詞、(13)〜(19) は C が形容詞）

(11) The young couple **named** their son *Edward*.
(12) They **chose** him *captain of the team*.
(13) We **found** the box *empty*.
(14) He **left** the window *open*.
(15) We must **keep** this room *clean*.
(16) He **painted** the walls *yellow*.
(17) The barber **cut** my hair *too short*.
(18) She **got** the boys *ready for school*.
(19) The cold weather has **turned** the leaves *red*.

(11)〜(19) のような補強は、どのように行えばよいでしょうか。例文リストと和訳を配布して「テストに出すから暗記しろ」と宿題を出すだけでよいでしょうか。このように乱暴な指導では、それまでの学習との継続性・発展性が生まれません。時間はかかるかもしれませんが、既習の動詞一つ一つについて、意味が拡張していく感覚を体験させるしかないのです。

さて、A 君のつまずきはここまでにして、次に一般的な傾向を見てみることにしましょう。

2. 文法力の現状と処方箋

2.1 何が弱いのか

「以前と比較して、最近の学生・生徒は文法力が弱い」という話をよく耳にします。この直感を、部分的に裏づけるデータがあります。国立教育政策研究所が 2002 年に全国規模で実施した学習到達度調査（正式名称は、教育課程実施状況調査）の結果です。中学卒業を目前に控えた生徒たちに (20)～(22) の整序作文に取り組ませました。正答率を予想してみてください。（下線部が並べ替えの対象となった部分）

(20) I must make it shorter.
(21) Let's ask my brother to help us.
(22) Many of the people invited to the party didn't come.

(20)～(22) は、いずれも中学校で学習する文法項目です。しかし、その正答率はどれも低く、(20) が 39.6%、(21) が 30.0%、(22) が 33.0% にすぎません。正しく文を組み立てられなかった生徒が全体の 60～70% に及ぶのです。

それでは、どのような誤答が多かったのでしょうか。(20) では *I must make *shorter it*. / *I must *shorter make it* / *I must *it make shorter* のように、〈make + O + C〉という語順が身についていないと考えられる答案が目立ちます。同様の傾向が (21) にも見られ、*ask *to help us my brother* / *my brother* ask *us* to help のような誤答が目立ちます。〈tell など + O + to 不定詞〉という語順で正しく文を組み立てることができないのです。(22) の場合も同様で、*invited people* to the party / *party to invited the people のような誤答が見られ、主語と本動詞の間に後置修飾語句が割り込む構文が苦手であることが明らかになりました。

しかし、(20)～(22) はすべて、中学校 3 年の教科書で文法の目標文 (target structure) として提示されるものです。また、高校の学習事項とも

密接に関わります。しかし、それが身についていない生徒たちが、全体の3分の2前後もいるのです。この調査が行われたのは10年以上前のことですが、現在の状況はさらに悪化していると感じている教員も少なくありません。

2.2 問題演習より口頭練習

　このような状況に到った原因は何でしょうか。「聞く・話す活動が重視されたため、文法が軽視されたからだ」という意見があります。聞く・話す活動に割く時間が増えれば、確かに、文法問題演習の時間は減るかもしれません。しかし、問題演習の時間を増やせば文法力が伸びるわけではありません。伸びるのは、文法問題の正答率であり、使える文法力ではありません。

　文法を身につけるためには、その文法事項を使って、口頭練習や音読・暗唱のような学習活動を丁寧に行い、同時に実際に使う場面を設定して言語活動に取り組む機会を与えることが必要です。言語活動を行わせるには口頭練習が不可欠です。そのさいに大切なのは「文の構造や意味が明確に伝わるように音声化すること」です。どこが主語で、どこが動詞なのかなどがよくわかるように、語句のまとまりや意味的なつながりを意識して音声化するのです。

　しかし、このような口頭練習重視とは逆の対応をしている学校が少なくないようです。仮に「文法力を伸ばす」ために、文法解説や演習の時間を増やしたとしましょう。そして文法教材を与え、目次に沿って最初から順に解説・演習を進めていきます。もちろん、検定教科書の題材内容や文法事項と関連づけて文法学習を進めるように配慮することは、ほとんどありません。このような方法では、かけた時間と労力のわりには学習効果が上がりません。文法書でいくら学んでも、文章の読み書きという場面で乱取り稽古をしなければ力にはなりません。その結果、ア～エのような悪循環に陥ってしまいます。

```
ア. 既習事項の定着に不安がある  ← エ. 使わないので忘れやすい
            ↓                              ↑
イ. もう一度くわしく説明する  → ウ. 使う練習の時間が不足する
```

既習事項の定着が悪いために、負の連鎖が生じているのです。しかし、これを解消できれば、オ〜クのような好循環を生み出すことも可能です。

<u>オ. 既習事項が定着している</u> ← ク. 使うので身につきやすい
　　　↓　　　　　　　　　　　　　　　　　　↑
　カ. 新出事項に説明を絞れる → キ. 使う練習の時間が確保できる

好循環を生み出すためには、扱うべき事項を精選して説明の質を高めることが必要です。文法事項を精選するさいには、発展性・応用性の高いものを重視し優先順位をつける必要があります。文法書や問題集でしか目にしない事項は思い切ってカットし、生徒たちが考えていることを英語で表現するさいに使えるものに絞ってみるのです。文法書を片端から漏れなく説明したとしても定着につながらなければ、文法書を何冊終えたところで教える側の自己満足にすぎません。

2.3　音調が説明を助ける

　学習指導要領では、高校の英語授業は「基本的に英語で行う」ことが求められています。生徒たちに英語を使わせる機会を増やすためには、教員が英語を使う機会も増やさなければならないからです。そのさい、教員の使う英語では何が重要なのでしょうか。

　文法や語法で困難点があれば、それを説明して理解させることは不可避です。そのような説明の質を向上させるために、教員が使う英語は大きな役割を果たします。よい説明とは、短い時間で本質を理解させられるものです。そのためには、対象となる文について説明してわからせるだけでなく、その文を生徒に向かって語って聞かせることによって理解させる方法も有効です。適切な音調で読んで聞かせることは、構造に気づかせることにつながるからです。少し複雑な構造の文であっても、メリハリをつけて教員が音読したものを聞けば、構造や意味が伝わってくるものです。具体的な例を見てみましょう。

　例えば、(23) の put と on は、**Put on** your shoes. の場合と見かけ上よく似ています。

(23)　I need *what* you **put on** the shelf.

しかし、(24) を見ればわかるように、put と on の間には「見えない空所」のようなもの (^) が隠れています。疑問詞や関係代名詞が移動した後には、構造上の不連続が生じるからです。

(24)　*What* did you **put** ^ **on** the shelf?

構造的に空所があるので、音声化するさいには put と on の間にポーズを置く必要が生じます。もう 1 つ例を挙げましょう。次の (25) も似た例ですが、こちらのほうが「見えない空所」に気づきにくいかもしれません。

(25)　The checkout person will often put something *that* is already **wrapped into** yet another plastic bag.

文法力の弱い学生・生徒は、wrapped と into が直接結びついているように誤解してしまい、(26) のような構造になっていることに気づきません。

(26)　… **put** [something *that* is already wrapped] **into** yet another …

(26) のように複雑な文の場合、解説の言葉を尽くすよりも、音調で構造を示すほうが簡単です。構造上の区切り、例えば something that is already wrapped という名詞のかたまりを一気に言った後で、into の直前にポーズを置けばよいのです。音調に構造を反映させるのです。
　それでは、(27) の場合はどのように音声化すればよいでしょうか。ヒントは「関係代名詞 that は、どこから移動してきたか」です。

(27)　We are becoming aware of *the special help* **that** animals can be to the elderly, the sick and the physically-challenged

この場合は、下線部の be to を続けて読むことはできません。animals can be と to the elderly の間に「見えない空所」があるからです。それがわか

るように音声化しなければなりません。

次は、省略の例です。(28)はどのように音声化すればよいでしょうか。

(28) In South Africa, white people **make up** 10 percent of the population and black people 80 percent.

文の後半、black people と 80 percent の間には動詞句 make up が省略されています。省略されている箇所では、声に出さず心の中で make up とささやく間だけポーズを取らなければ、文の構造は正しく伝わりません。

(23)～(28)のように、移動や省略の結果として残される「見えない空所」に慣れるためには、構造を意識した音読練習が不可欠です。構造と音調を一体的にとらえられるようになれば、音声の助けがなくても構造がつかめるようになっていきます。移動したり省略したりした語句を瞬時に元の場所に戻して文を再構成する力がついてくるのです。

2.4　構造と音調

英語では、時制・人称・格による語形変化がほとんど廃れてしまっています。形態的な情報が乏しいため、局所的な情報だけでは意味解釈を特定できない場合が少なくありません。学生たちの多くが誤読した例を挙げてみましょう。(29)は tornado（竜巻）について定義したものです。どこが難しいのでしょうか。

(29) a violent windstorm in which a rotating column of air forms at the base of a thunderstorm and extends toward the ground in a funnel shape.

多くの学生が、下線部の air に強勢を置いて air forms をつなげ、STONE bridge のように〈名詞＋名詞〉の音調で読んでしまいます。このような誤りを受けての授業展開を再現してみましょう。（強勢を置いた音節は、安井(1992)に従って大文字で表記してあります）

教員：AIR forms って読んだね。空気に形があるってこと？

学生： ？？
教員： では、forms の品詞は何？
学生： 名詞ですか？
教員： なるほど。そう誤解したから、あのように読んだんだね。でも、a rotating colums of air が、forms して extends するんだよ。
学生： それじゃあ、動詞ですか？
教員： そうだよ。extends もね。それでは「〜が...する」という意味を意識しながら音読してごらん。

このような誘導で構造に気づいた学生は、誤読していた時とはガラッと読み方が変わることがあります。主語の最後である air を「次に動詞が来るぞ」と予測できるような抑揚で読み、その後に短くポーズを置いて FORMS を強くはっきりと発音できるようになるのです。このように読み方を変えることができる学生は、構造と音調の関係が身についてきているのです。

それでは、このような力を学生に身につけさせるには何をすればよいのでしょうか。授業の冒頭に前時の復習をする場合を例にとって考えてみましょう。教科書を閉じさせ、生徒たちの目を見ながら、前時の内容を教員が英語で語りかけていくのです。頭では理解できている英語を、教員の語る英語だけを頼りに理解させるのです。このような経験を繰り返すことによって、構造と音調の関係について体験しながら身につけていくことが期待できます。

しかし、いつまでも教員の音読を聞いているだけでは不十分です。頃合いを見計らって、文章を黙読させた後に「この文はどう音読すべきか」を自分の頭で考えて自分で音調を作り出せるように指導していくプロセスが必要なのです。そのさいには、次のように対比の明確な例が効果的です。

(30) **Place** the *litter*.　Don't **litter** the *place*.

これは、アメリカ西海岸のゴミ捨て場で実際に見かけた掲示です。place や litter はもともとは名詞ですが、動詞にも転用されます。このように、同じ語形の単語が名詞・動詞の両方に使われているところに気づかせます。そして、それぞれの語が文中で果たす役割によって音調が変わることに気づ

かせ、その違いが伝わるように音声化するにはどのような点に気をつけなければならないかについて、意識を向けさせるのです。

次に、重要であるのに指導が充分とは言えない事項について、考えてみることにします。

2.5　名詞構文の解凍

(31) (32) のように動詞や形容詞の名詞形を中心にして文を圧縮したものを、名詞構文と呼ぶことがあります。

(31)　*your* regular **attendance** at my class
(32)　*Jack's* **absence** from the party

名詞構文は、字面を見ただけでは意味をつかむことが困難です。このような場合は、圧縮された表現を解凍して、〈S + V + x〉という文に戻します。そうすることによって、語句相互の意味関係が明確になります。

(31)　→　*You* **attend**(**ed**) my class regularly.
(32)　→　*Jack* **is/was absent** from the party.

それでは、次の場合はどうでしょうか。

(33)　Jeannette wouldn't go a step outside *her* **belief** that war is wrong.

この場合「戦争は間違いだという彼女の信念」と和訳しても意味はわかるかもしれません。しかし、動詞 believe を使って文に解凍したほうが、that 節と belief の意味関係をより正確に理解できます。

(33)　→　*she* **believed** that war is wrong

最後に、名詞構文が密集した文章を読んでみましょう。「和訳しなさい」と単に指示するだけでは、意味を深く考えずに表面的な直訳をして済ませてしまいがちです。そのような場合は、作業を2段階に分けて次のように指

示するだけで結果は違ってきます。

> ア (34)〜(36)は名詞構文です。中心となる名詞を元の動詞・形容詞に戻してから文の形に解凍しなさい。
> イ アで文に解凍したものの内容を、簡潔な日本語で表しなさい。

> (34)Japanese workers' pride in their work and (35)loyalty to their company are reflected in (36)their capacity to produce goods that are not only competitive in price but reliable in quality.

(34)〜(36)は、それぞれ次のように解凍できます。

(34) → Japanese workers *are* **proud** *of* their work
(35) → They *are* **loyal** *to* their company
(36) → They *are* **capable** *of* producing goods

名詞構文は「この場合のofは『...を』と訳したほうが自然な日本語になる」というような翻訳技術の脈絡で語られがちです。しかし「自然な日本語になる」のはあくまでも結果です。その前提として、構造を正確に把握しなければなりません。このように〈S + V + x〉文に解凍して、句と句の意味関係が明確な英語に言い換えてみるという学習が、現在それほど重視されてはいないのは残念なことです。簡明な英語に言い換えるという学習は、英語で発信するためのトレーニングとしても有効だからです。

　「授業を英語で」というと、文章の理解を前提としたコミュニケーション活動ばかりが注目されがちです。しかし、文章を正確に理解させるために、英語を英語で言い換える指導も、現実的で実効性のある授業手順の一つとして、見直すべきではないでしょうか。

〈参 考 資 料〉

青木常雄（1933）『英文朗讀法大意』リーベル出版（1987 復刻）。
江川泰一郎（1982）*A NEW APPROACH to English Grammar*, 東京書籍。

金谷憲 編著（2009）『教科書だけで大学入試は突破できる』大修館書店。
国立教育政策研究所・教育課程研究センター（2003）「平成13年度小中学校教育課程実施状況調査報告書——中学校英語——」ぎょうせい。
安井泉（1992）『音声学』開拓社。

> **オススメの学習英文法関連書**
>
> ・江川泰一郎（1982）*A NEW APPROACH to English Grammar*, 東京書籍。
>   高校文法検定教科書のベストセラー *A NEW GUIDE to English Grammar* をベースにした副教材（準教科書）で、名著『英文法解説』のエッセンスが凝縮されています。名詞構文、準動詞、群動詞の記述が質量ともに圧倒的です。
> ・毛利可信（1974）『ジュニア英文典』研究社。
>   高校初級向けの学習参考書ですが、学習文法と英語学の橋渡しをしながら、明晰な論理と体系によって書かれています。他書には書かれていないことが多く、個性が強すぎたせいか、あまり一般受けはしなかったようです。

10 より良い学習英文法を探るための視点

末岡　敏明

1. 具体例から議論を始める

　学習英文法をより良いものにするにはどのようなことを考えればいいのでしょうか。学習英文法について検討すべきことは、非常に多岐に及びます。抽象的な原理から具体的な内容まで、あるいは、大きな枠組みから個々の項目まで、考えなくてはいけないことを挙げていくときりがないほどです。

　そこで、とりあえず学習英文法の中から具体的な文法事項をひとつ選び出し、それを検討することから議論を始めてみることにしてみましょう。学習英文法は、授業やカリキュラム作成などで実際に用いられているものですから、学習英文法に関するどのような点について考えるのであっても、必ず具体的な内容を交えて考える必要があります。ですから、まずは具体例を見て、そこから学習英文法全体に関わる大きな問題について考えを広げていくというのもひとつの方法だと言えるのではないでしょうか。

2. 副詞とは何か

　ここでは「副詞」について考えてみましょう。「副詞」は学習英文法の中ではかなり扱いが小さい項目ですが、これについて検討すると、学習英文法について考えなければならない様々な重要なポイントが見えてきます。

　岡田 (1985) のように副詞について詳細に記述しているものを読むと、「副詞」という範疇がいかに多様で複雑な内容を持っているかがわかります。副詞に分類される単語は意味的にも統語的にも共通性が低く、なぜそれらを「副詞」というひとつの範疇として扱えるのか、あるいは、本当にそのように扱ってよいのかという疑問が生じるほどです。

　大雑把な述べ方にはなりますが、「名詞」は「ものごとの名前や呼び名」

を表し、文中では「主語や補語や目的語の位置」で使われると言うことができます。「動詞」は「動作や状態」を表し、文中では「主語の後ろ」に来ます。同様に「形容詞」や「前置詞」などの他の品詞も、同じ品詞に属する単語であれば意味や文中での位置などに共通性を確認することができます。ところが、「副詞」の場合は、それに属する単語を具体的に not, very, fast, perhaps のようにひとつずつ見ていくと、共通性が見えてきません。not は「否定」、very は「強調」、fast は「様態」、perhaps は「話し手の確信の度合い」を表し、それぞれの文中での位置はまったく異なります。

　ある学習参考書には「形容詞は名詞（代名詞）を修飾しますが、それ以外の語句を修飾するものをまとめて副詞といいます」と書かれています。これは、「そもそも『修飾する』とはどういうことか」という議論に目をつぶれば、非常に明快な定義です。しかし、「副詞」に属する個々の単語を具体的に考えれば、この明快さがかえって疑わしく見えてきます。例えば、安藤 (2005) の「副詞」の章には次のような例文が挙げられています (p. 522)。

　　（1）　Even a child can do this.
　　（2）　I, too, have been to London.

　この例で、（1）の even は a child を、（2）の too は I を修飾しているのですから、副詞は名詞や代名詞も修飾するということになります。ということは、副詞を「何を修飾するのか」という観点から定義することはできないのかもしれません。

　別の学習参考書には「英語の品詞の中で、もっともあいまいなのが副詞である。実は、『副詞』とは、『ほかの品詞に分類できない修飾要素』につけた名前である。副詞のもつ意味がさまざまであり、文中での位置もバラバラなのは、もともと不統一なものを1つの名前でまとめて呼んでいる以上、当たり前なのだ」と書かれています。副詞に関する事実を踏まえて説明しようとするとこのような述べ方になってしまうのかもしれませんが、これでは「副詞を定義している」のではなくて「副詞の定義を断念している」ことになります。この説明によって学習者をびっくりさせることはできるかもしれませんが、これによって学習者の副詞に対する理解が深まるとは思えません。

　どうやら、「副詞とは何か」という問いに一言で答えるのは難しいようで

す。しかし、もしそうであれば、そもそもなぜ「副詞」という範疇を設ける必要があるのかという疑問が生じます。そして、その疑問に対して取る行動が、言語学と英語教育学とでは異なります。言語学であれば、「『副詞』という範疇を設ける必要があるのか」という問いに正面から答えようとするはずです。一方、英語教育学では「英語学習において『副詞』という範疇を設けるとどのように有益（あるいは無益）なのか」を検討するのです。学習英文法は、言語学ではなくて英語教育学に属しますから、取る行動は後者だということになります。

3. 単語としての重要性

「時制」や「関係代名詞」のような主要な文法事項とは異なり、学習者にも教師にも副詞の重要度はかなり低いと思われているようです。学習者に「いままでに英語の授業の中で副詞について何を学んだか」と問うても、ほとんど答えらしい答えは返ってこないでしょう。また、文法指導を重視する教師であっても、副詞を指導事項の中心に据えた経験のある人は少ないのではないでしょうか。いわゆる「5文型」の学習では、文を5つのパターンに分類する前段階として副詞が排除されてしまいます。つまり、「副詞は無いものとして考える」のです。この点だけを見ても副詞がいかに重要でないと思われているかがわかります。

しかし、副詞は本当に重要ではないのでしょうか。

(3) across actually again ago ahead all almost alone already also always around away back best better down early easily either even ever everywhere fast finally forever hard here home how interestingly just more most much never next no north not now o'clock off often on once only out perfectly please pretty quickly quite really right sincerely slowly so south still surprisingly then there today together tomorrow tonight too up usually very well when where why wide yes yesterday yet

(3)は、ある出版社の中学生用検定教科書に登場する副詞です。これを見れば、副詞に分類される単語には非常に基本的で重要なものが多いことがわかります。副詞を抜きにしては英語の学習も運用もありえないと言っていいでしょう。たとえば、yesやnoが無ければ会話ができませんし、notが無ければ否定文が作れません。しかし、このことから単純に学習英文法の中で副詞の扱いを重視すべきであるという結論を出すことはできません。

　副詞に分類される単語は、たしかに単語としては重要ですが、そのことと「副詞」という範疇が重要であるかどうかは別です。また、副詞が関係するある事柄について学習する時に、「副詞」という概念や用語を用いる必要があるとはかぎりません。(3)の単語のうち、yesやnoは疑問文について学習する時に学ぶことになりますし、notは否定文を学習する時に学ぶことになります。さらに、nowは現在進行形を学ぶ時に、yesterdayやagoは過去形を学ぶ時に、alreadyやjustやyetは現在完了形を学ぶ時に必ず学習します。つまり、これらの単語は「副詞」ではない別の学習事項の中で学ぶことができるのです。

　「別の学習事項」というのは、文法に関することとはかぎりません。それぞれの単語に関する語彙的な学習という扱いにする可能性もあります。たとえば、(3)にはhomeという副詞がありますが、「家に帰る」は*come to homeではなくてcome homeと言う、という点を学ぶ際に、「homeは副詞だからその前に前置詞は不要」という説明が本当に必要でしょうか。たんにcome homeというひとかたまりの表現として学んでしまえばそれでいいのではないでしょうか。

　yesterdayは「過去形」の学習の中で学び、homeは語彙の学習として扱う、というようなことはすでに広く行われているかもしれません。しかし、ある事項をどのような学習事項として学べばよいのかを検討するのは非常に重要なことで、今後、「副詞」以外も含めた様々な事項についてその検討を続けていく必要があります。たとえば、現在の学習英文法ではaは「冠詞」として学習し、myは「代名詞」として学習します。つまり、それぞれは別の学習事項として扱われているのです。しかし、学習者が「1冊の私の本」と言おうとして*a my bookと言ってしまうことを防ぐためには、aとmyをたとえば「決定詞」というひとつの学習事項として扱うとよいかもしれないということが考えられます。

そもそも文法の学習ではなくて語彙の学習とするという視点も重要です。外国語学習にとって、文法も語彙も大きな問題なので両者は別々に議論されることが多いのですが、本来なら、文法の学習と語彙の学習がどのように結びつき、どのように切り分けられるのかという問題についてしっかりと議論するべきなのです。たとえば、「接続詞」を学習する場合、「接続詞とは何か」あるいは「接続詞の種類（等位接続詞と従位接続詞）」などというようなことを学習しようがしまいが、結局個々の接続詞の意味と用法を学習せざるを得ません。逆に、個々の接続詞の意味と用法を学習してしまえば、「接続詞とは何か」や「接続詞の種類」などというようなことを学ぶ必要はないかもしれません。そうであれば、接続詞を文法として学ぶ必要はないと考えることもできるのです。

4. 副詞の位置について

別の例を見てみましょう。

（4） I played soccer.　←　yesterday
（5） I play soccer.　←　sometimes

（4）の I played soccer. という文に yesterday という副詞を加える、あるいは、（5）の I play soccer. という文に sometimes という副詞を加える、という問題を与えると、学習者はそれぞれの副詞の位置に関する明示的な指導を受けていなければ、文中のあらゆる場所に置いてしまいます。yesterday に関しては、それが文末にくる例をよく見るので文末に置く傾向がありますが、sometimes に関しては、yesterday よりも触れる機会が少なく、おそらく「ときどきサッカーをする」という日本語の影響を受けるせいで、soccer の前に置くことが多くあります。ですから、学習英文法の中には「副詞の位置」に関する記述が必要であり、当然、「副詞」という範疇も必要になるという結論を出してもよさそうに思われます。

しかし、そうだとすると、学習者は「学習英文法や英語教師は勝手なことを言っている」と思うのかもしれません。「5文型」の学習では「副詞は無いものとして考えろ」と言い、一方で、「副詞」の学習では「副詞は適切

な位置に入れろ」と言うのですから。

　話を元に戻しましょう。(4)や(5)で間違えないためには学習英文法の中に「副詞の位置」に関する記述が必要か、という問題ですが、ここでも「副詞」という範疇について注意深くならなければいけません。本当に「副詞」という範疇は必要なのでしょうか。「副詞」という抽象度の高い範疇を持ち出すよりも、「時の表現は文末に」「頻度の表現は動詞の前に」のように記述したほうがポイントがはっきりするのではないでしょうか。ポイントがはっきりするというのは字句の問題だけではありません。「副詞」という範疇を用いないほうがむしろ幅広く事実を説明できるということでもあるのです。I went to America in 2001. という文の "in 2001" は、学習英文法の中では「前置詞句」と呼ばれることもありますし、「副詞句」と呼ばれることもあります。これをどちらで呼ぼうとも、内容としては「時の表現」ですから、文中の位置は文末になるわけです。

　言語学的に見れば、「『副詞』という同じ範疇に分類される語彙が、語彙によって文中での位置が異なる」というのは興味深い問題なのかもしれません。しかし、言語学での文法と学習英文法とでは存在理由がまったく異なるのですから、言語学の視点をそのまま学習英文法に持ち込むべきではありません。「『副詞』という同じ範疇に分類される」という前提を捨て、「時の表現」や「頻度の表現」のように分けてしまったほうが学習が容易かつ効率的になるのであれば、学習英文法ではそのような説明の仕方を採るべきです。

　言語学の視点や知見をそのまま学習英文法に持ち込むべきではないということを主張する人は多いのだそうですが、具体的にはどのようなことが述べられているのでしょうか。言語学の視点や知見をそのまま学習英文法に持ち込むべきではないということをいくら抽象的に、あるいは、スローガン的に述べても無意味です。何をどうすればいいのかということを、あくまでも具体的に述べるのでなければ、学習英文法をより良いものに変えることはできません。

5. 「副詞」という範疇が引き起こす問題点

　学習英文法はあくまでも学習者の英語学習や英語運用をサポートするた

めに道具として存在するのであり、それ自体が学習の目的ではありません。したがって、学習英文法内の記述を検討していく際には、「それを学ぶことは英語学習や英語運用にとって有益なのか」という問いを発し続けることになります。

　（6）　There are some chairs in the room.

　（6）の文は「存在文」と呼ばれるものですが、学習英文法では存在文に関して「文頭の there は副詞であり、be 動詞の後ろにあるのが主語である」という説明がなされることがあります。しかし、このような説明をすることが学習者にとって何の意味があるというのでしょうか。存在文を学習する際に学習者は、「存在文の形（There + be 動詞）と意味（〜がある、いる）」、「疑問文と否定文の作り方」、および、「どのような文脈で存在文を使えばいいのか」について学ぶ必要があります。しかし、「there の品詞は何か」や「この文のどれが主語か」などということを学ぶ必要はありません。存在文を運用する際にそんなことを意識することは無いからです。

　多少は譲って考えれば、be 動詞の数は be 動詞の後ろの名詞に合わせるということを理由として「be 動詞の後ろにあるのが主語」と説明するのは認めてもいいかもしれません（be 動詞の文は be 動詞を主語の左に移動すると疑問文になるのでこの文の主語は there なのかもしれませんが）。それにしても「there は副詞」と考えるのはまったく無意味です。そのように考えたところで学習者にとって何の利益もありません。では、なぜ上記のような説明がなされるのでしょうか。

　その理由は、現在の学習英文法が「品詞と 5 文型」のシステムであり、すべてをその中に収めて説明しようとするからなのです。存在文が 5 つの文型のうちのどれであるかを決めなくても英語を運用する際には何の問題もないはずなのですが、存在文の there を副詞とし、be 動詞の後ろに主語があると考えれば、存在文は「第 1 文型（S + V）」だと言うことができるのです。

　存在文の there が副詞であるという説明は、理屈を通すために現実を歪めているような印象を与えますが、とりあえずそれを無視してしまえば学習者にとって害はありません。しかし、学習英文法の中には「副詞」とい

う範疇を用いていることが原因となって無視できない問題を引き起こしている例があるのです。それは「時の表現」を巡る問題です。

時の表現には前置詞を伴うものと伴わないものとがあります。たとえば、I play soccer in the morning. や I played soccer yesterday. は問題ありませんが、*I played soccer on yesterday. は正しくありません。このことを「the morning は名詞だから前置詞が必要だが、yesterday は副詞だから前置詞は不要」と説明することがありますが、これは「前置詞が不要」だということを「副詞」と言い換えただけでまったく説明になっていません。これでは yesterday morning（昨日の朝）という表現に前置詞が必要なのかどうかの判断ができません。この表現だけを見ても、名詞なのか副詞なのか、判断のしようがないからです。

「東西南北」は誰にとっても同じ方向、つまり「絶対方向」です。それに対して「前後左右」は「自分」から見た方向、つまり「相対方向」です。同様に、時の表現に関しても、誰にとっても同じ「絶対時間」と、「今の自分」から見た「相対時間」とがあります。英語には in January や on August 21 のような絶対時間には前置詞が付き、last month や tomorrow のような相対時間には前置詞がつかないという規則があります（この点は日本語も似ており、「1月に」や「8月21日に」のように絶対時間には助詞の「に」が付きますが、「先月」や「明日」のような相対時間には助詞の「に」が付きません）。もし学習者がこの規則を理解していれば、相対時間である yesterday morning には前置詞が不要であることを自分で判断できます。つまり、時の表現に前置詞が必要か否かを説明する際に、「副詞」という範疇を用いるべきではないのです。

現在の学習英文法では in January のような〈前置詞＋名詞〉の形をした時の表現は「前置詞」の中で扱われ、last month のような前置詞のない時の表現は「副詞」の中で扱われています。それぞれが別の項目として扱われているので、「前置詞が必要なのか否かをどう判断すればよいのか」について説明する場所が存在しません。これも「品詞と5文型」ですべてを説明しようとする学習英文法の枠組みに関する問題であると言えます。

6. 最後に

　以上、「副詞」という範疇に対して否定的な意見を中心に述べてきました。しかし、ここで言いたいのは、学習英文法では「副詞」という範疇が完全に不要だということではありません。学習英文法の中で「副詞」という範疇を用いるなら、学習英文法としての理由が必要だと言いたいのです。学習英文法では、副詞そのもの以外にも「副詞的用法」や「副詞節」のように「副詞の働き」という意味合いで「副詞」という用語を用いていることもありますが、それらも含めて「副詞」という範疇が学習者にとって有益な働きをしているかどうかをきちんとチェックする必要があります。そして、同様のチェックを副詞以外の事柄に関しても行っていく必要があるのです。

　また、学習英文法は英語だけを見ていても作ることができません。本当に見るべきなのは、英語よりもむしろ学習者だと言ってもいいくらいです。学習英文法の内容が適切であるかどうかは、学習者の学習状況を見て始めて判断できるからです。学習者の学習状況を調査するのは大変な時間と労力が必要ですが、それをやってこそ「学習英文法」と名乗ることができるのではないでしょうか。

〈参考文献〉

安藤貞雄（2005）『現代英文法講義』開拓社．
江川泰一郎（1991）『英文法解説』改訂三版、金子書房．
岡田伸夫（1985）『副詞と挿入文』（新英文法選書 9）、大修館書店．
永井智貴（1986）「時を表す副詞的名詞句（1）」『英語教育』12 月号、大修館書店、pp. 67–69.
永井智貴（1987）「時を表す副詞的名詞句（2）」『英語教育』1 月号、大修館書店、pp. 64–66.

☞ **オススメの学習英文法関連書**

・米原幸大（**2009**）『完全マスター英文法』語研。
　例文に関して言えば、この本は史上最強です。Thanks to your big mouth, everything went wrong. などというような例文が載っている文法学習書が他にあるでしょうか。

・安田一郎（**1970**）『**NHK 続基礎英語 英語の文型と文法**』日本放送出版協会。
　文法を「説明」するだけで生徒が文法を身につけてくれると思っている英語教育者と、パターンプラクティスのことを知っているつもりになっている英語教育学者が読むべき本。

11 学習英文法における アルゴリズムの可能性と限界

山岡 大基

1. 中学・高校における文法指導の実例から

　まず、英文法の指導法について2つ具体例を示します。どちらも私がこれまでに実践したことのあるものです。これらについて、どのように思われるでしょうか。

1.1 中学校：英語版巻き戻しスモールステップ方式

　私が独自に作った教材で、下の例では関係代名詞がターゲットです。

　次の各英文は未完成で、和文の意味を表すには、あと何段階かの変形が必要です。（　）内の数の段階だけ変形させて、英文を完成させなさい。

問1.「私たちが買った辞書はすごく良い」
　The dictionary is very good. That we bought. (1)

問2.「彼の作ったケーキはとても人気だ」
　The cake is very popular. He made that. (2)

問3.「昨日私が見たテレビ番組は、とてもおもしろかった」
　The TV program was very interesting. I saw it yesterday. (3)

　この問題は次のように解きます。
　問1では、「(1)」とあります。これは、1段階の変形が必要ということ

で、第2文を第1文の中に埋め込み、

The dictionary that we bought is very good.

とすれば正解です。

問2では「(2)」ですので、2段階の変形が必要です。第1段階としてthat を he の前に移動させ、第2段階として、問1と同じく第1文に埋め込みます。正解は、

The cake that he made is very popular.

となります。

問3ではさらに1段階増えます。まず it を that に置き換えたうえで、that を移動させ、第1文に埋め込みます。正解は、

The TV program that I saw yesterday was very interesting.

となります。

この教材では、問題が進むにつれて、それぞれ必要な変形が直前の問題で要求されたものよりも1つ多くなるわけですが、このように、関係代名詞を使った文を作る過程を細分化し、最終段階からさかのぼりながら練習することで、徐々に変形操作に慣れることを意図しています。ただし、解答に際しては、生徒にわざわざ不完全な英文を書かせるのは有害と考え、最終的な正しい英文だけ書くことにしてあります。当然ながら、この教材で練習させる際には、関係代名詞の入った文の作り方を同様の過程に細分化して教えることが前提になります。

さて、これはなんとも珍妙な教材だと思われるかもしれませんし、「なんだ、単なる2文結合じゃないの」と思われるかもしれませんが、私がこんな教材を作ってみたのは、小学校の算数教育における「巻き戻しスモールステップ方式」という指導方法（佐藤 2007）に着想を得たからです。

算数教育においては、計算など問題解決の手順を生徒に正確に習得させることがきわめて重要ですので、綿密な計画のもと複雑な算数的手続きを細分化し、段階的に指導します。「巻き戻しスモールステップ方式」もそのような指導の一例であり、私はそれを英語に応用してみたわけです。

1.2 高校：かんべ式・新5文型

次に、高校生向けの指導法の具体例を挙げます。上の「英語版巻き戻しスモールステップ方式」（以下「巻き戻し」）は個別の文法事項の形式をター

ゲットとしていましたので、今度は、さまざまな文法事項を統合的に運用することを目標とするものを取り上げます。

大学受験生向けの英文解釈参考書であるかんべ (1997) は、「かんべ式・新5文型」(以下「かんべ式」) と銘打った、文構造分析のための枠組みを提示しています。この枠組みは、端的に言えば、伝統的な5文型では分析対象とされていないものの英文読解においては障害となりうる従要素 (たとえば The supporters of wolves say… という文における of wolves) を文型モデルの中に組み込んだもので、英文中の語句がどの要素として働いて

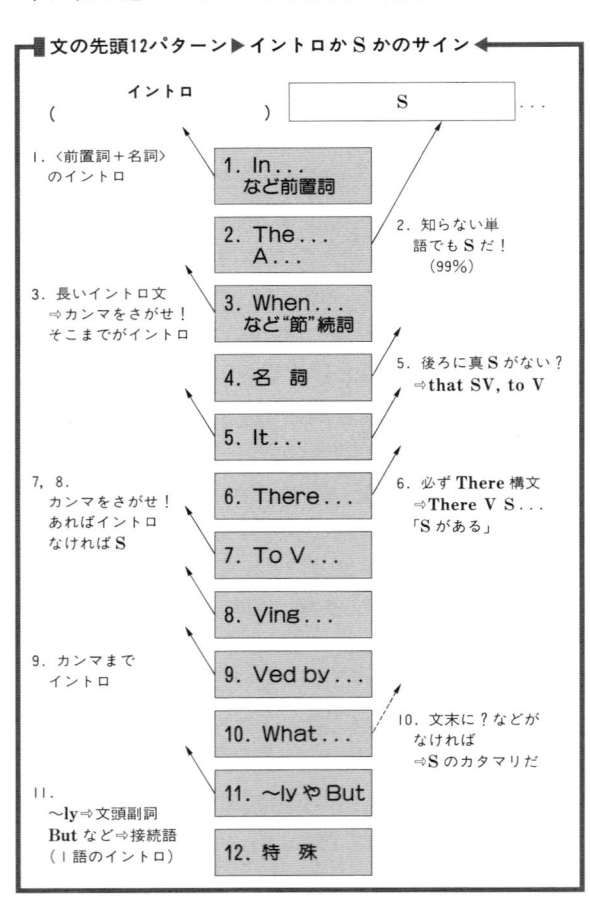

図．「かんべ式5文型」における 12 パターンの「文の先頭」(かんべ 1997:21)

いるかを判別することで正確に英文を読解する手順を明示するものです。
　たとえば、文の始まり方は、主語（S）で始まるか、副詞句などの「イントロ」で始まるかの2種類しかないという説明があったうえで、次のように述べられています。

　　　文の先頭は次のページの12パターンしかありません。東大入試だろうと英字新聞だろうとこれだけです。この12パターンを見て正しく頭を働かせられればいいんです。
　　　つまり、みんなが思っているように、Vの前はSしかない（SV…）と思っていると絶対読めない。本当はVの前には「役割の違う4種類」があるんです。それを区別しないといけない。なぜかって？　それは役割がわからないと、どんな"てにをは"を付ければいいかわからないからです。あくまでS役の単語に は を付けて訳すんです。
　　　つまり君の最初の仕事は、どの文でもまずイントロとSを分けることです。すべてはそこから始まります。（かんべ 1997: 20）

このように、「かんべ式」では、文を左から右へと読み進める過程に沿って、どのような語句に着目し、どのように頭を働かせれば文構造を正しく把握できるかが、順を追って明確に示されています。そして、生徒は、問題演習を通じてその過程への習熟に努めることになります。

2.　文法指導におけるアルゴリズム

　「巻き戻し」にしても「かんべ式」にしても、かなり機械的な言語操作を強調しています。これらには、次の3点が共通しています。

　　(1)「完成形」を示している：「巻き戻し」では、ターゲットの文法項目を使った正しい英文のモデルが、事前の指導の段階で示されます。「かんべ式」では、「どんな英文でも、読み終えてみれば、5つの文型のどれかに当てはまる構造をしているはずだ」という文構造の全体像が示されています。
　　(2)「完成形」に至る過程を細分化して示している：「巻き戻し」では、

ターゲット項目の入った文の作り方が、段階的な手順に細分化されています。「かんべ式」では、文構造把握の手がかりとなる語句を見つけた後、どのように頭を働かせるべきかが順を追って示されています。

(3) 「完成形」に至る過程の「初手」を示している：「巻き戻し」では、何の操作から始めればよいかわからない場合、直前の問題を見ればヒントが得られるようになっています。「かんべ式」では、手がかりとなる語句の見つけ方が示されています。

要するに、これらの指導法は、文法的操作の手順を定式化し、練習を通じてその手順に習熟することを生徒に求めるものだと言えます。

算数教育において、そのような定式化された手順は「アルゴリズム」と呼ばれることがあります（板倉他 2008）。「アルゴリズム」とは、『広辞苑』によれば、「問題を解決する定型的な手法・技法」と定義されるものです。この用語を借りるならば、「巻き戻し」や「かんべ式」などの指導法は、生徒に、英文法のアルゴリズムに習熟させることを目指すものと言えます。具体的な英文を定式化された手順で操作する経験を積み重ねることで、関係代名詞や文型という抽象的な言語規則の習得を図るわけです。

なお、「アルゴリズム」という用語は、分野によっては、より厳密な定義を与えられている場合があります。そのため、文を作る手順である「巻き戻し」と文を理解する手順である「かんべ式」のように種類の異なるものを、同じ「アルゴリズム」という用語で同時に意味することや、あるいは、そもそもこれらのような事例にこの用語を適用することは避けたほうが良いという考え方もあります。しかし、他になかなか良い用語も見当たりませんので、ここでは便宜上、上に挙げた『広辞苑』程度の緩い定義において、この用語を使うことにします。

3. 「文法指導は大事」と言うものの...

さて、1節で紹介した指導法について、どのように思われるでしょうか。おそらく評価は分かれることでしょう。

「巻き戻し」は、何度か他の先生方にご紹介する機会がありましたが、「画

期的だ。自分もさっそく取り入れてみよう」と、肯定的にとらえる方もいれば、「わけがわからない」とか「こんな機械的な練習では英語が使えるようにはならない」などと、率直に批判する方もいます。

「かんべ式」についても、初版が1997年である『超・英文解釈マニュアル』が、いまだに普通の書店で入手可能なロングセラーであることを考えると、根強い支持を受けているアプローチだと言えます。しかし、その一方で、「ここまで型にはめる教え方は行き過ぎではないだろうか」という反応もあります。

このような意見の相違は、文法指導のあり方についての見解の相違とも言えますが、その根本には英語教育における「文法指導」という概念の不安定さがあるように思われます。

たとえば、上で示したアルゴリズムの指導に否定的な人でも、「英語を教えるのに文法指導は必要か」と問われれば、おそらく「必要だ」と答える人がほとんどでしょう。そういう人は、「文法指導」ということばで別のものをイメージしているはずです。「英語における文法指導とは何をすることか」に関する共通理解は意外と難しいのだと思います。

たとえば、中学校学習指導要領(平成20年版)には、指導すべき文法項目の1つに「受け身」が挙げられており、『中学校学習指導要領解説　外国語編』(平成20年版)によれば、その具体例として

This machine was made in France.

などの用例が示されています。このような文が使えるように指導することの必要性は誰も否定しないでしょう。

しかし、実際の指導場面で、たとえば次のような書き換え問題を扱うことについてはどうでしょうか。

This car is popular in Korea.
→ This car (　　　) (　　　) by a lot of people in Korea.
[答：is liked]

中学生向けの文法問題集などに見られる形式の問題ですが、受け身を指導するのにこのような練習が必要か、意見が分かれると思います。形を覚えるには必要だという考え方もあるでしょうし、こんな問題をやるヒマがあったら、もっと実際的なコミュニケーションに即した活動を通じて習熟させるべきだという考え方もあるでしょう。どちらが正しいかは個別の状況に

よるでしょうが、「文法指導は必要」と簡単に言ってはみるものの、「必要な文法指導」について自明な共通理解はなさそうです。

4.　「文法指導」の特殊性

　なぜ、「必要な文法指導」について共通理解が難しいのでしょうか。一つには、「文法指導」という概念の特殊性が影響しているように思います。
　「聞くことの指導」「話すことの指導」「読むことの指導」「書くことの指導」と言えば、それぞれ意味することは、比較的明確です。「聞くことの指導」ならば、英語を聞いて理解することができるようになれば成功したことになりますし、「話すことの指導」ならば、英語を話すことができるようになれば成功したことになります。「聞くこと」や「話すこと」といった技能を高めることは英語の運用力を高めることそのものと言えますから、「生徒の英語の力を高めるには、聞くこと（・話すこと・読むこと・書くこと）の指導は必要だ」というのはわかりやすい結論です。
　ところが、「文法指導」の場合、そう単純ではありません。「文法がわかれば成功」と言ってみたところで、「文法がわかる」ということの意味があいまいです。辞書や文法書から得られるような静的な知識が獲得できればよいのか、それらの知識を実際に運用することまでを含むのか。また、静的な知識の獲得を目的とした場合、そのような知識が実際の運用にどのように結びつくと期待して指導するのか。運用までを含むと考えた場合、「文法指導」は「4技能の指導」と、どのような重なりを持ち、どのような独自の領域を持つのか。このようなバリエーションの幅広さが、「文法指導」という概念を共通理解の難しいものにしているように思います。

5.　学習指導要領では

　では、学校教育の指針である学習指導要領では、このあたりはどのように規定されているのでしょうか。中学校学習指導要領によると、次のように2種類の「言語活動」が規定されています。

　　<u>実際に言語を使用して互いの考えや気持ちを伝え合うなどの活動を行</u>

うとともに、(3)に示す言語材料について理解したり練習したりする活動を行うようにすること。(下線は引用者による)

実際的なコミュニケーションを行う言語活動だけでなく、個別の言語材料そのものに習熟する言語活動も必要だということです。しかし、だからといって、コミュニケーションから遊離した文法の知識だけを目的化することは望ましくないということで、次のようにも述べられています。

> 文法については、コミュニケーションを支えるものであることを踏まえ、言語活動と効果的に関連付けて指導すること。

> (3)のエの文法事項の取扱いについては、用語や用法の区別などの指導が中心とならないよう配慮し、実際に活用できるように指導すること。

慎重なことば遣いで、日本全国の英語授業に対する大きな指針としてバランスを取っている感がありますが、これを参考にして、もう少し考えてみたいと思います。

6. 「文法指導」を2種類に分けてみましょう

話を少し具体的にしてみましょう。たとえば、中学校の授業で、受け身の学習が目標ではない単元において、スピーチという活動のために原稿を書かせていて、次のような誤りが頻出したとします。

*Japanese food eat in the world. 「和食は世界中で食べられている」
誤りの原因を受け身の不理解と見るかはさておき、これらの誤りに対して、普通は、いずれかの時期に、何らかの方法で指導を行うでしょう。

指導の時期や方法はいろいろありえます。生徒が英文を書くそばから訂正していくこともあれば、書き上げた原稿を添削することもあるでしょうし、スピーチが終わってから文法的なことをまとめてフィードバックすることもあるかもしれません。指導方法にしても、生徒の誤用をそのまま教材化することもあれば、市販の問題集などを用いて復習させることもある

でしょう。これらの選択は、活動の目的や生徒の学習スタイルなどによって決まってくるものです。

このとき、そのような指導の性格については、大きく2つに分けることができます。1つは、スピーチという活動が主目的としてあって、その活動を進めるうえでコミュニケーションの阻害要因を除去しておく、あるいは生徒が誤った英文を覚えることを防ぐという限りにおいての指導です。この場合、大事なのはスピーチという活動が成立することで、指導した文法事項について生徒が理解・習熟することは、事実上あまり期待されていません。もちろん、指導する側としては指導した内容を生徒に身につけてほしいのですが、実際にそれを評価して確認することまでは行わないのが普通だと思います。文法に関するこのような指導を「周辺的・補完的な文法指導」と呼ぶことにします。一方、ある文法事項を、スピーチとは切り離して指導する場合もあります。この場合、その文法事項の理解そのものが指導の目的となり、その成果をテスト等を通じて評価することもあるでしょう。このような指導を「中心的・自己完結的な文法指導」と呼ぶことにします。

7. 英語教育のトレンドでは

さて、「文法指導」を、このように2種類に分けてみましたが、最近の英語教育界のトレンドとしては、周辺的・補完的な文法指導が重視されていると言えます。このことは、学習指導要領が英語を実際的に使用する活動を重視していることに端的に表れています。また、言語的な側面を焦点化する場合も、講義方式で知的な理解を目指すのではなく、音読や暗唱などのトレーニング的な活動を通じて体得を図る方法が広く受け入れられています。これらは、いずれも周辺的・補完的な文法指導と相性が良いと言えます。

そもそも人間の学習は帰納的なものなので、抽象的な文法の規則が与えられても、それだけでは、その規則が運用できるようにはなりません。やはり、具体的な言語使用を豊富に経験する中で徐々に規則の感覚が育ってくるものでしょう。また、豊富な言語使用と言っても、生徒の興味・関心を度外視した機械的な訓練では満足な成果が見込めません。そのことは、

オーラル・アプローチの偏狭な解釈による失敗からじゅうぶん明らかになったことです。とすると、やはり生徒自身がコミュニケーションに主体的に関わり、意味・メッセージのやり取りを目的とした言語使用を行うことの重要性は強調されるべきものでしょう。

8. 多様な「わかり方」に対応する多様な「教え方」を

しかし、忘れてはならないことがあります。上で述べたことは、いずれも教える側の理屈であり、また、原則論にすぎません。学ぶ側の生徒が、意味・メッセージを重視した活動を全面的に歓迎するとはかぎりません。規則をよく把握しないまま大量の英文に触れているうちに不安やフラストレーションを感じるかもしれませんし、また、文法事項は文法事項として1つ1つ積み上げ式に理解していかなければ気が済まない性格の生徒がいるかもしれません。生徒の「わかり方」や「学び方」が必ずしも一様でない以上、教え方にもある程度の多様性は必要です。文法について言えば、周辺的・補完的な指導を基調としつつも、中心的・自己完結的な指導も捨てるべきではないということです。

9. 取り立て指導としての文法指導

文法に関して周辺的・補完的な指導を基調としつつ、中心的・自己完結的な指導も取り入れていくという場合、いわゆる「取り立て指導」の考え方が有力な手がかりになります。

「取り立て指導」とは、主教材の学習指導を進める過程で、特に集中的に指導する必要のある事項、たとえば国語における漢字や理科における実験レポートの書き方などを、いったん主教材から切り離し、すなわち「取り立てて」指導することを意味します。

英語教育に当てはめると、4技能の指導を基調として授業を展開し、文法に関しては周辺的・補完的な扱いを主としつつも、必要に応じて独立の単元や時間を設定して文法事項を中心的・自己完結的に扱うことや、あるいは、ターゲットとなる文法事項の練習を帯学習として毎回の授業に位置づけることなどが考えられます。上に挙げた例で言えば、スピーチの指導

を行う中で受け身に関する誤りが頻出したため、受け身の形や使い方について、スピーチとは切り離して集中的に指導する場合が「取り立て指導」に当たります。

　ここで大切なことは、文法を中心的・自己完結的に扱うといっても、それはあくまで基調とする授業の流れの中から「取り立てて」いるだけであり、いちど取り立てた文法事項に関する知識は、いずれ元の流れの中に戻して活用させることが前提だということです。ですから、実際の運用に活用されにくい知識にまで深入りすることは、取り立て指導としては効果的でないと思います。

10. 取り立て指導とアルゴリズムの意義

　ここに、アルゴリズム指導の存在意義があります。アルゴリズムの指導は、もとより運用を視野に収めたものです。「巻き戻し」では、ターゲットとなる文法事項について分類的な知識を身につけることではなく、実際に正しく使えることを目標としていましたし、「かんべ式」では、文構造を静的に分析することではなく、実際に正しく英文が読めることを目標としていました。

　たとえば、上で示した「巻き戻し」教材は、自由度の高い言語活動の中で関係代名詞に関する誤りが頻出したため、関係代名詞の使い方を集中的に復習するために、つまり、取り立て指導の目的で使ったものです。この時、たとえば最初は

　　＊The boy is Stanley's brother who play baseball.
　　「野球をしている少年がスタンリーの弟です」
　　＊The TV drama is very popular which began last week.
　　「先週始まったドラマは大人気です」

のような英文が頻出しましたが、「巻き戻し」教材での取り立て指導を経ると、全員ではありませんが、多くの生徒が正しい英文を書けるようになりました。

　そして、そのように取り立て指導を行った後、再度、自由度の高い言語

活動を行いました。もちろん、取り立て指導の中で関係代名詞を正しく使えたからといって、自由度の高い言語活動の中でも誤りがなくなるというわけではありませんが、少なくとも正しい用法に対する生徒の意識を高める効果はあったと言えます。

このように、実際的な英語使用を重視する授業を基調としつつ、その中で出てきた問題を解決するための取り立て指導としてアルゴリズムを指導することは、生徒の多様なわかり方への対応として有効であると私は考えています。

11. アルゴリズム指導の限界

とはいえ、アルゴリズムの指導には注意すべき点もあります。それは、生徒の学習方法に強力な制約をかけるということです。「巻き戻し」にしても「かんべ式」にしても、生徒の頭の働かせ方が明確に定式化されています。それこそがアルゴリズム指導の主眼なのですが、生徒によっては息苦しく感じる場合もあります。

たとえば、私は以前、高校2年生のある科目で、読むことの指導を「かんべ式」を中心に据えて展開していたことがありました。それほど習熟度の高くない生徒が集まるクラスでしたが、比較的多くの生徒が私のやり方を支持してくれていました。ある生徒は、「これまで英語はなんとなく感覚で読んでいたが、この授業を受けて読み方がわかった。英語に少し自信が持てた」という感想を述べました。しかし、その一方で、「先生のやり方で型にはめられるのがイヤだった」という感想を述べる生徒もいました。そういう生徒は、「つべこべ言わずに暗記するほうが楽だ」あるいは「細かいことはいいから、どんどん読み進めたい」という思いを抱いていたようです。

生徒からのこのような反応は、まさにアルゴリズム指導の限界を示すものだと思います。つまり、アルゴリズム的なわかり方も多様なわかり方の1つにすぎないわけで、教え方がアルゴリズムに偏ってしまっては、やはり良くないのです。この時の私の授業運営は、そのような多様なわかり方への配慮に欠けていて、1つの方法で押し切ろうとしていましたから、生徒からの否定的な反応は当然のものだったと言えるでしょう。

また、教室環境で外国語としての英語を教えるとき、アルゴリズムのような一般規則がはたして教授可能なものなのかという点が疑問として残ります。第二言語習得研究でわかってきたことによれば、学習者はまず個別具体的な用例を覚えることから始めますが、その時点では抽象的な文法規則を習得しているわけではないということです。そして、言語使用の経験が蓄積されることで、ようやく帰納的なプロセスが働いて、文法規則へと抽象化されていくということのようです。そうであれば、文法指導も、抽象化のプロセスを効率良く進めるような言語使用の機会を用意することを主眼とするべきであり、アルゴリズム指導の役割は、より側方支援的なものと考えざるを得ません。

　ただ、その場合も、科学的事実としての言語習得過程とは別に、生徒自身の主観の問題は残ります。個々の生徒が英語をどのように学びたいのか、つまり、意味・メッセージに焦点を当てて学びたいのか、言語操作に焦点を当てて学びたいのか、という好みは、実際に生じている言語習得の進み方とは無関係です。その意味で、生徒の多様な学び方に対応するために多様な教え方が求められるという点に変わりはありません。

12. 教育的戦略としての折衷的指導法

　このように考えてくると、アルゴリズム指導の限界とは、他のどのような指導法の限界とも同じものであると言えます。つまり、学習者のわかり方や学び方が多様である以上、単一の指導法ではその多様性に対応できないという限界です。

　私自身の授業に関して言えば、基本的に意味・メッセージを重視した活動を目標とし、個々の生徒が表現したいことが表現できるように指導するのが良いと思っています。また、その基盤として、音読や暗唱などの、既習の言語材料を自由に使いこなすためのトレーニングも必要だと思っています。そして、それらの活動を通じて生徒が多くの用例に接し、正しい文法の感覚が自然と育つことを期待すればよいのではないかと考えています。ただし、それだけでは生徒の多様なわかり方に対応できないので、時機をとらえた取り立て指導としての明示的な文法指導も必要であり、その際、アルゴリズムの指導が有効であると考えるのは上に述べたとおりです。

以上のことは、要するに「折衷的指導法」とまとめてしまえるのかもしれません。「折衷的」と言うと、いかにも節操がないように聞こえるかもしれませんが、生徒の多様性に応じるために、多様なアプローチを取ること、そして、それらの最適な組み合わせを考えることは、教育実践者の専門領域であると私は思います。

13. ま　と　め

　本稿では、文法指導について、「何を」「どのように」というよりも、「いつ」「何のために」という視点から提案を行いました。次のように整理してみます。
（1）　意味・メッセージに焦点を当てた指導を主とする中学・高校の授業においても、生徒の多様なわかり方・学び方に対応するために、中心的・自己完結的な文法指導が必要である。
（2）　しかし、文法だけに深入りしすぎても実際の運用に結びつかないので、取り立て指導の考え方に沿って、問題解決のための文法指導を、指導の大きな流れの中に位置づけるのがよい。
（3）　その際、運用に結びつけるための文法の扱い方として、アルゴリズムの習得を図る指導は、有効な方策の一つである。

〈参 考 文 献〉

板倉弘幸、TOSS アンバランス福島（2008）『計算技能の確実な定着』明治図書。
かんべやすひろ（1997）『超・英文解釈マニュアル』研究社出版。
佐藤貴子（2007）「『図形』を向山型算数で指導する」、平松孝治郎『板書構成・板書の仕方』明治図書。

> **オススメの学習英文法関連書**

- 前田和彦（2008）『英文法編 授業の「つかみ」は最初の5分 パート・Ⅱ』燃焼社。
  学生から募ったおもしろ例文を使って文法を導入する活動の具体的な手順や学生が作った例文を紹介。実際的な英語使用と文法指導を融合させる実践的提案。
- 刀祢雅彦（2005）『前置詞がわかれば英語がわかる』ジャパンタイムズ。
  前置詞の働きを意味上の主述関係の媒介と考えることで、前置詞を含むさまざまな英文に統一的な説明を試みる。前置詞を文構造の主役に据える考え方が刺激的。

12 学習者にとって「よりよい文法」とは何か？——「意味順」の提案

田地野　彰

1. はじめに

　本稿の目的は、日本の中等教育における英語教育の現状と課題を踏まえ、教育的観点から学習者にとってよりよい文法（学習文法）の構築を目指そうとするものです。ここで「学習文法」を、「学習対象言語がどのような仕組みを持ち、どのような働きをすることができるかを学習者に理解させるためのもの」（大津・窪薗 2008: 17）と定義づけると、いかに学習者に英語の仕組みや働きを理解させるか、ということが学習文法の重要な課題となります。文法学習に対して苦手意識をもつ中学生・高校生は少なくなく、こうした現状を踏まえると今まさに、この「いかに」という方法論に関する課題の改善が求められていると言えるでしょう。この点について、柳瀬（2011）は次のように主張しています。

> 「学習文法とは、それ自身の価値（体系の整合性や無矛盾性など）で評価されるべきものではなく、それがいかに学習者によって活用されうるかという点で評価されるべきということです。つまり学習文法の価値はそれ自身になく、それの使用にあるということです。...学習文法においては、科学文法の厳密さが犠牲となっても『使いやすさ』（『わかりやすさ』を踏まえてそれよりも一歩進んだ概念です）が優先されるべきと信じるゆえんです」（柳瀬 2011）

　学習文法の特性をこのように捉えると、私たちが目指す「よい学習文法」とは、「学習者にとってわかりやすく、使いやすい文法」と言えるでしょう。この「わかりやすさ」「使いやすさ」という点について、以下の主張は一つの方向性を示すものとして参考になります。

「従来の学習文法はあたかも、機能を充実させすぎたために、分厚い使用説明書を理解しないと使いこなせない製品のようなものだと思います。利用者の立場からすると、本当によい製品とは、説明書がなくても誰もが自然に利用できるようにシンプルに設計された『見ればわかる製品』ではないでしょうか」（金丸　2012）[1]

　学習者にとって「見ればわかる製品」となるべき文法とは、具体的にはどのようなものでしょうか。本稿ではその一例として「意味順」を取り上げ、意味順を基軸とする新たな学習文法を提案したいと思います。

2.　今、なぜ意味順か？

2.1　英語教育の現状と課題

　中学校と高等学校の新学習指導要領（それぞれ平成20年3月と平成21年3月に公示）によれば、「外国語の目標」には、従来どおり、生徒のコミュニケーション能力の育成が謳われています。また、その素地を養成すべく、小学校においても平成23年度より「外国語活動」が導入されています。しかし、現実には、英語学習に対して苦手意識をもち、コミュニケーション能力の主要な要素とされる「文法能力」の習得に対して悩みを抱える生徒が少なくないのも事実です。たとえば、全国の公立中学に通う2年生を対象とした調査結果によると、回答者の61.8％が英語に苦手意識をもっており、「つまずきやすいポイント」という質問への回答としては、「文法が難しい」が78.6％と最も高く、次に「英語のテストで思うような点数がとれない」（72.7％）、「英語の文を書くのが難しい」（72.0％）が続いています（Benesse® 教育研究開発センター　2009）。また、ある公立高校の2年生を対象としたわれわれの調査によれば、調査対象の約7割（67.6％）の生徒が、英文法について自分自身何がわかっていないかがわからない、と回答しています（渡ほか　2012）。

　こうした調査結果は、まさにこれまでの学習文法のあり方に対して疑問を呈するものだと言えるでしょう。文法や産出技能の面で苦手意識を持ち、

1）　金丸敏幸氏、パーソナルコミュニケーション、2012年1月12日。

しかも文法事項の整理ができず、自分がどこでつまずいているのかさえも把握できていない生徒が少なくないという事実は、単に文法学習の成否にとどまらず、外国語学習の動機づけの観点からも決して看過できない問題であると言えるでしょう。

2.2　課題の解決に向けて——文法事項の「重みづけ」の必要性

　では、なぜ従来の学習文法は学習者にとって難しく感じられ、また産出技能の育成に結びつきにくかったのでしょうか。従来の学習文法の問題点について考察してみたいと思います。

　これまでの学習文法の多くは、理論言語学の知見に基づいて文法事項の精選、およびその説明の精緻化を通して内容面での充実を図ってきたと言えるでしょう。しかしながら、上記の調査結果からも理解できるように、文法事項をいかにしてわかりやすく、使いやすく提示するか、という方法の開発においてはまだまだ改善の余地があります。たとえば、従来の学習文法では、それぞれの文法項目は「等価値」なものとして捉えられ、それらが「並列化」された状態で学習者には提示されてきました。こうした「等価値かつ並列化」された文法では、それぞれの項目を満遍なく理解し、それらを自らで関連づけて文法の全体像をつかむことが学習者に求められます。しかし「英文法について自分自身何がわかっていないかがわからない」という回答に見られたように、文法項目の整理や関連づけは、学習者たちにとって必ずしも容易なことではないようです。

　こうした問題の解決・改善に向けて、まず学習者を考慮に入れた教育的観点の導入が求められます。言い換えると、学習者にとって「見ればわかる」「使いこなせる」という意味での「よりよい学習文法」の開発には、「誰に対して」、「どの段階で」、「どのように」指導するかという教育的視点の導入が必要です。つまり、文法事項の「重みづけ」と学習の「順序づけ」が必要となります。「重みづけ」と「順序づけ」をするうえで、本稿が意味順を取り上げて新しい学習文法への示唆を行う前提には、以下のような点があります。

1) 外国語の学習者はだれもが文法的「誤り」をする。
2) 「誤り」にも「質」に違いがある。

3）　コミュニケーションの観点から「誤り」の「重みづけ」を行う。

1）　だれもが文法的「誤り」をする。

　第二言語習得研究の知見によれば、外国語の学習者はかならず文法的な誤りをすることがわかっています。学習者が文法的な誤りをするのはむしろ当然のことであり、そうした誤りを通して研究者たちは外国語（第二言語）の習得過程を探ろうとしてきました（Corder 1981 参照）。

　この「学習者はだれもが誤りをする」という事実を、学習文法開発の出発点として捉えると、おのずと学習文法のあり方も変わってくるのではないでしょうか。この点に関して比嘉（1986）は「80パーセント正確論」を提唱し、英語学習における完璧主義からの脱却を主張しています。

> 「大学の試験では、80パーセントあるいは80点といえば優かAの成績である。... 私たちは、80パーセントの成績が優と評価されるということは、20パーセントは答えをまちがってもよい、というふうに解釈しなければならない。このような解釈は意外に重要でありながら、英語の教師や学習者に理解されていない。この解釈に従うと、外国語としての英語を使うときに私たちは20パーセントまでまちがっても、それでもなお優秀であるということになる。そして、英語の教師は生徒の英語の誤りを寛大にみるか、あたりまえと思うかしなければいけないということになる」（比嘉 1986: 21）

　学習者は試行錯誤を繰り返すなかで外国語を身につけていきます。学習者の誤りに対してある程度寛容な態度で対応することは、彼らの技能向上や学習意欲の増進といった教育的観点から見て、たいへん重要なことだと言えます。

2）　「誤り」にも「質」に違いがある。

　学習者はだれもが誤りをするという事実が、これまで十分に考慮されていなかったことは、学習者は最初から、すべての文法項目を100パーセント正しく学習すべきであるという完璧主義につながります。従来の学習文法が、すべての文法事項を等価値として捉え、並列化を行ってきた背景に

は、そのような完璧主義があったのではないでしょうか。

　学習者が誤りをすることを前提とする「80パーセント正確論」や「八割英語」（田地野 1995）ですが、何でも2割までは間違えてよいという主張ではありません。テストのように得点や数値で見ると、10点の誤りは8点の誤りよりも悪いと捉えられがちですが、はたして数値だけを見ることは正しいのでしょうか。実は誤りのなかにも質に違いがあるということに留意しなければなりません。

　現在の日本が志向しているコミュニケーション態度や能力の育成を目的とした英語教育の場合、コミュニケーションを円滑に行うためには、どのような誤りなら許されるのか、またどのような誤りを避けるべきかという問題について質的な「重みづけ」を行うことが重要となります。

3）　コミュニケーションの観点から「誤り」の「重みづけ」を行う。

　応用言語学の見地からは、学習者の誤りを、グローバルエラー（全体的誤り）とローカルエラー（局所的誤り）とに大別することが重要であるとされています（Burt 1975参照）。前者は、文意や意思伝達に大きく影響を与える誤りであり、英語における代表例としては語順の誤りを挙げることができます。他方、後者は、文意にさほど大きな支障を与えることのない誤りを指し、例としては冠詞や3単現のsの誤りを挙げることができます。

　コミュニケーションにとって大事なのは、絶対に誤りをしない、ということではなく、文法的正確性を多少犠牲にしても意思の疎通を成立させる、という姿勢ではないでしょうか。完璧な文法の習得を待っていたのでは、学習者はいつまでたっても英語でのコミュニケーションを始めることはできません。まずは学習者にグローバルエラー、つまり、語順の誤りをさせないように指導することこそ重要だと言えるでしょう。

　それでは、そうした語順学習に効果を発揮する文法指導法とはどのようなものでしょうか。それがまさに「意味順」による指導法なのです。

3. 意味順の提案──二次元で文法を捉える

3.1　意味順とは

　「意味順」とは、田地野（1995, 1999など）によって提唱された英語にお

ける「意味のまとまり」の順序のことです。具体的には、「だれが」「する（です）」「だれ・なに」「どこ」「いつ」（オプションとして、「どのようにして」「なぜ」を含む）の一つの文構造パターンを指します（田地野 2011a, 2011b）。[2]

　意味順は、英語の基本的な意味役割（動作主・動作・受け手・対象物など）（Pinker 1994 参照）の順序に対応しており、また、人の意思伝達において重要な情報要素とされる、5W1H (who, what, where, when, why, how) を含んでいます。

　意味順の理論的背景については、これまで母語獲得や第二言語習得研究、人間の情報処理能力などの観点から論じられています（詳しくは、田地野［1999, 2008］を参照のこと）。

3.2　「語順」と「意味」の重視

　英語は、語順が変われば意味が変わるという特性をもった「固定語順言語」であり、英語学習においては語順の習得が重要となります。従来の代表的な語順指導としては「5 文型」モデルが広く用いられてきました。この 5 文型モデルはこれまでに一定の成果を挙げてきましたが、その説明の際に用いる文法用語の難しさや、（上述したように）産出技能の育成面での有効性に対して疑問の声も少なくありません。また 5 文型の分類不備も指摘され、言語学研究の進展を受けて、現在では、「7 文型」（Quirk et al. 1985）や「8 文型」（安藤 1983, 2008）が紹介されています。このように文構造についての精緻化は進んできましたが、「主語脱落」のような日本の学習者に見受けられる誤りは依然として根深いものがあります（田中ほか 2006 参照）。

　こうした語順指導の問題解決・改善に向けて、近年、とくにコミュニケーション能力の育成という観点から、意味を重視した語順指導が注目を集めています。たとえば Yamaoka (2001) では、こうした語順指導・学習法の代表例として田地野（1995）と田尻（1997）、中嶋（1999）が挙げられています。その後、同様の意味重視の指導・学習法がさまざまな教育現場で行

---

　2)　「だれ・なに」の中点は、⟨and/or⟩ の意味であり、⟨and⟩ の場合、「だれ」と「なに」の関係性は主として「だれ⊇なに」を表します。

われてきています。たとえば、高校の英文法参考書としては組田・宮腰（2003）があり、また文部科学省検定済中学校英語教科書の『NEW HORIZON English Course 2』（2007年発行のUnit 2, p. 13）にも意味重視の指導・学習法が取り入れられています。さらに、同時通訳者である小松達也氏も、意味（メッセージ）を伝える際には、「誰が＋した＋何を＋どこで／いつ」を用いて話を進めることが重要であると述べています（小松 2012）。

なお、田地野（2011a, 2011b）で紹介されている意味順は、前述した他の多くの意味重視の指導・学習法とは、① 目的語や補語に対応し得る「だれ」と「なに」を「だれ・なに」として1つの意味順要素にまとめている、② 「だれ・なに」に、「に」や「を」などの助詞をつけない、③ 文の構造パターンのバリエーションを増やさない、などの点で異なっています。たとえば、田尻（2011）では助詞を用いて11の文構造パターンを紹介していますが、田地野（2011a, 2011b）は1つのパターンにまとめています。

3.3 文型と意味順

従来の文型指導の代表例として、5文型モデルを挙げることができますが、ここでは5文型・7文型と、意味順との対応関係を示します。表1が示すとおり、意味順は5文型・7文型モデルにも対応し得るものです。なお、「いつ」が基本要素の1つとして扱われていますが、それは「いつ」が文を構成するうえで中心的な役割を果たす「する（です）」の時制や相（完了・進行）などと密接に関係しており、教育的観点からとくに重要である

表1　意味順と5文型・7文型

意味順	だれが	する（です）		だれ・なに	どこ	いつ
1. SV	She	smiled.				
2. SVC	She	became		a teacher		20 years ago.
3. SVO	She	opened		the door.		
4. SVOO	She	gave	him	a watch.		
5. SVOC	She	made	me	her secretary.		
6. SVA	She	lives			in Tokyo	now.
7. SVOA	She	left		her umbrella	in the office.	

との考えによるものです。

　意味順は、5文型や7文型との互換性から、学習段階や教育環境に応じて5文型・7文型学習の補助的機能の役割も期待でき、また文法用語を知らない小学生や初習学習者にとっても容易に理解でき、また使用できることでしょう。つまり、意味順は、使用説明書がなくても「見ればわかる」文構造の学習法と言えるでしょう。

3.4　意味順の活用

　では、意味順を用いてどのように文（や節）をつくっていけばいいのでしょうか。ここでは意味順活用法の一例として、多くの学習者が苦手とするthat節や関係詞（代名詞、副詞）、時を表す副詞節（接続詞）、疑問詞のある疑問文についての例文を見ていきましょう。

　複文や形容詞節、疑問詞のある疑問文などをつくる際には、意味順を複数回用いて表すことができます。各例文を意味順の枠で整理することで、「見ればわかる」意味順の効果を実感いただけるのではないでしょうか。

1. that 節：I think *that he needs a new computer.*

だれが	する（です）	だれ・なに	どこ	いつ
I	think	*that*		
he	*needs*	*a new computer.*		

2. 関係代名詞（主格）：I have a friend *who lives in Auckland.*

だれが	する（です）	だれ・なに	どこ	いつ
I	have	a friend ___		
who	*lives*		*in Auckland.*	

　上記1のthat節は動詞の項として機能しており、2の関係節（who以下）は項の中の修飾要素として機能しています（表中では下線で表しています）。意味順の枠組みでは、両者を同じ形で説明できるため、学習者にとっては使いやすいものだと思われます。

3. 関係副詞：He is staying at the hotel *where my sister works*.

だれが	する（です）	だれ・なに	どこ	いつ
He	is staying		at the hotel	
			where	
my sister	*works.*		↑ (*there*)	

　上記3のような関係副詞では、修飾する節（my sister works there）の中の「どこ」にあたる部分を関係副詞 where に置き換えます。この where が関係副詞として機能するためには、関係節の先頭にこなければなりませんので、表内では移動を表すために矢印（↑）を用いています。

4. 時の副詞節を導く接続詞 when：I was watching TV *when she came home*.

だれが	する（です）	だれ・なに	どこ	いつ
I	was watching	TV		*when*
she	*came*		*home.*	

または：*When she came home*, I was watching TV.

だれが	する（です）	だれ・なに	どこ	いつ
				When
she	*came*		*home,*	
I	was watching	TV.		

5. 疑問詞のある疑問文：*Where* did you buy this camera?

	だれが	する（です）	だれ・なに	どこ	いつ
				Where	
did	you	buy	this camera?		

　意味順の各要素はさらに別の意味順で構成されるという「入れ子構造」を取ることができます。たとえば、有名なイギリスの伝承童謡の一節である *The House That Jack Built*（Routledge, U.K., 1878）をもとに作成された次の文は、「だれ・なに」を中心として入れ子構造でつながれているのがわかります。

6. 関係代名詞: This is the dog that worried the cat that killed the rat that ate the malt that lay in the house that Jack built.

だれが	する（です）	だれ・なに	どこ	いつ
This	is	the dog		
that	worried	the cat		
that	killed	the rat		
that	ate	the malt		
that	lay		in the house	
		that		
Jack	built.			

このように多層的に意味順を用いることで、以下のような倒置への対応も可能となります。

7. 倒置: Only after 10 years did the boy realize that the man was his father.

	だれが	する（です）	だれ・なに	どこ	いつ
					Only after 10 years
did	the boy	realize	*that*		
	the man	*was*	*his father.*		

3.5 受容技能・産出技能と意味順

英語の語順を意味順によって学ぶことで、学習者にはどのような効果が期待できるのでしょうか。これまで見てきた産出技能の側面だけでなく、意味順は受容技能の指導にも役立ちます。以下では、意味順の学習効果を一部紹介します。

1) 受容技能（リーディングとリスニング）

リーディングやリスニングにおいては、主語と動詞の次に来るものを積極的に予想することが大切です。意味順を使うと、たとえば、「彼らは住んでいる」と耳にすれば、次に「どこ」が来るものと予想でき、「彼は教えた」なら「だれ・なに」、「彼女は置いた」なら「なに」、「どこ」についての情報が来るものと予想できます。

　　They live　→　in Kyoto.
　　He taught　→　us English.

　　　　She put　→　her bag on the table.

2) 産出技能（ライティングとスピーキング）
　意味順に従って英語をつくれば、意味の通じる文を瞬時に、かつ容易につくることができます。たとえば、次のような英文をつくるとしましょう。

　　「コンピュータ室の生徒たちは、会議の始まる前に大きなテーブルを廊下に運んだ」

これを意味順で伝えようとすると、意味のまとまりごとにわけて次のようになります。

　　だれが　　　＝コンピュータ室の生徒たち
　　する　　　　＝運んだ
　　だれ・なに＝大きなテーブル
　　どこ　　　　＝廊下に
　　いつ　　　　＝会議の始まる前に

ここから次のような英語になります。

　　The students in the computer room / moved / a big table / into the corridor / before the conference started.

　このように、「読む」「聞く」「書く」「話す」際に意味順を用いれば、意味を5つ（オプションを含めると7つ）のまとまりで捉えることができます。人間の情報処理単位は「マジカルナンバー7±2」と言われますが、その範囲内に収まっているこの捉え方は、学習者にとってはよりわかりやすく、使いやすいことでしょう。

3.6　意味順を基軸とした学習文法の構築——ヨコ軸とタテ軸
　斎藤（2007）は、ローマン・ヤコブソンが用いた結合軸と選択軸の対立軸を参照しつつ、文法をタテとヨコで捉えることの重要性を主張していま

す。洋食のコース料理を例にして、「前菜、主菜、デザート」などのコースの仕立てを結合軸（ヨコ軸）として、また主菜は肉か魚か、デザートは紅茶かコーヒーかといった、それぞれの選択肢の並びを選択軸（タテ軸）として捉えながら、「言語を正しく運用するには、語句の『選び方』だけではなく、その『並べ方』が大切なのである」（斎藤 2007: 18）と述べています。

田地野（2011a, 2011b）では、意味順をヨコ軸とし、他の文法項目をタテ軸として関連づけた「意味順マップ」（図1）を紹介し、文法を二次元で捉えています。このヨコ軸（グローバルエラーに関係した要素）は意味から瞬時に文をつくるための枠組みに関係し、他方、タテ軸（ローカルエラーに関係した要素）は文の意味をより豊かにするための助動詞や時制、関係詞といった項目に関係しています。

意味順マップとは、意味順を基軸として二次元で文法を捉えることによって、文法項目間の関係性を学習者が整理するのを支援する、いわば文法学習の見取り図です。これを用いることで、文法の全体像を容易につかむことができるとともに、意味順を通じて項目間の関連性についての理解もより深まることでしょう。学習過程における現在の位置づけと目標地点を把握することで、学習の動機づけの喚起につながることが期待できます。

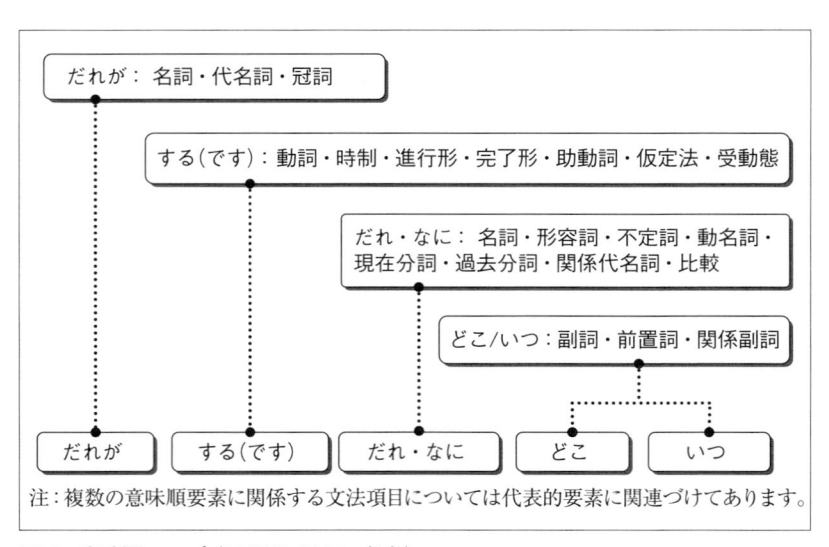

```
だれが：名詞・代名詞・冠詞
    する（です）：動詞・時制・進行形・完了形・助動詞・仮定法・受動態
        だれ・なに：名詞・形容詞・不定詞・動名詞・
                    現在分詞・過去分詞・関係代名詞・比較
            どこ/いつ：副詞・前置詞・関係副詞

だれが    する（です）    だれ・なに    どこ    いつ
```
注：複数の意味順要素に関係する文法項目については代表的要素に関連づけてあります。

図1　意味順マップ（田地野 2011a 参考）

なお、ヨコ軸としての意味順はあくまで文（や節）の構造に関わる語順について述べたものです。英語の語順として、もう1つ考慮しなければならないものに句の中の語順（句内語順）がありますが、これは意味順の各要素の中における語順として区別しておいたほうがよいでしょう。たとえば、先ほどの産出技能のところで取り上げた例文の中では、「だれが」にあたる「コンピュータ室の生徒たち」と「だれ・なに」にあたる「大きなテーブル」はどちらも名詞句ですが、修飾の仕方が異なっています。特に前者はthe students に対して in the computer room が後ろから修飾する後置修飾の形をとっており、日本語との修飾の仕方が大きく違うものになっているため注意が必要です。学習者が文の語順に慣れてくれば、このような句内語順の知識を深めることで、より円滑なコミュニケーションを図ることが可能となるでしょう。

4. 意味順指導とその教育効果

　こうした意味順を用いた指導に関する研究としては、前述の Yamaoka (2001) 以外にも、小学生を対象とした金丸ほか (2010, 2011) や Bolstad ほか (2010)、中学生を対象とした城島・大薮 (2011)、高校生を対象とした山岡 (2009)、渡ほか (2012)、さらに大学生を対象とした田地野 (2008) などがあります。これまでの研究で明らかになった意味順の効果としては、① 学習者に英語の枠組みを提供（語順の誤りや主語の欠落、日本語直訳による伝わらない誤りの減少）、② 産出技能の向上（ライティングの質の向上）、③ 学習意欲の喚起（英語学習への心理的抵抗感の軽減、学習意欲の向上）などが挙げられています（渡ほか 2012）。

　以下では、実際のタスクや学習者のコメントも交えつつ、学校現場での意味順指導の教育効果について紹介します。

4.1　小学校での意味順指導

　日本語（母語）以外の外国語に初めてふれる小学生に、英語の「語順」はすぐに理解できるのでしょうか。金丸ほか (2011) は、小学校英語教育への文型指導の導入可能性を明らかにするため、小学校5年生、6年生を対象に意味順枠を用いて、英語の基本5文型に相当する文構造の理解と産出

についての調査を行っています。これは「意味順」の考え方にもとづいて、「主語＋動詞」を与えた場合に、適切な項（意味順の要素）を考えて、英語の語順どおりに配置することができるかどうかを調査したものです。結果をまとめると、多くの児童が動詞（「する（です）」）に応じて、適切な要素を記入することができていました。たとえば、与えられた動詞が「あげました」であれば、「だれ・なに」の箇所に「人（間接目的語）」と「モノ（直接目的語）」の2つを適切な順番で記入していました（約94％）。この調査結果から、英語の初習学習者である児童であっても、意味順を用いれば、動詞に応じて適切な「語順」に従った文を産出できることが明らかになっています。

表2　述語動詞の項構造を活用したタスク（生徒の記入例）

	だれが	する（です）	だれ・なに	どこ	いつ
1	私は	です	生徒		
2	私は	行きました		映画館	1ヵ月前
3	私は	会いました	友だち	公園	
4	私は	呼んでます	先生・つっちー		
5	私は	あげました	弟・ゲーム	家	2週間前

　上の表2は英語を知らない小学生でも、日本語を使って英語の文の構造を学習できることを示したデータです（表中の「だれが」「する（です）」の内容はあらかじめ提示されており、残りの要素はそれらに基づいて自由に記入されたものです）。

　　「意味順の授業で英語の特徴を初めて知った。今まで単語が日本語じゃないだけだと思っていたけど順番があることがわかって英語に対しての理解が深まった」（小6生）

　意味順を通した英語学習は、生徒に言葉への気づきや注目を促すことができるということを、このコメントは裏付けるものと捉えることができるでしょう。

4.2　中学校・高等学校での意味順指導

　佐賀県内の公立中学校で行われた調査からは、2010 年 12 月から 2011 年 3 月にかけて、1 年生を対象として意味順による英語指導を行ったところ、平叙文、疑問文、否定文のいずれにおいても英作文課題で正答率が上昇したという結果が報告されています（城島・大薮 2011）。

　また渡ほか（2012）は京都府内の公立高校で意味順の指導を行い、文の構造を中心とした和文英訳課題を用いて生徒のライティング能力を測定したところ、意味順指導後のスコアに向上が見受けられたと報告しています。意味順を学んだ生徒からは以下のような感想が寄せられています（渡ほか 2012 より抜粋）。

〈生徒の感想〉（原文ママ。[　]内の挿入と下線は筆者らによる）
(1)「最初の練習問題での英作文では、主語も順番も全て「かん」で答えていましたが、意味順を習ったあとは、少しだけ、確信を持って問題を答えていくことができました。たった 6 つほどの項目で、英作文をつくっていくと、意味が通じるというのは、とてもすごいことだと思いました。」
(2)「[英作文課題] 1 回目と 2 回目ではあっとうてきに書きやすくなりました。どこから書こうということを気にせずに書けたので時間も短縮できるようになったので勉強になりました。」
(3)「[意味順の] 授業を受ける前は、英文を作るのは本当に不可能だと思っていたけど、授業を受けて、意味順がわかると、前よりもはるかに英語が出来ているような気がしました。」
(4)「英語はとても苦手意識が強くて、実際、苦手だった。最初の練習問題は全然わからなくて、イライラした。でも意味順を習ったあとだと、スラスラ解けたし、英語は得意になったわけではないけど、苦手意識はだいぶ無くなった。知ることができてよかった。」
(5)「分かりやすかった。いつもは長い時間考えないと単語も出てこないのに、何でか分からないけど、今日はスラスラと書くこともできた。中学の時からずっと分からなくて苦手意識あったけど、意外と書けてびっくりした。しょっちゅう外人さんに道を聞かれたりするので、キレイな文で返事ができると思う。」
(6)「今までは単語が分かっているのに語順が分からなくて困っていました。でも今日の授業でほぼ完ペキに分かりました。あとは、つづり・単語を完ペキにして点数を上げたいと思います。」
(7)「この意味順を使えば、そこに当てはめるだけでスラスラ問題が解けたの

で、すごいと思った。単語を覚えれば、ほぼ完璧に英作をできるんじゃないかと思う。」
(8)［意味順の］授業を受ける前と受けた後では日本語の見方がだいぶ変わっていて、英文がとてもつくりやすかった。でも細かいところの作り方がよく分からないのでそこは勉強しないとダメだと思いました。これからは意味順を考えて頑張りたいです。」

　上記コメント（1）から（5）は、学習者の心理的側面への意味順の効果を示すものであり、また（6）から（8）は意味順が彼らの今後の学習意欲を喚起したことを表すコメントであると見なすことができます。

　ここまで、実際の学校現場での意味順の取り組みと、その成果を見てきました。これまでのデータや生徒たちのコメントは、意味順指導の有効性を示唆していると言えるでしょう。

5. おわりに

　本稿では、体系的な学習文法の構築に向けて、日本の英語教育の現状と課題を概観し、その主要な問題点を解決・改善するための方策として、語順の重要性と意味の観点から、「意味順」を提案しました。「誰に対して」「どの段階で」「どのように」指導するか、という教育的視点を学習文法に導入することの重要性を述べながら、等価値として並列化された従来の文法事項を、応用言語学の知見に基づき、意思伝達の観点から重みづけすることの意義について論じました。

　「今、なぜ意味順を提案するのか」——その理由について、意味順の概要、意味順を基軸とした学習文法の姿、意味順の教育効果、という3つの観点から論じました。また、意味順の教育効果については、小中高生を対象とした実証研究の成果から、言葉への気づき、産出技能の向上、学習意欲の喚起を取り上げました。

　学習文法の見取り図として、意味順をヨコ軸とし、その他の文法事項をタテ軸として二次元で文法を捉えた「意味順マップ」を提示しました。この意味順マップにより、文法の全体像、および各文法事項の位置づけと関係性がより理解しやすくなることが期待されます。意味順マップを頭に入れ

ておくことで、学習者は英語学習に対する意欲が高まり、より積極的にコミュニケーションを図ることができるでしょう。

　最後に、「よりよい学習文法」は、英語を教える側の教師にとっても見通しを与えてくれるものです。今後は、それぞれの教育現場において、指導法改善の一助として、意味順が活用されることを期待しています。

〈参 考 文 献〉

安藤貞雄（1983）『英語教師の文法研究』大修館書店。
安藤貞雄（2008）『英語の文型——文型がわかれば、英語がわかる』開拓社。
大津由紀雄、窪薗晴夫（2008）『ことばの力を育む』慶應義塾大学出版会。
笠島準一、浅野博、下村勇三郎、牧野勤、池田正雄（代表）（2007）『NEW HORIZON: English Course 2』東京書籍。
金丸敏幸、ボルスタッド・フランチェスコ、田地野彰（2010）「創造的英語コミュニケーションに向けた『意味順』指導」『第10回小学校英語教育学会（JES）北海道大会要綱集』p. 77.
金丸敏幸、ボルスタッド・フランチェスコ、田地野彰（2011）「中学校英語との連携を視野に入れた文型指導」『第11回小学校英語教育学会（JES）大阪大会要綱集』p. 89.
組田幸一郎、宮腰愛美（2003）『高校これでわかる基礎英語——ゼロから始める高校英文法』佐野正之監修。文英堂。
小松達也（2012）『英語で話すヒント——通訳者が教える上達法』岩波書店。
斎藤兆史（2007）『英文法の論理』日本放送出版協会。
城島友子、大藪日左恵（2011）「意味順ノートを使って語順の定着を図る——江北中学校の試み」発表資料、English Education for Tomorrow in Saga（EETS）研究会。
田地野彰（1995）『英会話への最短距離』講談社。
田地野彰（1999）『「創る英語」を楽しむ』丸善。
田地野彰（2008）「新しい学校文法の構築に向けて——英文作成における『意味順』指導の効果検証」、小山俊輔、西堀わか子、田地野彰（編）『平成20年度英語の授業実践研究』奈良女子大学国際交流センター、8–21.
田地野彰（2011a）『〈意味順〉英作文のすすめ』岩波書店。
田地野彰（2011b）『「意味順」英語学習法』ディスカヴァー・トゥエンティワン。
田尻悟郎（1997）『英語科自学のシステムマニュアル』明治図書。
田尻悟郎（2011）『英文法　これが最後のやり直し！』ディーエイチシー。
田中茂範、佐藤芳明、阿部一（2006）『英語感覚が身につく実践的指導——コアとチャンクの活用法』大修館書店。
中嶋洋一（1999）「自己表現力育成のためのライティング指導」、松本茂（編）『生徒

を変えるコミュニケーション活動』教育出版, pp. 115–158.
比嘉正範 (1986)「英語教育の効率を考える」『英語展望』87, 18–25.
Benesse® 教育研究開発センター (2009)『第 1 回中学校英語に関する基本調査 (生徒調査) 2009 年実施』ベネッセコーポレーション。
柳瀬陽介 (2011) 書評:「田地野彰 (2011)『〈意味順〉英作文のすすめ』(岩波ジュニア新書)」『英語教育の哲学的探求 2』http://yanaseyosuke.blogspot.com/2011/04/2011.html
山岡大基 (2009)「『直訳的』和文英訳指導——語順変換モデルによる和文分解を通じて」http://hb8.seikyou.ne.jp/home/amtrs/yamaoka2009.pdf
渡寛法、細越響子、加藤由崇、金丸敏幸、髙橋幸、田地野彰 (2012)「母語を活用した英語指導——高校の英作文授業における『意味順』の効果検証」*Studies in English Teaching and Learning in East Asia*, 4, 33–49.
Bolstad, Francesco, Toshiyuki Kanamaru, & Akira Tajino (2010) "Laying the groundwork for ongoing learning: A scaffolded approach to language education in Japanese elementary schools and beyond." *INTERSPEECH 2010 Satellite Workshop on Second Language Studies: Acquisition, Learning, Education and Technology: Proceedings*, 1–4.
Burt, Marina (1975) "Error analysis in the adult EFL classroom." *TESOL Quarterly*, 9 (1), 53–63.
Canale, Michael (1983) "From communicative competence to communicative language pedagogy." In Jack C. Richards & Richard W. Schmidt (eds.) *Language and Communication*. London: Longman.
Canale, Michael & Merrill Swain (1980) "Theoretical bases of communicative approaches to second language teaching and testing." *Applied Linguistics*, 1 (1), 1–47.
Corder, S. P. (1981) *Error Analysis and Interlanguage*. Oxford: Oxford University Press.
Pinker, Steven (1994) *The Language Instinct*. New York: William Morrow. [椋田直子 (訳)『言語を生みだす本能 (下)』NHK ブックス、1995]
Quirk, Randolph, Sidney Greenbaum, Geoffrey Leech, & Jan Svartvik (1985) *A Comprehensive Grammar of the English Language*. London: Longman.
Yamaoka, Taiki (2001) *A proposal for instruction of English phrases: Focusing on the endocentricity* (Unpublished Master's thesis). Hiroshima University, Hiroshima.
7

☞ オススメの学習英文法関連書

- Geoffrey Leech and Jan Svartvik (2002) *A Communicative Grammar of English*. 3rd edition. Harlow, Essex: Pearson.

　本書は、コミュニケーション能力を重視した先駆的な文法書です。言語使用の観点から話し言葉にも配慮し、また教育的な視点から文法を扱っています。意味順を軸とした二次元で同書を整理すれば、使える文法知識がより深まることでしょう。

- Michael Swan (2005) *Practical English Usage*. 3rd edition. Oxford: Oxford University Press.

　意味順で産出技能の基本を習得した学習者が、さらに英語力を身につけるには、個別の語法知識を身につける必要があります。学習者が誤りやすい語法の使い分けを簡潔に説明した本書は、実践的な英語を学ぶうえで有益であると思われます。

13 日本語への「気づき」を利用した学習英文法

大津　由紀雄

1. はじめに

　この章では、日本における英文法教育／学習に関する根本的欠陥を一点指摘し、その問題を克服するための方法を提案します。そのうえで、その方法に則った教材試作版の一部を提示します。最後に、その提案をどのように教育課程に組み込めばよいかについて論じます。

　本論に入る前に、筆者の主張を理解していただくための「基礎知識」ともいうべき事柄について解説しておきたいと思います。

1.1　外国語学習における意図的・意識的文法学習の必要性

　この点については、すでに第 1 章（大津）で論じましたので、ここでは、その要点だけを述べるに留めます。

　日本における英語学習はほとんどの場合、第二言語獲得ではなく、外国語学習の形態をとります。第二言語獲得の場合と違って、外国語学習の場合には、対象言語の文法が無意識的に身につくということはありません。したがって、外国語学習においては意図的・意識的な文法学習が欠かせないものになります。

　そこで問題になってくるのが、

　　（A）　学習英文法に盛り込むべき事項
　　（B）　それらの事項の提示の仕方

の二点です。この章では、主に (B) の問題について論じます。

1.2 ことばの個別性と普遍性

　人間のことばは、日本語、英語、スワヒリ語、日本手話のように、個別性を持った個別言語という形で現れます。人間のことばが持ちうる個別性は、いま挙げた4つの個別言語を考えてもわかるように、多様な形態をとりえます。この点に着目して、ことばは「多様性」を持つということもあります。

　しかし、個別言語は際限なく多様でありうるかというとそうではありません。個別言語はある一定の制約のもとに形成された体系（システム）でそれを逸脱することはありえません。この「一定の制約」に注目すると、ことばは「普遍性」を持つということになります。

　以上のことをまとめると、つぎのようになります。

　　（C）　人間のことばは日本語、英語、スワヒリ語、日本手話のように、個別性を持った個別言語という形で現れるが、個別言語は普遍性と呼ばれる一定の制約のもとに形作られた体系である。

　例を挙げましょう。ことばの音声面について考えます。手話以外の個別言語で用いられる言語音は、母音（vowel, V）と子音（consonant, C）に分類できます（その中間的な性質を持った言語音もないわけではないのですが、ここではその問題を棚上げして話を進めます）。そして、母音と子音を組み合わせて語を作ります。

　日本語の場合を考えましょう。日本語を音声面で考えるときにはローマ字表記が便利なので、ここでもそうします。日本語には、a, i, u, e, o という5つの母音があります。母音1つだけで語ができてしまう場合もあります。たとえば、「胃 (i)」がそうです。

　もう少し複雑な例を考えましょう。「木 (ki)」は k と i からできています。i は母音ですが、k は違います。k のように、母音以外の言語音を子音と呼びます。したがって、「木 (ki)」は k という子音と i という母音がその順で並んでできています。

　今度は「木登り (kinobori)」という、さらに複雑な例を考えましょう。この語には i_o_o_i という並びの母音とそれぞれの母音に組み合わされた子音（順に、k, n, b, r）からできています。

母音と子音を組み合わせて語を作るという仕組みは、たとえば、英語でも同じです。vat（液体貯蔵用の大おけ）であれば、a という母音に、v と t という子音を組み合わせてできています。

　日本語と英語以外の個別言語を調べても、母音と子音を組み合わせて語を作るという仕組みは大筋どの個別言語にもあてはまるように思えます。もしこれが事実であれば、この仕組みはことばの普遍性の一部だということになります。

　しかし、上で見た例だけを考えてもわかるように、母音と子音を組み合わせて語を作るという普遍的な原則があったとしても、個別性を発揮できる余地は残されています。まず、

　　（D）　当該個別言語においてどの母音を選ぶか
　　（E）　当該個別言語においてどの子音を選ぶか
　　（F）　当該個別言語において母音と子音をどのように組み合わせるか

たとえば、上で見た vat の場合に使われている a（発音記号で書けば [æ]）という母音は日本語（の多くの方言）では選ばれていません。同様に、v という子音も日本語では選ばれていません。

　母音と子音の組合せに関しては、日本語は母音が単独で出てくるか、子音＋母音という組合せがほとんどです。子音が単独で出てくることは（「ん」を除いて）ありません。しかし、英語では vat のように子音で語を終わることも、strong のように子音が連続して出てくることもできます。

　このように、ことばの個別性と普遍性は密接に関係している性質であることがわかります。

　以下の議論を理解するために必要なことは、ことばは個別言語に現れた個別性の基盤に普遍性が存在するという点を理解しておくことです。

1.3　ことばの知識とことばへの気づき

　不幸にして重篤な脳障害を持って生まれてきた場合を除き、人間は生後一定期間、触れていた言語の知識（母語）を身につけます。わたしたちはその知識を使って、言語理解や言語産出（発話など）を行います。

　また、わたしたちはその知識を使って、母語について、さまざまな判断

を下すことができます。たとえば、日本語を母語とする人（日本語話者）であれば、(1)では「3人」いると述べられているのは歌手ですが、(2)では歌手以外のだれか（たとえば、歌手のファン）であるという判断を下すことができます。

　（１）　歌手が3人、立っています。
　（２）　歌手の前に3人、立っています。

しかし、なぜそのような判断の違いが出てくるのかと問われても、言語学者や日本語教師など、限られた人々を除いては答える術がありません。日本語の知識を持っていても、それだけで、その知識を意識の対象とすることができるというわけではないからです。

　母語についての意識を「メタ言語意識 metalinguistic awareness」と呼びます。また、メタ言語意識を呼び起こす能力を「メタ言語能力 metalinguistic abilities」と呼びます。

　(1)と(2)について言えば、上で述べた判断の違いは「歌手」の後に続く助詞が格（1では主格）を表すのか、時空間関係など（2では空間関係）を表すのかによって生じると考えられます。

　メタ言語意識も言語知識や他の認知能力と同じように発達していきます。その最初期段階においては「意識」の萌芽とでも呼ぶべき状態が観察されます。つぎの記述をご覧ください。

　　　わたくしの身近にいるある子どもは1歳5ヵ月になったとき、「あめ」（雨）と「あめ」（飴）という2つの語を（ほぼ相前後して）自然場面での発話で使うようになった。このことから、この子どもの言語知識の一部を成す辞書のなかに遅くともこの時点でこの2つの語が登録されたものと考えることができる。

　　　子どもが1歳6ヵ月になったとき、「あめが降ってるね」とか「あめが食べたい？」とか話しかけると、通常のやりとりの場合とは明らかに異なってキョトンとした表情を見せた。しかし、この時点では、こちらの意味的に不整合な問い掛けに対して、コメントを加えるということはなかった。

しばらく時間が経って、この子どもが2歳2ヵ月になったとき、「**あめ**が降ってるね」とふたたび問い掛けると、今度は、「ちがう、おとうちゃん、**あめ**だよ」とコメントを付して応じた。
　さらに、この子どもが2歳4ヵ月のとき、「**あめ**が降ってるね」と問い掛けると、「またちがう、おとうちゃん」と応じた。さらに、「なにが降ってるの」とたずねると、「**かめ**」と答え、笑い始めた。（大津1989: 26, 今回、表現に若干の修正を加えた）

　この記述によると、取り上げられている子どもは2歳になるころから、「**あめ**」と「**あめ**」のアクセントの違いとそれによってもたらされる意味の違いに気づき、その気づきを使って、原著者の（意図的な）言い間違いを正したり、一種のことば遊び（「**あめ**」と同じアクセント型を持つ「**かめ**」の持ち出し）を自作したりしていることがわかります。筆者は、教育関係の論述では、このような萌芽的段階も含め、「メタ言語意識」の代わりに、「ことばへの気づき」という呼び方を使うことにしています。
　なお、メタ言語能力についての研究成果などについてはCenoz and Hornberger（2008）を参照してください。

2.　「中1秋の壁」

　この節では、夏休みを終えた多くの中学1年生が直面する英語学習上の壁を取り上げ、その原因を探ることから始めたいと思います。
　その壁についてはネット上にも多くの関連する記述が載っています。ここでは、そのうちから2つを引用します。

【引用1】
英語の苦手な人に
「いつ頃から英語が苦手になったの？」
と聞くと、10人中9人位の生徒が口をそろえてこう言います。
「三人称単数のあたりから」
「三単現のsが出た頃から」
「中1の2学期から」

また、英語が好きな生徒に
「いつ頃から英語が楽しくなってきた？」
と聞くと、これも10人中半分以上の生徒がこう言います。
「中1の2学期頃から」

このことからわかると思います。そう、中1の夏休みが終わって2学期が始まったあたりから英語が好きな人と苦手（そのほとんどが嫌い）な人にどんどん分かれてくるということです。なぜ、2学期なのか？

色々な理由があると思いますが、一番の理由は上でも書いた「三人称単数」です。この「三人称単数」を理解するには、1学期に学んでいる「be動詞の文」と「1・2人称の一般動詞の文」がきちんとわかっていないと難しいのです。
（「英語が得意と苦手の分岐点――中学英語の勉強法」http://eigo-gakushu.com/benkyou/02.html　一部改行、強調表示を変更）

【引用2】
　中学1年生の1学期の定期テストはいかがでしたか？「けっこうカンタンだった」と言われるかもしれません。それもそのはず、中1の1学期の定期テストは3年間でもっとも簡単なのです。難しくなるのは、2学期からです。例えば、2学期から"動詞の形が変わる"ということを本格的に勉強します。「3単現のs」とか「不規則動詞の活用」とか、「一般動詞・be動詞」とかいう言葉が出てきます。日本語にはないこういうルールが出てくると、中1の皆さんの多くは急にわからなくなります。そして多くの中学1年生が、中1の2学期で英語が嫌いになったり苦手になったりするのです。

　（「【高校入試】中学生の夏休みはどう過ごす？――夏休みの勉強のポイント（英語編）」優俊ゼミ個別指導専門塾 http://yushunzemi.net/blog-28675/）

これらの引用を数値で裏づけるのがBenesse教育研究開発センターが2009年に全国の中学2年生2,967名（有効回答数）を対象に行った第1回

中学校英語に関する基本調査の報告書（http://benesse.jp/berd/center/open/report/chu_eigo/hon/index.html）です。

その分析編分析3「中学生の英語学習状況と学習意欲」2節「英語の学習意欲について」（http://benesse.jp/berd/center/open/report/chu_eigo/hon/hon_5_04.html）には、そのまとめの一部につぎの2項目が挙げられています。

　　（G）　約4割の生徒にとって、英語学習のやる気がもっとも高い時期は中学1年生の始めの頃である。
　　（H）　英語が苦手となる時期は、中学1年生の後半から中学2年生の始め頃である。

（G）と（H）は次ページの図1（原報告の図3–4）と図2（同、図3–5）が如実に示すところです。筆者は（H）を「中1秋の壁」と呼んでいます。

では、「中1秋の壁」はなぜ存在するのでしょうか。英語学習への関心が薄れてくる時期だからとか、1学期の学習内容が定着しないうちに長い夏休みに入り、その間に忘れてしまうからとか、さまざまな理由が考えられますが、筆者はもっとも本質的な理由はつぎの点にあると考えています。

　　（I）　1学期の間は学習内容を丸暗記することでも対処できたが、2学期になると学習内容を分析的に理解しないといけなくなる。しかし、多くの生徒たちはそのための準備ができていない。

(I) をもっと端的に述べると次のようになります。

　　（J）　2学期になると英語の仕組みを分析的に理解することが必要となる。つまり、英文法を理解する必要が出てくるが、多くの生徒たちには英文法を理解するための枠組みが準備されていない。

この点は上の【引用1】や【引用2】からも窺うことができます。いずれにも出てくる「3人称単数現在の -s」を例にとって説明しましょう。(3) を見ましょう。

図3–4：もっともやる気が高かった時期

(n=2,967)

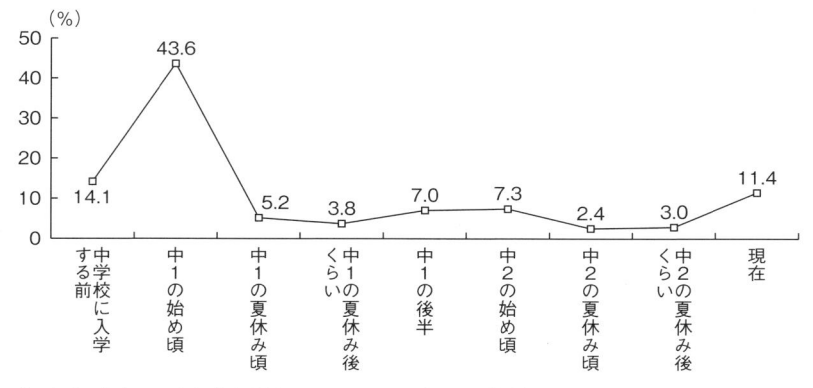

時期	%
中学校に入学する前	14.1
中1の始め頃	43.6
中1の夏休み頃	5.2
中1の夏休み後くらい	3.8
中1の後半	7.0
中2の始め頃	7.3
中2の夏休み頃	2.4
中2の夏休み後くらい	3.0
現在	11.4

注1)「現在」は、本調査を実施した1月〜2月（中2の後半）を示す。
注2)「無回答・不明」は省略。

図　1

図3–5：英語を苦手と感じるようになった時期

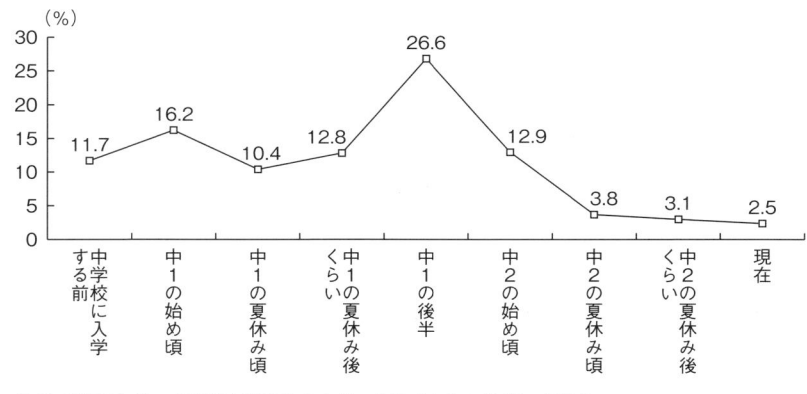

時期	%
中学校に入学する前	11.7
中1の始め頃	16.2
中1の夏休み頃	10.4
中1の夏休み後くらい	12.8
中1の後半	26.6
中2の始め頃	12.9
中2の夏休み頃	3.8
中2の夏休み後くらい	3.1
現在	2.5

注1)「現在」は、本調査を実施した1月〜2月（中2の後半）を示す。
注2) 英語の「得意・苦手」について「やや苦手」「とても苦手」と回答した1,833名のみを対象。
注3)「無回答・不明」は省略。

図　2

（3）　John walks to school every day.

Walk についている -s が問題の「3 人称単数現在の -s」ですが、この事実を理解するためには少なくともつぎのことが理解できなければなりません。

　　　（K）　この文の主語は John である。
　　　（L）　John の人称は三人称である。
　　　（M）　John の数は単数である。
　　　（N）　この文の動詞は walk である。
　　　（O）　walk の時制は現在である。

言うまでもなく、この中には「(文)の主語」、「人称」、「数」、「動詞」、「時制」などの文法的概念が含まれています。これらを理解できないと「3 人称単数現在の -s」を理解することができません。しかし、多くの中学生にはそれらの概念を理解する準備が整っていないのです。

　これは現在の学校英語教育の構造的欠陥とも言えるもので、この欠陥をどのように取り除くことができるのかをきちんと検討しておく必要があります。

3.　「中1秋の壁」の対策としての「ことばへの気づき」

　この節では、2節で指摘した学校英語教育の構造的欠陥を取り除くための方法を提案します。

　筆者の提案を一言で言えば、「ことばへの気づきを基盤とした言語教育」の構想ということになります。この提案は大津 (1982) で萌芽的な形で発表した考えを発展させたもので、大津 (1989, 1995) などを経て、(比較的) 最近の考えをまとめた大津 (2010) に至るものです。この考えの概念図として利用しているのが図3です。

　ことばへの気づきを基盤とした言語教育では、小学校段階で、直感がきく母語を使っての気づきの育成を図った (図3の左上の右向きの矢印) のち、中学校段階から、その気づきを利用して、外国語教育が進められる (図3の右上の右向きの矢印) ことを想定しています。ことばへの気づきを媒

```
    母語 ⇄ ことばへの気づき ⇄ 外国語
              ↕
       母語と外国語の効果的運用
```

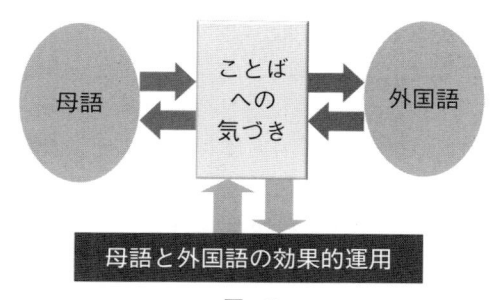

図　3

介として母語と外国語を結びつけることができるのは、1.2節で見たように、母語と外国語はそれぞれ異なった個別性を持っているものの、共通の基盤（普遍性）の上に築かれた体系であるからです。

　ことばへの気づきを基盤とした言語教育に関して、しばしば出される疑問は、気づきは母語だけでなく、外国語も利用したほうがより効果的ではないかという点です。図3をもう一度ご覧いただければ、ことばへの気づきを基盤とした言語教育の構想のなかに、外国語の視点からことばへの気づきをいっそう豊かにする（図3の右上の左向きの矢印）過程が含まれていることがおわかりになることと思います。ただ、ここで強調しておきたいことは、図3の矢印で示された全体的循環のきっかけ作りは直感がきく母語によることばへの気づきの育成であるという点です。

　ことばへの気づきを基盤とした言語教育についての詳細は前述した大津（2010）などでも論述しましたので、そちらを参照してください。

　従来からも、国語教育と英語（外国語）教育の連携の必要性は何度となく説かれてきましたが、寡聞にして、まとまった成果が上がったという報告を目にしたことはありません。これは、教育政策に関わる人々がことばの個別性と普遍性、さらには、ことばへの気づきという点に関して体系的な見とおしを持っていなかったことに起因すると筆者は考えています。

　なお、理屈だけ述べていてもわかりにくいかと思いますので、章末に「付録1」として、この考え方によるサンプル教材を掲載しておきます。このサンプル教材では、「〜の主語」や「〜の目的語」などの文法関係と語順が主たるテーマですが、まず学習者の母語である日本語についての考察がなされることから、英語学習においてこれらの概念を学ぶことの意義（「なぜ

こんなことを学ぶのか？」という問いに対する答え）を学習者自身で感じ取ることができるように工夫してあります。

　この章の末尾には、「付録2」として小学校段階で児童の母語を利用して育成しておきたい気づきの対象項目と筆者が（現時点で）考えているもののリストを上げておきましたが、これらのすべての項目について、それを学ぶ意義を学習者が感じ取れるように教材を作る必要があります。

4. ことばへの気づきと小学校教育

　現状では、前節でその重要性を論じた、小学校段階での、母語を利用したことばへの気づきの育成が十分に行われていません。現実的対処法として、中学校段階で、母語を利用した「気づき」の育成と、そうして育成された「気づき」を利用しての外国語（英語）教育をいわば同時に進めていくことが考えられます。「付録1」として章末に掲載した教材サンプルはそのような状況に対処することを念頭に置いて作成したものです。

　しかし、長期的には、そのような場当たり的な対処法を脱し、前節で述べた、ことばへの気づきを基盤とした言語教育の実現へ向けた努力が必要となってきます。そうした努力の一環として、筆者が提案しているのが、小学校での外国語活動のことば活動への実質的転換です。この本の性格上、また、紙幅の関係からも、この点に立ち入って論じることはできないので、以下、必要な範囲で略述します。

　学習指導要領によると外国語活動の目標は「外国語を通じて、言語や文化について体験的に理解を深め、積極的にコミュニケーションを図ろうとする態度の育成を図り、外国語の音声や基本的な表現に慣れ親しませながら、コミュニケーション能力の素地を養う」（小学校学習指導要領第4章第1）とあります。この目標の規定には不明瞭な部分（とくに、「コミュニケーション能力の素地」の意味するところ）があり、さまざまな立場から、さまざまな意見が提出されていますが、この目標の規定をどのように解釈するにしても、その目標達成のために、ことばへの気づきが重要な役割を果たすことは間違いのないことと思われます。そうであれば、「外国語を通じて」行うとされている教育的作業に先んじて、子どもたちの母語を活用しての作業が行われる必要があることは前節で述べたとおりです。

また、多くの児童の母語は日本語であり、それは同時に、多くの先生方の母語でもあります。外国語には自信がない先生方も母語を活用することで、さまざまな工夫ができるはずです。

　ことばへの気づきの育成を図るにあたり、母語を積極的に活用することは決して外国語活動の精神を曲げることにはならないと考えます。現実的にも、多くの授業実践で母語の活用が組み込まれはじめています。筆者の主張はそのような母語の利用を外国語活動に対する「危険回避的」行動としてとるのではなく、積極的に母語を利用することによって、母語の力を上手に利用する力を育成するとともに、中学校以降に行われる外国語教育の堅固な基盤を形成しておくべきであるというものです。

　筆者たちの研究グループは現在、このような考えから、外国語活動用の教材（大津ら（準備中））を作成中です。

　最後に触れておきたいのは国語との関係です。母語を利用したことばへの気づき育成は国語の守備範囲であり、実際、国語の目標は「国語を適切に表現し正確に理解する能力を育成し、伝え合う力を高めるとともに、思考力や想像力及び言語感覚を養い、国語に対する関心を深め国語を尊重する態度を育てる」（小学校学習指導要領第 2 章第 1 節第 1）と規定されており、国語の枠内で十分に対応可能であるという意見をよく耳にします。

　たしかに、国語の教科書を読むと、ことばへの気づきに関連した教材が盛り込まれていることはあるようですが、国語の時間での取り組みはあくまで国語（日本語）の世界の中での取り組みで、「ことば」という一般的概念とはなじみにくいと考えます。実際、上で述べたように、国語教育と英語（外国語）教育の連携の必要性は何度となく説かれてきたにもかかわらず、まとまった動きにならなかったことがなによりの証左になると思います。

　「ことば」という視点から、多くの子どもたちの母語である日本語と外国語を関連づけることがことばへの気づきを基盤とした言語教育の本質です。この構想を実現させることで、国語教育も、英語教育も、本来あるべき姿に近づけることができると考えています。

〈参考文献〉

大津由紀雄 (1982)「言語心理学と英語教育」『英語教育』9月増刊号、pp. 28–31.

大津由紀雄 (1989)「メタ言語能力の発達と言語教育——言語心理学からみたことばの教育」『言語』10月号、pp. 26–34.

大津由紀雄 (1995)「『英語帝国主義』はメタ言語能力によって粉砕できる」『現代英語教育』3月号、pp. 20–23.

大津由紀雄 (2009–10)「日本語から探る英語のしくみ (1)–(12)」『NHK 基礎英語1 テキスト』。

大津由紀雄 (2010)「言語教育の構想」田尻英三、大津由紀雄 (編)『言語政策を問う!』ひつじ書房、pp. 1–31.

大津由紀雄ら (準備中)『ことばノート (仮題)』慶應義塾大学出版会。

Cenoz, Jasone and Nancy H. Hornberger (eds.) (2008) *Knowledge about Language* (Encyclopedia of language and education, 2nd edition, Volume 6). New York: Springer.

☞ **オススメの学習英文法関連書**

・太田朗 (**1956**)『英文法・英作文——整理と拡充』研究社。

　筆者が英語学の世界に足を踏み入れたとき、入門講義で担当者 (太田自身ではない) が「大学受験用に書かれたものだが、これを使って受験準備をすると落ちると言われている」と紹介してくれた。その後段は「しかし、英語の力は確実につく」であった。

・金谷憲 (編著) (**1995**)『学習文法論——文法書・文法教育の働きを探る』(英語教育研究リサーチ・デザイン・シリーズ (**1**))、河源社。

　副題にあるとおり、この本は、文法教育の意義と機能、そして、学習文法書のあるべき姿を探る野心的な試みの報告書である。編者とその若い仲間たちによってまとめられたこの本は学習英文法に関わる問題を考えるときの必読書といえる。現在、版元品切れ状態になっていて、古本市場では異常な高値がついている。復刊を強く望む。

【付録1——教材試作版】

　この節では前節で述べた方法に則った教材の試作版を提示したいと思います。

　ここで紹介する教材はもともと2009年度NHKラジオ「基礎英語1」テキストに掲載された「日本語から探る英語の仕組み」という連載の一部です。この連載では、前節で述べたように、まず、読者の母語である日本語を使って、ことばの性質に気づかせた後、意識化されたその性質が英語でどのように実現されているかを解説したものです。

　以下に紹介するのはその第9回（12月号掲載）の「文の仕組み（1）」と題された文章に加筆と修正を加えたものです。

　今回と次回は英語の文の基本的な仕組み——文はどのように組み立てられているのか——について考えてみることにしよう。
　まず、日本語から考えてみよう。つぎの文を見て欲しい。

　　（A1）　太郎が花子を追いかけた。

この文では「だれかがだれかを追いかけた」ということが書いてある。「追いかけた」という動作を表すことば（動詞【既出——大津注】）が使われているからね。
　さて、(A1)ではだれがだれを追いかけているのだろう。当たり前のことを聞かないで欲しいと思っている人も多いかと思うけれど、まあ、ちょっとがまんしてつきあって欲しいな。
　そう、太郎が追いかけているんだね。だれを？　花子だ。つまり、追いかけている人が太郎、追いかけられている人が花子だ。
　どうしてそんなことがわかるんだろう？　これもすぐわかるよね。「が」と「を」の働きのおかげだね（ついでだけど、「が」や「を」のような単語を「助詞」と呼ぶことがある）。「が」がつくとその人が追いかける人、「を」がつくとその人が追いかけられる人だ。
　だから、(A1)の「太郎が」と「花子を」の順序（単語の順序なので「語順」と呼ぶ）を変えても意味は変わらない。

　　（A2）　花子を太郎が追いかけた。

　反対に、(A1)で「太郎」についている「が」と「花子」についている「を」を入れ替えてしまうと、意味がまったく違ってしまう。

（A3）　太郎を花子が追いかけた。

　というわけで、日本語の文を組み立てるときには、「が」や「を」の使い方がとても重要だということがわかるね。

　じゃあ、今度は英語を見てみよう。（A1）と同じような意味を表す英文（A4）を見てみよう。

　　　（A4）　John chased Mary.　（ジョンがメアリーを追いかけた）

簡単な文だね。この文で使われている chase という単語は「だれかがだれかを追いかける」という意味を表す。Chased というのは「追いかける」ということが過去に起こったということを表す（この点についてはいずれまたお話しする）。つまり、「追いかけた」ということだ。
　さらに、（A4）では、追いかけているのがジョンで、追いかけられているのがメアリーだね。
　さて、日本語で（A1）から（A2）を作ったように、（A4）の John と Mary を入れ替えてみよう。

　　　（A5）　Mary chased John.　（メアリーがジョンを追いかけた）

すると、意味がまったく変わってしまったね。もっとも、「まったく変わってしまった」といっても、「だれかがだれかを追いかけた」という部分は変わっていない。Chased という単語が表している意味だからね。変わってしまったのは「だれかがだれかを」という部分だよね。（A4）では「ジョンがメアリーを」だったのに対して、（A5）では「メアリーがジョンを」となっている。
　日本語の（A1）と（A2）では意味が変わらなかったのに、英語の（A4）と（A5）は意味が大きく変わってしまった。この違いは一体どこから生まれるのだろうか。
　そう、英語の場合、重要なのは単語の並べ方、つまり、語順だよね。Chased（追いかけた）という単語がまん中に入って、その前にくる単語が追いかける人を、その後にくる単語が追いかけられている人を表すんだ。
　だから、（A4）では、chased の前にきている John が追いかける人を表し、その後にきている Mary が追いかけられている人を表す。（A5）では、それが逆になっているということだね。
　ここまでのところをまとめて、図にするとつぎのようになる。

```
┌─────────────┐              ┌─────────────┐
│ 追いかける人 │   chased     │追いかけられる人│
└─────────────┘              └─────────────┘
```
（だれかがだれかを追いかけた）

図　1

この図からも英語では語順がとても重要だということがわかる。

　もう気がついたかもしれないけれど、日本語の場合には「が」とか「を」という助詞が「だれがだれを追いかけたのか」をちゃんと伝えてくれる。だから、語順を変えても意味は変わらない。
　それに対して、英語の場合は、John や Mary のあとに助詞のようなものはついていない。そこで、語順を使って「だれがだれかを追いかけたのか」を伝えるんだ。

　さて、動詞の前に出てくる単語をその文の「主語」と呼ぶ。(1) や (2) からもわかるように、動詞が（「追いかける」のように）動作を表すときには、主語はその動作をする人（上の例なら、追いかける人）を表す。
　動詞の後に出てくる単語をその動詞の「目的語」と呼ぶ。これも (1) や (2) からもわかるように、動詞が（「追いかける」のように）動作を表すときには、目的語はその動作を受ける人（上の例なら、追いかけられる人）を表す。
　これらのことをまとめて、図にしておこう。

```
┌─────────┐              ┌─────────┐
│  主語   │    動詞      │ 目的語  │
│動作をする人│              │動作を受ける人│
└─────────┘              └─────────┘
```
図　2

　気がついた人もいるかもしれないけれど、動詞によっては主語しか必要としないものもある。たとえば、bark（吠える）がその例だ。

　　(A6)　The dog barked.　（そのイヌは吠えた）

　さらに、動詞によっては、目的語を2つ必要としたり、目的語以外のものを必要としたりすることもある。なにを必要とするかは動詞によって違うので、新しい動詞が出てきたら、そのことも辞書などで確認したうえで、一緒に覚えておこう。もっとも、それはそんなに大変なことではなく、たいていのところは動詞の意味から推測できる。だから、そんなに心配しなくてもいいよ。
　図2やいま述べたことからわかるのは、文を組み立てるとき、動詞が重要な役割を果たしているということだ。動詞が文の骨格を決めると言ってもいいだ

ろう。そして、これもすでに見たように、同じくらい重要なのが語順だ。

> 【考え方】英語の文を組み立てるときには、動詞の使い方と語順がとても重要である。

「文型」ということを習うことがあるかもしれない。文型というのは動詞の使い方と語順をひとまとめにして、英語の文の骨格を整理したものだ。文型は基本的なものに限れば、それほどたくさんあるわけではない。基本的な部分をきちんと身につけておくかおかないかが、そこから先の英語学習を楽しく進められるか、られないかを決めるとても重要な鍵になるんだ。

【付録2——小学校段階で児童の母語を利用して育成しておきたい気づきの対象項目（案）】

文字	定・不定
母音・子音	代用表現
	代名詞
文の基本構造	代動詞
品詞	
構成素（語のまとまり）	時制
句	
項構造	相（進行形と完了形）
語順	
文法関係	助動詞
呼応（一致）	法
文埋め込み	
	後置詞（助詞）
関係節（連体修飾節）	
等位接続	情報構造
文の種類	
平叙文・疑問文	文章構造
肯定文・否定文	
能動（態）文・受動（態）文	あいまい性
名詞句	文体
人称・性・格	

IV　さまざまな視点から

14 科学文法と学習英文法

高見　健一

1. はじめに

　私たちが中学や高校で学ぶ英文法、いわゆる学習英文法や学校文法がいかに大切であるかを示すには、多くの言葉を必要としません。例えば、What animal do you like? と聞かれて、多くの生徒が I like **cat/dog**. のように、cat や dog を「裸名詞」のままで使うのをよく経験しますが、これだと猫や犬の肉が好きだと言っていることになり、I like **cats/dogs**. と複数形で言わなければなりません。また、「何を話してるの」というつもりで、What are you talking? と言う生徒が多くいますが、talk は自動詞なので、What are you talking **about**? と言わなければなりません。日本語と英語は（そしてどんな 2 つの言語も）一対一には対応していませんから、日本語の仕組みをそのまま英語に移しても、母語話者が当惑したり、違和感を感じるこのような間違いをすることになります。英語の仕組みを正確に理解する必要があり、そのためには学習英文法は欠かせません。

　ただ、学習英文法さえ学べばそれで十分かというと、そういうわけにもいきません。学習英文法では取り上げられなかったり、説明が不十分なところも多くありますから、近年の「科学文法」と呼ばれる生成文法、認知文法、機能文法等の知見を利用できる場合は、それを積極的に取り込み、有効に活用すべきだと考えられます。もちろん、生徒がこのような文法理論を学ぶ必要はありませんが、教師はこれらの科学文法の知見を利用しながら、生徒の英語理解（ひいてはことばの理解）をより深める必要があると思われます。そしてそれは、生徒が文法項目を断片的に暗記するのではなく、英語の理路整然とした体系を把握することにもつながっていくと思われます。

　そこで本稿では、科学文法の知見を生成文法、認知文法、機能文法から

1つずつ取り上げ、それらが学習英文法をどのように補うかを具体的に観察して、言語理論が学習英文法に大いに貢献できることを示したいと思います。

2. 文の曖昧性と構造——生成文法の視点から

まず、次の文の意味を考えてみましょう。

(1) a. I wanted to go to Paris in September.
b. I didn't go to the clinic because I had a fever.

高校生や大学生は、ほぼ間違いなく、(1a) は「私は9月にパリに行きたかった」、(1b) は「私は熱があったので、クリニックに行かなかった」とのみ訳して、それで問題なしと考えてしまいます。(1a) で in September が、go to Paris のみを修飾するか、wanted 以下全体を修飾するかによって、(i)「私は[パリに9月に行く]ことを(例えば春に)望んだ」と、(ii)「私はパリに(例えば年末に)行くことを[9月に望んだ]」という2つの意味があることには、普通気がつきません。つまり (1a) は、パリに行くのが9月なのか、そうするのを望んだのが9月なのか、曖昧です。同様に (1b) でも、否定辞 not が go (to the clinic) を否定するか、because 節を否定するかによって、(i)「私は熱があったので、クリニックに行かなかった」と、(ii)「私がクリニックに行ったのは、熱があったからではない」という2つの意味があります。このような曖昧性に気がつき、それを意識させることは、英語を正確に理解し、ことばに敏感になる手助けとなります。

生成文法では、(1a) の曖昧性は、次ページの構造（簡略化して表示）の違いによって説明されます。

(2) a.「パリに9月に行く」　　b.「9月に望んだ」

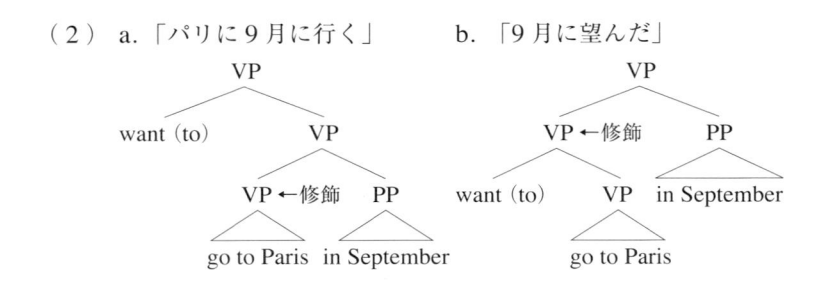

```
          VP                              VP
         /  \                            /  \
    want(to) VP                    VP←修飾   PP
            /  \                   /  \      \
       VP←修飾  PP            want(to) VP    in September
        /       \                      \
   go to Paris  in September         go to Paris
```

(2a) では、「9月に」(in September) が、「パリに行く」(go to Paris) と一緒になって1つの動詞句 (VP) を成しているので、「パリに行く」のみを修飾しています。一方 (2b) では、「9月に」が、「パリに行くことを望む」(want to go to Paris) 全体と一緒になって1つの動詞句を成しているので、「パリに行くことを望む」全体を修飾しています。つまり、(1a) の曖昧性は、この文が (2a, b) のような2通りの構造を持ち得ることから自動的に説明できます。

次に、(1b) の構造は次のようになっています (簡略化して表示)。

(3)
```
              VP
             /  \
           not   VP
                /  \
              VP    PP
              |      |
         go to the clinic  because I had a fever
```

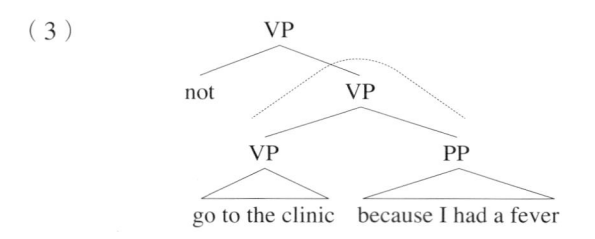

否定辞 not の作用が及ぶ領域を「否定の作用域」(scope of negation) と言いますが、go to the clinic も because 節も not より構造上、下にあるので、両方とも否定の作用域に入っています。したがって、実際に否定される部分 (これを「否定の焦点」(focus of negation) と言います) はこのどちらでもよく、go (to the clinic) が否定されれば、(i)「熱があったので、クリニックに行かなかった」という意味になり、because 節が否定されれば、(ii)「クリニックに行ったのは、熱があったからではない (喉が痛かったからだ)」という意味になります。否定辞はこのように、隣接しない要素も否

定し得るので、この点を生徒に喚起する必要があると思われます。

　これに対し、(1b) の because 節が文頭に置かれたり、because が since になった次の文では、(i)「熱があったので、クリニックに行かなかった」の意味しかありません。

　　(4)　a.　Because I had a fever, I didn't go to the clinic.
　　　　b.　I didn't go to the clinic **since** I had a fever.

(4a) では、because 節が文頭にあるので、否定辞 not の作用域から外れてしまっています。そのため、because 節が否定されることはありません。また、since 節は、主節の表す内容に話し手が追加的にコメントを加えるもので、主節とは独立しており、構造上、主節の not より上位に位置しています。そのため、since 節が否定される解釈はありません。

　Because と since の上記のような違いから、Quirk et al. (1985: 1070–1071) は、because 節を「付加詞」(adjunct)、since 節を「離接詞」(disjunct) と呼んで区別しています。そして、さらに次に示すように、(i) because 節は「疑問の焦点」になるが、since 節はならない、(ii) because 節は why 疑問文の答えになるが、since 節はならない、(iii) because 節は強調構文（分裂文）の強調（焦点）要素になるが、since 節はならない、等の違いがあります。

　　(5)　a.　Do you like him **because** he is helpful or **because** he is generous?
　　　　b.*Do you like him **since** he is helpful or **since** he is generous?
　　(6)　a.　Why do you like him?—**Because** he is helpful.
　　　　b.*Why do you like him?—**Since** he is helpful.
　　(7)　a.　It is **because** he is helpful that I like him.
　　　　b.*It is **since** he is helpful that I like him.

　学習英文法では、修飾関係はよく言及されますが、それは英語の直感に頼っていて、英語ができればわかるものの、生徒にはなかなか捉えられないものです。そのため、構造を用いて修飾関係を説明したり、否定の作用

域等を文の構造で示すと、明示的でより理解しやすくなるものと思われます（久野・高見 (2007) 参照）。

3. 近接性と意味――認知文法の視点から

英語では、ひとつの同じ動詞が次のように、目的語を伴う他動詞としても、前置詞を伴う自動詞としても用いられる場合があります。

(8) a. The hunter shot the tiger.［他動詞］
  b. The hunter shot **at** the tiger.［自動詞］
(9) a. He prepared the exam.［他動詞］
  b. He prepared **for** the exam.［自動詞］
(10) a. I know him very well.［他動詞］
  b. I know **of** him, but I've never met him.［自動詞］

(8a) では、the tiger が動詞 shot の直接目的語で、動詞と隣接しています。そしてここでは、ハンターが虎を撃ち、その弾が虎に当たっています。一方 (8b) では、前置詞の at が入り、動詞と the tiger が隣接しておらず、ハンターが虎を狙って撃っただけで、その弾が虎に当たったかどうかはわかりません。つまり、the tiger が動詞の目的語であるほうが、前置詞の目的語であるより、「撃つ」という行為の影響を直接的により強く受けています。(9a, b) も同様で、(9a) は、「彼は試験問題を作った（準備した）」という意味ですが、(9b) は、「彼は試験勉強をした（試験に備えて勉強した）」という意味です。試験問題が作られることのほうが、人がその試験に備えて勉強することよりも、試験問題は「準備する」という行為の影響をより強く受けていることになります。同様に、(10a) の know him は、彼のことを直接知っている、面識がある、という意味ですが、(10b) の know **of** him は、彼のことを間接的に知っている、彼のことを聞いている、という意味です。

(8)–(10) の (a) と (b) の意味の違いから、同じ動詞が同じ名詞句とともに、他動詞文の「動詞＋目的語」にも、自動詞文の「動詞＋前置詞＋目的語」にも現れる場合、動詞に隣接する目的語のほうが、動詞と離れた前

置詞の目的語より、動詞の表す行為や状態の影響を直接的により強く受けていることがわかります。逆に言えば、動詞と目的語の間に前置詞が入り、両者の距離が離れると、その意味関係も薄くなります。そしてこの点は、認知文法では、ある要素と別の要素が近接的（近い位置にある）であればあるほど、両者が影響し合い、その意味関係が密接であるという、「類像性」(iconicity) の原則として説明されています（Taylor (2002) 参照）。

この点を踏まえて、次の二重目的語構文と to を用いた構文（与格構文）を比べてみましょう。

(11) a. John taught **that girl** English. [二重目的語構文]
　　 b. John taught English to **that girl**. [与格構文]
(12) a. I kicked **Mary** the ball. [二重目的語構文]
　　 b. I kicked the ball to **Mary**. [与格構文]

学習英文法では、二重目的語構文と to を用いた構文は、ほぼ同じ意味を表すとして、「書き換え練習」を通して定着がはかられますが、両者は若干意味が違っています。例えば (11a) では、ジョンがその少女に英語を教えた結果、その少女が英語を学んだ（習得した）と解釈されますが、(11b) は、ジョンがその少女に英語を教えたと述べるだけで、その少女が英語を習得したかどうかまではわかりません。また (12a) では、話し手の蹴ったボールがメアリーに届き、メアリーがそのボールを受け取っていると解釈されますが、(12b) では、話し手の蹴ったボールはメアリーに届いていないかもしれませんし、メアリーがそのボールを必ずしも受け取っているとはかぎりません。

それではなぜ、このような意味の違いが生じるのでしょうか。それは、〈人〉である that girl や Mary が、二重目的語構文では、間接目的語として動詞に隣接しているのに対し、to を用いた構文では、前置詞 to の目的語となり、動詞から離れているためだと考えられます。そのため、(11a)、(12a) の二重目的語構文では、ジョンが英語を教えた影響をその少女が直接的に受け、英語を習得したという解釈が生じることになり、話し手がボールを蹴った影響をメアリーが直接的に受け、そのボールを受け取った（所有した）という解釈が生じることになります。一方、(11b)、(12b) の to を

用いた構文では、その少女やメアリーが、ジョンが英語を教えたり、話し手がボールを蹴った影響を、二重目的語構文ほどには強く受けないので、そのような習得、所有の意味が必ずしも生じないことになります。したがって、二重目的語構文と to を用いた構文の表す意味は違っており、前者は、間接目的語（通例、〈人〉）が直接目的語（通例、〈物〉）を「受領、所有」することを意図して、主語が当該の行為を行うことを意味し、後者は、直接目的語（通例、〈物〉）が前置詞の目的語（通例、〈人〉）に届くことを意図して、主語が当該の行為を行うことを意味すると言えます。

〈近接性〉に基づく意味の違いは、次のような「壁塗り交替」（「場所格交替」）と呼ばれる構文にも見られます。

(13) a. John sprayed paint on **the wall**.
b. John sprayed **the wall** with paint.
(14) a. Bill loaded furniture into **the truck**.
b. Bill loaded **the truck** with furniture.

Spray は、(13a) のように、ペンキのような吹き付ける物（〈移動物〉）を目的語にし、それを吹き付ける〈場所〉を前置詞の目的語にした構文と、逆に (13b) のように、〈場所〉を目的語にし、〈移動物〉を with で示す構文の両方をとれます。(14) の load も同様です。学習英文法では、この両者の構文も、意味がほぼ同じだとされていますが、興味深いことに、(13a), (14a) の〈移動物〉が目的語の場合は、ペンキが壁の一部にのみ吹き付けられていたり、家具がトラックに少しだけ積まれていても構いませんが、(13b), (14b) の〈場所〉が目的語の場合は、壁全体にペンキが吹き付けられていたり、トラックに家具がいっぱい積まれているという意味合いがあります。つまり、〈場所〉が動詞に隣接することで、その動詞の表す行為の影響を直接的により強く受けているため、このような意味の違いが生じることになります。

上記の意味の違いは、日本語でも同様に見られますので、次の例で確認しておきましょう。

(15) a. 穴に土砂を埋める／土砂で穴を埋める

　　　　　b. 壁にペンキを塗る／ペンキで壁を塗る

　日本語では、目的語が「を」格でマークされるため、語順が比較的自由ですが、基本語順は、(15a, b) のように、目的語が動詞の直前で、両者が隣接し、「を」格以外の格でマークされる要素は目的語の前に置かれます（神尾・高見 (1998: 133) 参照）。ここで、(15a) の「穴に土砂を埋める」では、埋める土砂は少しだけで、穴はまだ一杯になっていなくても構いませんが、「土砂で穴を埋める」だと、穴はもう土砂で一杯に埋められ、もはやその穴は穴でなくなっていると感じられます。つまり、〈場所〉の「穴」が動詞に隣接して「を」格目的語になることで、その動詞の表す行為の影響を直接的により強く受けることになります。そしてこの意味の違いは、語順が入れ替わって、「土砂を穴に埋める／穴を土砂で埋める」となっても変わりません。(15b) でも同様のことが言えます。
　〈近接性〉の影響は、さらに次のような例にも見られます（池上 (1995)、Taylor (2002: 432–433) 参照）。

　　(16)　a. I heard Sue play the piano well.
　　　　　b. I heard that Sue played the piano well.
　　(17)　a. I saw him die in the hospital.
　　　　　b. I saw in the paper that he had died in the hospital.

(16a) の原形不定詞を伴う文では、スーがピアノを上手に弾くのを話し手が直接聞いているのに対し、(16b) の that 節を伴う文では、スーがピアノを上手に弾いたという事実を話し手が他人から間接的に聞いています。つまり、各要素が近接することで、直接的な意味が生じるのに対し、that が介入することで、その意味が薄れています。同様に (17a) では、彼が病院で死ぬところに話し手が直接立ち会って「見て」いますが、(17b) では、彼が病院で死んだことを話し手は新聞を通して間接的に「わかった／知った」わけです。
　以上から、学習英文法では取り上げられなかったり、個別の暗記事項として扱われてきた現象が、〈近接性〉という概念で体系的に説明できることがわかりました。

4. 受身文と「特徴付け」——機能文法の視点から

　学習英文法では、受身文になるのは他動詞のみで、自動詞は受身文にならないとされています。ある高校生用英文法書には、次のように記されています。

>　(18)　<u>受動態を作るのは他動詞</u>：受動態で主語になるのは、能動態の目的語である。したがって、受動態にできるのは、目的語をとる<u>他動詞だけである</u>。ただし、「自動詞＋前置詞」でも、laugh at, deal with のような熟語は、ひとつの他動詞と見なせるので、受動態にすることができる。

しかし、次の例を比べてみましょう。

>　(19)　a.　John **swam in** this pool yesterday.
>　　　　b.*This pool **was swum in** by John yesterday.
>　(20)　a.　The last three world record holders have **swum in** this pool.
>　　　　b.　This pool has **been swum in** by the last three world record holders.

(19a) の swim は純粋な自動詞で、この自動詞文を受身文にした (19b) は、(18) の記述通り、不適格です。しかし、同じ自動詞の swim が用いられた (20a) を受身文にした (20b) は、まったく適格な受身文です。したがって、自動詞でも受身文になるので、(18) の記述は妥当でないことがわかります。

　それではどうして (19b) は不適格で、(20b) は適格なのでしょうか。機能文法では、話し手がわざわざ受身文を用いる理由の 1 つは、その受身文の主語がどういうものであるかを特徴付けたり、定義付けたりするためであり、この受身文の機能の点から、このような適格性の違いが説明されています（高見 (2011)）。(19b) で、ジョンがプールで昨日泳いでも、それでそのプールがどのようなプールであるかは示されず、プールの特徴付けが何らなされていません。一方 (20b) で、これまでに 3 人の世界記録保持

者がこのプールで泳いでいるという事実は、そのプールを他のプールから際立たせ、有名にして、そのプールを特徴付け、性格付けています。よって、(19b) は不適格、(20b) は適格となります。

次の受身文の適格性の違いも同様に説明できます。

(21) a. *The U.S. has **been lived in** by Ann.
b. The U.S. has **been lived in** by generations of immigrants.
(22) a. *The desk **was written on** by someone yesterday.
b. This desk should not **be written on** by anybody!
(23) a. *John **was argued with** by Mary about the project.
b. John can **be argued with** for hours before he gives in.

(21a, b) で、アンがアメリカに住んでいても、それはアメリカを特徴付けることにはなりませんが、何世代もの移民がアメリカに住んでいるという事実は、アメリカが移民の多い国であるという特徴付けになっています。(22a, b) でも、誰かが机の上で何かを書いても、それは机の特徴付けにはなりませんが、誰もこの机で書いてはいけないという記述は、警告として機能し、その机を特徴付けることになります。(23a, b) でも、ジョンがメアリーとある時議論しても、それはジョンの特徴とはなりませんが、ジョンは降参するまで何時間でも議論できるというのは、ジョンが議論好きで、人の意見に屈服しないタイプの人であるという、彼の特徴、性格を述べています。

受身文の特徴付け、性格付けの機能は、英語の他動詞受身文や日本語の受身文にも見られるもので、例えば次の例を見てみましょう。

(24) a. *_Harry Potter_ was read by John.
b. _Harry Potter_ was read **even** by John.
c. _Harry Potter_ has been read by **billions of people all over the world**.
(25) a. *この歌はよく花子に歌われた。
b. この歌は最初、石原裕次郎に歌われ、団塊の世代を魅了した。

ジョンが『ハリー・ポッター』を読んでも、その本の特徴にはなりませんが、ジョンでさえそれを読んだというのは、本を読まないあのジョンでさえ読むのだから、『ハリー・ポッター』は有名で、多くの人に読まれているという、その本の特徴付けとなっています。(24c) も同様です。さらに (25a, b) の日本語の場合も同様に説明できます。

　最後に、ある要素を特徴付けたり、性格付けるには、その要素が通例、主語でなければならない点に注意しておきましょう。次の文を見てください。

(26)　a. Whales are mammals.
　　　b. Mammals include whales.

(26a, b) はともに、鯨がほ乳類であることを示すものの、(26a) は、鯨がどういう動物であるかを述べ、鯨を特徴付けているのに対し、(26b) は、ほ乳類がどういう動物を含むかを述べ、ほ乳類を特徴付けています。つまり、文の主語が、その文によって特徴付けられる要素となります。それゆえ話し手は、能動文では主語でない要素を受身文の主語にして、その要素を特徴付けるために受身文を用いることになります。

5.　結　　び

　私たち日本人が英語を学ぶ意義のひとつは、英語が日本語とは異なる独自の体系を持つ言語であることを理解し、またそうすることによって、両言語の背後に見え隠れする共通点と相違点を捉えることだろうと思われます。英語独自の規則的な体系を理解するために学習英文法は必須ですが、本稿ではさらに、科学文法の有用な知見を積極的に取り入れて活用すべきであることを見てきました。具体的には、文の意味や曖昧性を理解するには、生成文法の構造に基づく説明が有用であること、文の各要素の隣接関係と意味の違いを理解するには、認知文法の「類像性」に基づく説明が有用であること、そして、自動詞受身文の適格性を理解するには、機能文法の「特徴付け」に基づく説明が有用であることを見てきました。紙幅の制約上、提示できる現象はわずかでしたが、それでも、英語の正確な理解に

は学習英文法だけでは足りず、科学文法の知見が役立つことが理解していただけたことと思われます。

〈参 考 文 献〉

池上嘉彦 (1995)『〈英文法〉を考える』筑摩書房。
神尾昭雄・高見健一 (1998)『談話と情報構造』研究社。
久野暲・高見健一 (2007)『英語の構文とその意味』開拓社。
高見健一 (2011)『受身と使役』開拓社。
Quirk, Randolph, Sidney Greenbaum, Geoffrey Leech and Jan Svartvik (1985) *A Comprehensive Grammar of the English Language*. London: Longman.
Taylor, John (2002) *Cognitive Grammar*. Oxford: Oxford University Press.

☞ **オススメの学習英文法関連書**

- 池上嘉彦 (**1995**)『〈英文法〉を考える』筑摩書房。
  学習英文法が、文の〈形式〉に重点を置いているのに対し、文の〈意味〉を重視することの大切さを多くの例を用いて明快に説明してある。認知文法を理解するのにも役立つ。
- 久野暲・高見健一 (**2005**)『謎解きの英文法——文の意味』くろしお出版。
  進行形、受身文、二重目的語構文、使役文、分裂文などを学習英文法とは異なり、意味や機能の側面から説明し、適格な文と不適格な文を区別する意味的・機能的規則を提示している。

15 英文読解と学習英文法

真野　泰

1. 学習英文法は必要か

1.1 文法は大事だが

　ジャン・コクトオの『ポトマック』に Un chef-d'oeuvre de la littérature n'est jamais qu'un dictionnaire en désordre. という警句があり、これを澁澤龍彦は「文学上の最大傑作とは、ばらばらになった辞典にほかならぬ」と訳しています。たしかに、アルファベティカル・オーダーこそオーダーであるとすれば、どんな最高傑作も en désordre でしょう。しかし、どんな駄文もグラマティカル・オーダーには則っていて、だからこそ、聞いて読んで意味がとれる。連結器のない列車がもはや列車でないように、文法のない言語はもはや言語ではありません。

　ですから、『さよなら英文法！　多読が育てる英語力』という本がありますが、本当に英文法にさよならしたら、英語を話すことも書くこともできません。音は聞こえ、字は見えても、それらの意味は理解できません。この本は「辞書を捨て、文法を忘れ、日本語を通さずにやさしい原文素材を大量に吸収し、大量に作り出すこと」（酒井 2008: 225）が外国語を獲得する最善の道であると主張しますが、この「文法」や、書名の中でさよならされた「英文法」は、日本の学校で教えられている学習英文法のことです。それは、同書 (285–294) が、文法は明示的に教えなくても多読によって身につくと論じることからも明らかです。

　他方、一部の論者は、学習英文法を「徹底的に勉強」、「地道に勉強」することこそ、英語学習の王道であると言い切ります（斎藤 2007: 7–11）。

　いったい、外国語としての英語を習得するうえで、学習英文法を学ぶことは百害あって一利なしなのか。王道なのか。それとも、井上 (1997: 15–16) がいうように必要悪なのか。この問題に本稿で深入りするつもりはありま

せん。しかし、これをめぐる議論との関連で、いつかゆっくり考えてみたいと思っている諸点を、整理するだけはしておきたいと思います。

1.2　考えるべきこといろいろ

　第一に、学校における英語教育についての議論と、学校の外での英語教育あるいは英語学習についての議論とは、ひとまず区別する必要があります。たとえば、酒井（2008）は日本の学校における英語教育を見限り、学校の外での努力によって英語を「獲得」する方法を論じている。ついでに記しておくと、同書はときどき「くれぐれも『お勉強』はやめましょう」（235）などと念を押してくる。これは「勉強」を連発する斎藤（2007）と好対照で、二人の著者が思い描く外国語学習の理想の姿の違いが垣間見えて興味深いばかりでなく、現在の日本の学校教育のあり方が、外国語の習得にどれほど適したものであるのかという、また別の大きな問題につながっていきます。

　なお、現在の日本の学校における英語教育に話を限れば、ある程度の明示的な文法指導は欠かせないというのが一般的な見解とみてよいでしょう（岡ほか 2011: 61–62）。

　第二に、学校教育のほうを論じるさいには、外国語教育の目的をどう考えるかが絡んできます。たとえば、わたしは、学校における外国語教育の目的が当該外国語に熟達することだけであるとは思いません。母語の教育と外国語教育が並行して行われることにより、生徒学生が母語と外国語について意識的になること、ひいてはことばというものについて考えるようになること、これらもまた外国語教育の重要な眼目であると信じます。このような立場からは、学校において母語と外国語の文法が明示的に教えられるべきことはほとんど自明の理であるのです。

　また、生徒学生にどういう種類の、そしてどの程度の、英語の力をつけてやることを理想とするのか、という別の次元の目的論も絡んでくる。たとえば、学習英文法をみっちり勉強することの重要性を強調する斎藤（2007: 10）は、「そうして培った基礎力こそが、高度なレベルで英語を運用するときの土台となる。文法無視のコミュニケーション英語では挨拶や買い物止まりだが、しっかりとした英文法の基礎の上に積み上げた英語力は、挨拶や買い物はもちろんのこと、文化的な発信や学術的な議論にも対

応できる」といいます。もちろん、このような発言にどれだけの根拠があるか、いちいち吟味する必要があります。

第三に、学校で明示的に英文法を教えることにするとして、そのいちばん良い方法が従来型の学習英文法であるかどうか、これまた検討を要します。従来型の学習英文法は日本語を用いて教えられ、また多くの場合、訳読と組み合わされる。菅原（2011）は、この「文法訳読法」とよばれる昔ながらの教授法がもっと評価されてしかるべきであり、現在の日本の学校の現実を前提とすれば、これこそが最善の教授法なのだと説きます。

斎藤（2007）も、菅原（2011）も、「コミュニケーション英語」を疑問視し、「文法訳読法」を見直せといいます。しかし、このような論法には2つの問題があります。第一に、中学、高校の教室で、「コミュニケーション英語」はどこまで貫徹されたのでしょう。高校1年次で、週2時間の「オーラル・コミュニケーションⅠ」（OC）のうち1時間を文法の授業にしている学校は少なくないと聞きます。これを自嘲気味に OCG とよぶらしい。2・3年次の「ライティング」の授業でも大学受験用の問題集をやらせる学校がやはり少なくないという。わたしは、中学高校におけるコミュニケーション英語を一度とことんやってみる価値があるのではないかと考えています。もっとも、大学の入学試験が変わらないかぎり、現状を変えるのは容易でないかもしれません。第二に、白井（2008: 144）もいうように、コミュニカティヴ・アプローチに問題があったからといって「文法訳読に戻ることが問題解決にはなりません」と感じます。

1.3　本稿の焦点

上に述べたように、わたしは学習英文法について複数の次元で疑問を持つ者です。しかし、いったん大きな問題は棚上げし、以下、本稿の論題である「英文読解と学習英文法」に焦点を合わせたいと思います。そして日本の学校で学習英文法が教えられている現実を前提として、生徒、学生が英文をもう少しよく読めるようになるために、その学習英文法の教え方をこんなふうに変えたらよいのではないかという提案をしたい。

というのも、学生をはじめとする英語を学ぶ人たちと英語を読んでいて感じるのは、学習したはずの文法を実際の読解に適用するのが下手だということです。極端なことをいうと、ちょうど学校の授業が「グラマー」と

「リーディング」に分かれているように、学生たちの頭の中も2つに分かれてしまっていて、学習した文法が読解に奉仕しないことが多い。

次節ではそんな例を3つ、取り上げます。

2. 英文法は勉強したのに

2.1 文脈がつかめない

北アイルランドの作家Glenn Pattersonのエッセイ 'Just Like Him' (2000) を大学の授業で読んでいて、次の一節にさしかかりました。冒頭のthey は語り手 (Patterson) の両親を指します。なお、これに先行する部分では、ベルファーストでの両親の出会いについて書かれています。

> They were married in Canada. My mother's parents had emigrated there, six months after she and my father met. My mother had intended to stay at home, but when her younger brother fell sick shortly after arriving in Canada, she went out to join the rest of her family. My father at once gave up his job and followed her.

これを読んだ学生に、次の①〜⑦を時系列に並べてごらんといいました。

① 両親がカナダで結婚する
② 母の両親が（母の弟を連れて）カナダへ移住する
③ 両親が出会う
④ 母が北アイルランドに留まろうと決意する
⑤ 母の弟が病気になる
⑥ 母が家族に合流する
⑦ 父が仕事をやめ、母のあとを追う

もちろん、正解は ③ → ④ → ② → ⑤ → ⑥ → ⑦ → ① です。でも、いろいろと間違える学生が出てきます。とくに興味深いのは、② が先にあって、そのあとで ③ があったと思う学生が続出したことです。あとから学生たちと話して、2つのことがわかりました。

まず、文章の流れがつかめていない。先行する部分で両親がベルファーストで出会ったと書いておいて、この段落の第1文で They were married in Canada [, not in Northern Ireland]. というのですから読者はアレッと思う。そのアレッと思った読者への説明であるわけです、第2文からこの段落の最後までは。「というのも、母のほうの両親がカナダに移住しちゃったもんですからね、二人が出会って半年後に……」という感じ。その大きな流れがつかめていない学生が多い。

　第2に、第2文 My mother's parents had emigrated there, six months after she and my father met. の過去完了を、この一文の中だけで説明しようとする学生が多い。そうすると my mother's parents had emigrated there が過去完了で、she and my father met は過去ですから、前者 ② のほうが後者 ③ よりも前ではないかと考えたくなる。それで、My mother's parents had emigrated there, [and] six months after[wards] she and my father met. のように解してしまう。本当は、had emigrated と過去完了になっているのは、前の文の were married との関係からきているのに、一文の中に閉じこもってしまったのです。

2.2　時制に無頓着

　Pearl S. Buck の *The Good Earth*（1931）の第11章。王龍（Wang Lung）とその家族は飢饉を逃れて南に向かいます。人々が「火車」（firewagon）とよぶ乗り物、すなわち蒸気機関車に、生まれて初めて乗りました。やがて汽車にも慣れてきた王龍は、相客の話に耳を傾けます。南の都会で稼いだ経験のある者たちは、初めて南に向かう者たちを相手に声高に話しています。

> There were men and women in the firewagon who had been south in other years; some who went each year to the rich cities of the south to work and to beg and thus save the price of food. And Wang Lung, when he had grown used to the wonder of where he was and to the astonishment of seeing the land whirl by the holes in the wagon, listened to what these men said. They spoke with the loudness of wisdom where others are ignorant.

最後の一文は、新居格訳、中野好夫補訳の新潮文庫版では「南の事情に通じている者は、無知の人々に向って、物知り顔に話していた」となり、小野寺健訳の岩波文庫版では「彼らは何も知らない連中相手に、自分たちが事情に通じている得意さから、大声で話してきかせたのだ」となります。
　学生にこの英語と翻訳を見せ、比較して何か気づくことはありますかと尋ねます。さほど待たないうちに、原文の簡潔さと翻訳の冗長さの対照が指摘されます。翻訳は説明に走りがちですから、長くなるのは運命みたいなもの。説明的であるということを wisdom の訳し方について解説する学生も出てきます。もっと他にない？ としつこく尋ねるのですが、where others are ignorant のところが現在時制で、それが翻訳に反映されていないということに気づく学生はなかなか出てこない。
　ここは現在時制で一般論になってるね、「自分が知っていて相手は知らないことを話すとき、人はつい大声になりがちなものだ」という一般論を前提にして、「その種の声高さで相客たちは話していた」と書いてるんだね、と説明すれば、学生は学校で教わった現在時制の使い方を思い出してうなずきます。でも、自分で気づく学生は非常に少ない。

2.3　But は「しかし」と訳すだけ

　こんどは Julian Barnes の短篇 'The Story of Mats Israelson'（2000）です。作品冒頭の段落で、町の教会の前に簡素な馬屋があること、それは6つの馬房（stall）からなること、札も何もかかっていないが、各馬房の使用者は決まっており、6人とも町の重鎮であることが説明されます。次はそれに続く第2段落の始めです。

　　Ownership of each individual stall was a matter of private election, either by deed of gift or by last will and testament. But whereas inside the church certain pews were reserved for certain families, from generation to generation, regardless of merit, outside, considerations of civic worth applied. A father might wish to hand on his stall to his eldest son, but if the boy did not show enough seriousness, the gift would reflect upon the father.

第 2 文の頭の But が何と何とを結んでいるのかを尋ねてみると、答えられる学生がこれまた非常に少ない。この but は、第 1 文「各馬房の承継者は所有者の一存で決まり、贈与証書または遺言書が作成された」と第 2 文の主節「外の馬屋に関しては、市民としての値打ちが問われた」とを逆接で結んでいます。つまり、「誰に継がせるかは所有者の胸ひとつで決まる。しかし、選ばれたのが立派な人物でなかったら周りが黙っていない」ということ。あとは、第 2 文の内部で、whereas 節「教会堂の内では一部信徒席が一部家族の専用とされ、功績の有無とかかわりなく世襲された」と主節「外の馬屋に関しては、市民としての値打ちが問われた」との対比が行われているわけです。

　じつはこの短篇の最初の 2 段落は、『英語青年』（2007 年 4 月号）の「英文解釈練習」で課題にしたものです。そのときも、but が何と何を結んでいるのかを考えない訳文が少なくありませんでした。「しかし、教会堂の内では一部信徒席が一部家族の専用とされ、功績の有無とはかかわりなく世襲された」のように、第 2 文が長いからといって regardless of merit までで、つまり whereas 節が終わったところまでで訳文を切ってしまうのがその典型例です。これでは、なぜ「しかし」なのかちっともわかりません。

3. これからの英文法教育

3.1　もっとインプットを

　文章の流れに乗って読むのがうまい学生が少ない。読むスピードも遅い。とにかく英語にたいする親昵の度合いが低すぎます。多くの学生にとって、学習した文法の項目はまるで昆虫の標本か剥製の動物みたいなものなのかもしれません。文章の中で生き生きと動く生き物になっていないのです。やはり、聞くのも、読むのも、もっともっと量をこなさないと始まらないでしょう。

　そこで、昨今流行りの「多読のすすめ」となります。でも、意欲のある人が学校の外で行う多読のことは、さして心配しなくてよい。授業時間数の限られた学校において、生徒学生が触れる英語の量を少しでも増やす方法を考える必要があります。ぼくが考えているのは 2 つです。

　まず、訳読をやめる。訳文をつくる作業は時間がかかりますし、一文一

文に集中しがちなため、文章の大きな流れを見失いやすい（真野（2006）参照）。一文ずつ口頭で訳させるのだって時間がかかる。その時間は量を読むほうに回したい。生徒学生に訳させないと、読み違えていてもわからないと心配する人がいることは承知しています。でも、多少間違えていたって構わないではないですか。

　訳読はまた、とりあえず日本語に置き換えれば済むという態度を産みやすい。等位接続詞の but が出てくれば「しかし」と訳し、その but が何と何とをつないでいるのかは考えずに先に進みがちになる。ついでに記しておきますと、訳読イコール精読と考えているらしい人がいますけれども、訳文というのは、それがどんなによくできた訳文でも、妥協の産物です。訳さずに、あるいは訳す前に、よく読むことが精読でしょう。なぜここが過去完了なのか、なぜここが現在時制なのか、何と何とをこの等位接続詞は結んでいるのか、そういうことを考えないで、しきたりに従って日本語に置き換えることを精読とはよべないと思います。

　もうひとつは後述する、「学習英文法のリーディングへの発展的解消」と重なります。つまり、文法だけをやる授業をやめてしまう。『総合英語Forest』などを使って行われている文法の授業、大学受験用の文法の問題集をやる授業、それらをやめて、リーディングの授業にする。コンテクストの与えられない短文で文法を勉強していては、大きな文章の流れの中で文法現象を捉える力がつきません。第一、詰まらないでしょう。酒井（2008: 66; 92; 135; 217–221; 290–292）は、「孤立した文」で英語を勉強する弊害を力説し、文法も「孤立した文」からではなく物語から吸収すべきだと論じますが、わたしも基本的にこれに賛成します。

3.2　文法項目間の軽重

　大学受験の参考書、問題集を見ると、高校までで学ぶことが期待されている文法、語法の項目はかなりの数にのぼります。そのどれもがゆるがせにできないものなのかというと、とてもそうは思えない。でも、それらが学校の定期試験や大学の入学試験に出るとなると、どこも手を抜けないような気がしてくるのも事実です。

　大修館の月刊誌『英語教育』に Question Box という欄があり、一年ほど前からその回答者の一人として寄せられる質問を読んでいます。わたし

自身は文法・語法の類が大好きで、かなり細かな問題でも楽しめるほうですが、そのわたしから見ても瑣末としか思えない点に拘泥する高校や予備校の先生方が少なくない。もしかすると、ことばの習得はもっと大らかに行われたほうがよいのかもしれず、そうだとすると現在の日本の学校はあまり好ましい環境とはいえないのかもしれません。

他方、もっと丁寧に、執拗に教えるといいますか、生徒学生の関心を向けさせたほうがよいと思われる項目もあります。さきほど具体例で取り上げた時制と等位接続詞はその代表です。

ひとことでいえば、もっとメリハリのきいた文法教育にしたい。

3.3　学習英文法のリーディングへの発展的解消

以上述べてきたように、もっとインプットを増やしてやって、文章の流れに乗って読むことを覚えさせたい。文法教育はもっとメリハリをつけ、学習英文法の陥りやすい瑣末主義を回避しつつ、他方、英文読解にとって重要な事項については生徒学生の注意を繰り返し喚起したい。

そう考えると、学習英文法はリーディングの授業に発展的に解消してしまうのがよいのではないか。現在、学習英文法を教えるのにあてている時間をリーディングに使い、そこでは一文一文日本語に訳すことはせず、重要な文法項目に生徒学生の関心を向けさせ、必要に応じて教師から説明を加える。ある程度の量を読めば、時制とか等位接続詞とか、ぼくが大事だと思っているような項目はその例が頻繁に出てくるでしょう。反対に、めったに出てこない項目もあるわけで、自然とメリハリがつくはずです。

Ted Hughes の児童書 *The Iron Man*（1968）の冒頭などは、時制の使い方を観察するのにうってつけです。

> The Iron Man came to the top of the cliff.
> How far had he walked? Nobody knows. Where had he come from? Nobody knows. How was he made? Nobody knows.

短い1文だけの例文を2つ、3つ並べるよりも、わかりやすい。

仮定法の使い方も、状況が与えられているほうが納得がいくし、印象にも残ります。Arthur Conan Doyle の 'The Adventure of the Red-Headed

League'(1891)の冒頭。ワトソンがホームズを訪ねていくと、すでに先客がいます。邪魔して悪かったと謝り、引き上げようとすると、ホームズに腕をつかまれ、部屋に引っぱりこまれる。そして引っぱりこんだホームズがこういいます——'You could not possibly have come at a better time, my dear Watson.' 条件節のない仮定法過去完了で否定文で比較級が使われている。こういうのは難しいということになっていますが、状況があるから意味は取り違えようがありません。意味を確認したうえで、こういう場面でこういうことをいいたいときは、こういう形を使うんだよと注意を喚起すればよいでしょう。

　つながりのない短文をばらばらと読むのではなく、まとまった文章を読む。読むことを中心に据えておいて、折に触れて文法も意識させるという方式です。

　このような提案は浮世離れしたものに聞こえるかもしれません。現実の高校では大学の入学試験を意識せざるを得ないからです。しかし、江利川（2011: 303）もいうように、「大学全入時代」に入った今は、大学の入学試験制度を見直す好機です。高校での勉学の目的が大学受験になっている現状が肯定されるべきものとも思えない。さらには、試験とその結果による評価を軸に運営されている日本の学校教育そのものが見直されてよい。

　他方、ネット社会となった現在、英語と日本人の関係も大きく変わってきています。身につけることが期待される英語の性質も、身につけるために採用できる方法も、昔とは違う。英語を身につけようと思えば英文法は大事に決まっています。でも、だからといって、訳読と結びついた学習英文法が昔ながらの仕方で教えられることが、今の日本人にとって最善であるとは思えません。もっとよい方法があるはずです。

〈参　考　文　献〉

井上健（1997）「必要悪としての学校文法」、川本皓嗣・井上健（編）『翻訳の方法』、東京大学出版会、pp. 15–29.

江利川春雄（2011）『受験英語と日本人——入試問題と参考書からみる英語学習史』研究社.

岡秀夫・飯野厚・金澤洋子・富永裕子・中鉢惠一・中村隆（2011）『グローバル時代

の英語教育——新しい英語科教育法』成美堂。
斎藤兆史（2007）『英文法の論理』NHK ブックス。
酒井邦秀（2008）『さよなら英文法！ 多読が育てる英語力』ちくま学芸文庫。
白井恭弘（2008）『外国語学習の科学——第二言語習得論とは何か』岩波新書。
菅原克也（2011）『英語と日本語のあいだ』講談社現代新書。
真野泰（2006）「翻訳と精読」『英語青年』10 月号、研究社。
真野泰（2010）『英語のしくみと訳しかた』研究社。

オススメの学習英文法関連書

- 朱牟田夏雄（**1959**）『英文をいかに読むか』文建書房。
- 朱牟田夏雄（**1979**）『翻訳の常識』八潮出版社。

　学習英文法と英文読解を有機的に結びつけてくれる本という意味で、ヘソ曲がりと懐古趣味とを自覚しつつ、この 2 冊を推します。一文の枠を超えた少し広いところで文法を学び直す本と捉えることができるでしょう。もっとも、文法と読解の教育が英文和訳によってがんじがらめに縛られることの是非は別に考える必要があります。

16 英文法と英作文

福地　肇

　見出しの「英文法と英作文」は、以前なら十分に一冊の参考書の書名になりました。実際、これとほぼ同一の書名をもつ名著も少なからずあります。英文を書くには英文法の知識が不可欠だからです。ところが、今の時代は、「（クリエイティブ）ライティング」「（パラグラフ）ライティング」など、「文法」をどこかに置き忘れたかのような「ライティング」が（少なくとも参考書のタイトルに関しては）花盛りです。むしろ、できるだけ「文法」を隠しておこうという意図さえうかがわれます。

　しかし、英語を読むのに英文法が必要であるのと同じく、あるいはそれ以上に、英語を書くには英文法が必要であることは、明らかです。昔から「英作文は英借文」という言い方があるように、表現の型を丸ごと覚えることは、たしかに確実な方法のひとつです。しかし、それは、「文法を踏まえた上で」のはなしであって、あらためて「英文法の規則にしたがって日本語を英語に移す」、いわゆる「和文英訳」の方法を再評価してみることも有益でしょう。

　ただし、英文法の本に記されていることをそのまま日本語文にあてはめて英語の文を作るのではなく、日英語の文法構造の特徴を十分認識したうえで「和文英訳」をしてみると、できばえが目に見えてちがってきます。この点を、「節の配列と構造化」という視点から述べてみます。

1.　日英語の節の配列のしかたの違いから

　下の文章（1）は、高級紙 *The New York Times* に載った、8歳の少女による投書です。

　　（1）　To the editor: My name is Anna <u>and I'm eight years old</u>. I go to the Neighborhood School in the East Village, and I'm in the third grade. I learned how to read by understanding letters and ideas, words, sentences, paragraphs and so on, and I read about five chapter books a week. I think that phonics should not be a rule for teaching reading.

　ここには、自分の学校で行われている読書指導を批判する、いかにも聡明そうな女の子のイメージが浮かんできます。同時に、いかにも子供らしい文章だ、という感じもします。
　(1)の文章の特徴を強いて挙げれば、どの文も、単文節（clause）がandで結ばれた重文（compound sentence）だということでしょう。Andによる節接続を繰り返すのが幼稚であることは言うまでもなく、この少女も成長するにつれて、同じ内容を言うにしても、別の、大人らしい書き方（つまり複文［complex sentence］）を身につけていくはずです。
　ところが、私たちの英作文では、大学レベルになってもこの幼稚さから抜け出ることが難しいようです。次の例は、筆者が実際に勤務先の大学での新入生の英語の授業で経験した学生の「和文英訳」です。

　　（2）　ところが先日、日本のマンモスタンカーがシンガポールの南方8キロの地点で座礁するという事故があり、大量の原油を海峡にまきちらしたのである。
　　　　　But the other day, there was an accident, a Japanese supertanker ran aground at a point eight kilometers south of Singapore, and it scattered much crude oil on the strait water.

　この英訳で、文法上あるいは語の選択のうえで明らかな誤りはいくつかありますが、もっとも大きな問題は「節の配列のしかた」、要するに小さい（単文）節をつなぎ合わせて複雑な文を作るさいに、文法上どのようにそれらを組み立てるか、にあります。
　学生の英文では、「事故があった」（there was an accident）という節と「日本のタンカーが...で座礁し」（a Japanese supertanker ran ... of Singapore）の節が、単に並置されて「文法的な接続」ができていません。つ

まり「(...が座礁する) という事故があり」のような内容を表す複文表現になっていません。また、「海峡にたくさんの原油をまきちらした (のである)」の部分は、たしかに and を用いて文法上の接続形態にはなっていますが、日本語の「...あり」の箇所に単純に等位接続詞をあてがっただけです。

この部分は、「大人の英語」で書けば、下のようにすることもできます。

（3） But the other day there was an accident in which a Japanese supertanker ran aground eight kilometers south of Singapore, spewing a large amount of crude oil on the water.

上で指摘した「単文節の並列状態」が「主従の節に構造化された複文」になっているのがおわかりになると思います。

（1）の8歳の少女の英語はただ幼い書き方であると言っていいのですが、(2) のケースはもう少し事情が複雑です。それは、日本語の表現が基本的に「節の並列」を自然なものとする性質があるのに対し、(大人の) 英語は、「節の主従化」に向かう性質がある、という違いです。日本語では、接続助詞「て」を用いて（あるいは「て」を省略して動詞の連用形のままにして)、単文節を並列させても別に不自然には感じませんが、英語にしようとして、そこに 単に and を充てると、どうしても何かが足りない感じが出てしまいます。これは、日英語対照研究のひとつの視点にもつながることですが、英文法に基づいて和文英訳を行う場合に、単文並置を主従に構造化する方法について、すこし具体的なことを述べてみます。

2. 文末の分詞節

（3）のように、「マンモスタンカーが座礁して、大量の原油を海峡にまきちらした」という日本語文を A supertanker ran aground, spewing a large quantity of crude oil on the water. という英語にすると、これは、英文法でいう「分詞構文」の用法の1つです。言うまでもなく、分詞構文にはいくつかの型がありますが、ここでは、

(4)　主節　＋　分詞節 (V-ing ...)

という複文の形をしています。そして、全体の意味の流れは、日本語で「て」を用いた「単文節＋単文節」で表したものとほぼ変わりません。従来の英文法の本では、分詞構文のこの用法は、どちらかといえば主要な用法として扱われていません（主要な用法は、主節と分詞節の間に「時」「条件」「様態」などの意味が生じるもの）が、実際に使われる英語においては非常によく見られる用法です。

　文末に分詞節を置くことは、単に and による節の単純な並列を避けた表現であるだけではなく、英語表現の言わば大きな特徴とも関わります。たとえば、次の(5)の日本語文の後半節は自動詞表現（「生じた」）になっていますが、

(5)　少数の人々が政府に強く反対して、政策決定に多くの混乱が生じた。(The minority people strongly opposed the government, producing many confusions in policy making.)

英語にすれば、かっこ内のように、他動詞（produce）を用いた表現にもできます。

　日本語で自動詞を使っているのですから、英語でも自動詞を使ったらどうか、と思うかもしれません。すると、The minority people strongly opposed the government, many confusions arising in policy making. となりますが、そうすると、分詞節の主語（many confusions）が主節の主語（the minority people）と異なってしまいます。英文法では、このような分詞構文を「独立分詞構文」と呼びますが、やや堅苦しく、私たちが英語を書くときの表現としてはあまり勧められません。「英語の基本」としては、分詞構文において主節の主語と分詞節の主語は同じであるのが望ましいのです。

　要するに、日本語の自動詞に機械的に英語でも自動詞を充てて、The minority people strongly opposed the government, many confusions arising in policy making. のような分詞構文を作ると、分詞構文の基本にふれるわけです。それを避けるために、「生じる」「生み出す（生じせしめる）」とい

う、自動詞と他動詞の間に一般的に成り立つ対応関係に基づいて、英語では他動詞表現を用いることによって、基本に沿った分詞構文を作ることができるのです。

また、このようなストレートな「自動詞と他動詞の交替」関係を利用するケースだけでなく、英語がもっと広く他動詞を使用する傾向をもつ言語であることがわかる場合があります。

> (6) 砂は焼けるように熱く、とても裸足では歩けません。(The sand was burningly hot, making it impossible to walk on it with bare feet.)

たとえば、上の「歩けません」を「歩くのを不可能にする」とするように、「複雑な他動詞化」も可能です。次も同じで、「楽しめる」を「楽しむことができるようにする」と他動詞的に表せます。

> (7) 道路は複雑な地形をした二つの低い山と深い谷を一つ越えるように続いており、あわただしい都市の中にあって景色のいいドライブを楽しめる。(The road passes two small hills and a deep dale of complex geographical features, offering us a chance to enjoy a scenic drive in a bustling city.)

そうしますと、文法の知識を応用した和文英訳の作業をすることによって、英語が「する（他動詞）」型で日本語が「なる（自動詞）」型の言語であるという、非常に大きな言語上の特徴を実感することができるのです。

3. 文末の不定詞節

節の並置を避けて複文構造を作る2つめの方法として「不定詞節」を用いることがあります。

> (8) おおぜいの話し合いでは自分の意見はなるべく手短にして、他の人に話す機会を譲るようにしなければならない。(At a discus-

sion many people participate in, we should state our opinions as briefly as possible <u>to give other people chances to speak</u>.)

この英訳のポイントは、日本語の「て」で結ばれた節の並置に対応させて、we should state our opinions as briefly as possible, and give other people chances to speak という<u>重文</u>にする代わりに、後半部を「目的」を表す副詞のはたらきをする不定詞節にしていることです。

　　（９）　主節　＋　不定詞節（to V . . .）

　この不定詞表現を使えるのは、「自分の意見はなるべく手短に<u>して</u>他の人に話す機会を譲る」という内容と「他の人に話す機会を譲る<u>ために</u>自分の意見はなるべく手短にする」という内容が、意味上ほぼ等価になるからです。つまり、並置された後半節が前半節の目的を表すような意味関係になることが重要であって、これが満たされない場合、たとえば(3)を、(?) A supertanker ran aground <u>to spew a large quantity of crude oil on the water</u>. のように言うのは適切ではありません。「？タンカーが、<u>大量の原油を海峡にまきちらすために座礁した</u>」という意味内容は現実的に理にかないません。どちらも日本語で「て」にあたるとは言え、分詞節と不定詞節がもつ意味機能に基本的な違いはあるからです。

　ところで、英文法の参考書では、以上のような副詞的な不定詞の用法はあまりていねいに説明されていません。これとよく似た用法に、「結果」の不定詞があります。The boy opened the box <u>to find that it was full of jewels</u>. (男の子が箱を開けると宝石でいっぱいだった)のようなものです。ここでは、不定詞節の内容が文字通り主節の内容の結果として続いていて、目的の意味を見出すことは困難です。これは、文末分詞節に目的の意味がないのと同じです。

　ところが今ここで問題にしている副詞不定詞は、意味上はあくまで「目的」用法の副詞です。(8)の英文を日本語に訳する場合に、不定詞部分を先に日本語に移せば「目的」の意味が明確になります。一方、主節を先に日本語に直せば「結果」のように聞こえますが、「目的の」意味は失われずに残っているのです。

また、節の順序という見方から和文英訳を見直してみることも大切です。これは、文法というより、文章を読んでそこの情報を処理する場合の時間的な順序のようなものです。

　　（10）　大勢の母親が首都ワシントンをデモ行進して、法によるより厳しい銃規制を要求した。(Many mothers demonstrated in Washington D.C. to demand a legislation for tougher control on guns.)

この例では、「デモ行進して」の部分を「by＋動名詞」（副詞相当表現）にして、Many mothers demanded legislation for tougher control on guns by demonstrating in Washington D.C. のようにしたくなりますが、そうすると、日本語文と英訳文で、2つの節の順序が合わなくなります。日英語の間で、語順が違うのは文法の問題でしかたがありません。しかし、節の順序は時間の流れに沿って情報を伝える点ではどの言語も同じですから、節の配置は日英語の間でかなりの程度まで合わせることができますし、またそうすべき場合が多いのです。
　この、「目的を表す不定詞」は、英訳上の表現パターンの幅をさらに広げてくれます。次の例で、

　　（11）　国は全力で過激派を抑えようとしている。(The government is doing its best to control extremists.)

日本語文はほぼ単文の体裁をとっていて、「全力で」の部分が副詞相当の表現になっています。英語で同じことをしようとして和英辞典を見れば、with all its strength などの句が見つかりますが、(11)では、ここを主節として表し、中心部分となる節内容を不定詞節にして、後に従えています。
　あるいは、次のように、

　　（12）　a.　どの州もコンピュータで党内投票を予測した。(Every state used computers to anticipate party voting.)
　　　　　b.　私たちは自分の経験だけで物事を見たり、考えたりして一生を終わることはない。(We do not continue to rely solely on

our direct experiences to view things and to think till the day we end our life.)

手段を表す前置詞句にしたくなる部分を節にして、その後ろに不定詞を従える書き方もできます。これは、「あらたに上位節（主節）を創りだして節構造を増やす」ことでもあります。

4. 文末の関係詞節

節の重文的並置を避ける3番目の方法は「（文末に）関係節を置く」ことです。最もわかりやすい例は、次のようなものでしょう。

(13) 良書は良い友であり、良い師でもある。（A good book is a good friend that is also a good teacher.）

このような言い方ができるのは、少なくとも先行詞となる名詞句（a good book）が意味上「不定」(indefinite)であって、関係節の内容を話し手が「断定」(assert)できる、つまり自分の責任で主張できる場合ですが、これも「節の複文構造化」であることは明らかです。

関係節構造が成り立つための最低の条件は先行詞となる名詞句と関係詞が実質的にとなり合う位置関係にあることです。ここで話題にする節の並列の代わりになるためには、少なくとも、

(14) [......（主節）... 名詞句 [that ......（関係節）]]

のように、前半の節の末尾に近いところに先行詞となり得る名詞句がなくてはなりません。そのため、先行詞となる（2つの節のつなぎの役割を果たす）名詞句が節の末尾に配置されるように、前半節の文法構造を工夫する必要が出てくることがあります。たとえば、

(14) 大雨で洪水が起こり、7人が犠牲となった。（Heavy rain caused floods that claimed seven lives.）

この例では、先行詞名詞句 (floods) を末尾に置くために、前半の節全体を他動詞型の表現にしていますが、他に、倒置などの統語上の操作をして語順を入れ替えることもあります。次の例では、

 (15) 列島の周りには2つの暖流がながれていて、全体の気候を穏やかなものにしている。(Around the archipelago run two warm currents that make its climate mild.)

動詞 (run) を軸にして主語 (two warm currents) が前半の節の末尾に倒置されています。先行詞の文末配置さえできれば、後半の節は、関係代名詞だけでなく関係副詞を使って、その構造を、他動詞型・自動詞型を問わず自由に作ることができます (Heavy rain caused floods by which seven people died.)。ここが分詞節や不定詞節と違うところです。

 また、関係節を用いて、意図する主述関係の幅を広げることができます。(16) の例で、

 (16) 政府は収容施設を作り、難民の世話をした。(The government built reception centers that took care of the refugees.)
 (17) 大統領は声明を発表して、自分を弁護した。(The President issued a statement that defended him(self).)

日本語文では、前半部の主語に後半部の述語も続くのですが、より正確な主述関係は英訳例のようにして表されます。(17) は、構造的には (16) と同じですが、人称代名詞・再帰代名詞の使い分けから、どちらの主述関係が意図されているかがわかります。Him を選べば defended の主語は明らかに that、つまり a statement ですが、himself にすると意味のうえでの主語は the President にしたくなります。いずれにせよ、日本語の並列節を英語ではそれを複文構造化することによって、「英語がモノを主語にするのを好む特徴がある」ことを実感できます。

 さらに、関係節は、「主題」が明示された文を作るのに非常に役立ちます。日本語の「は」は文の主題を示すことが多いのですが、主題は主語だけでなく、文法上の他の機能をも担うことができます。

(18) これらの島には、世界から大勢の観光客がやってきて一年中熱帯の魅力を満喫する。(These islands are places where thousands of tourists come from the world over to enjoy tropical charms all the year round.)

この日本語文の前半部(「て」の前まで)は、「世界から大勢の観光客がこれらの島にやってくる」というのが実質的な意味ですが、Thousands of tourists come to these islands とすると日本語とはまったく感じの違う英語になってしまいます。主題である「これらの島々」は、どうしても文の先頭に置く必要があります。これを可能にするには、意味上は単文節であっても、文法上は複文にすることです。つまり、主題で始まる「上位の節」(these islands are places)を作って、「節構造を増やす」のですが、こうすることで、必要な内容を自由に書き表すことが可能になるのです。

(18)の be 動詞による上位節は、主題を明示するだけで、節として伝達する意味内容はほとんどありません(述部名詞 place はおおまかな意味範疇を示すだけの名詞であって、主語の属性を十分に述べる性質はない)。しかし、このように、ほとんど無意味な上位節で始まる文は、そこだけを考えると奇妙ですが、次のような文は実際によく使われます。

(19) This is something we must understand. (これは理解しておかなくてはならない)
(20) Paris is a city that is most beautiful in May. (パリは五月が一番美しい)
(21) This is a town where you can stand in one square and see seven churches. (この町は、一つの広場に立つと7つの教会が見えます)

このパターンも、(14)で示した「関係節を用いた複文化」につながることは明らかです。

5. 話し手の姿勢と複文化

ここまで例を見ながら述べてきたのは、要するに、節の並置(重文)で表

すことが自然である日本語に比べて、英語では、節と節の間が統語的に主・従の関係（複文）になることが多く、また、副詞機能や主題をきわだたせるために、「あえて節の数を増やす」こともある、ということでした。英語が「構造性を指向する」特徴は、別の方面からも指摘できます。

 （22） 犯人は5年前に死んだ<u>はずだ</u>。（<u>I believe</u> the culprit died five years ago.）

「はずだ」の部分は「犯人が5年前に死んだ」ことに対する話し手の確信を示します。文法では、このような話し手の姿勢は法助動詞によって表されると説明されます。したがって、英文法をふまえて和文英訳をしますと、(22)の日本語文が The culprit <u>must have</u> died five years ago. のような英文に当たることになります。しかし、法助動詞にたよる代わりに、その意味を表す「一般動詞を用いた上位節」を単文節の上にかぶせて、全体を複文にすることもできます。これが(22)の英語文です。同様に、話し手の推量を表す表現に「〜だろう」がありますが、これに may や can を充てる代わりに I think や I suppose のような上位節を用いることは、容易に理解できます。

 法助動詞の代わりに上位節を上に乗せて話者の姿勢や評価を示す理由は、一般動詞のほうが、数が多く、それだけ表現の可能性や範囲が広がるからです。「〜だろう」と言っても、I think だけでなく、I hope や I fear など、伝える中身に対する話し手のスタンスはさまざまです。これに対応するには、法助動詞だけで足りるはずがありません。上位節を用いることによって、話者が伝えたい内容に対するいろいろな思いを表せるのです。

 また、話者の姿勢とはやや質の違う上位節もあります。次のような文では、

 （23） I say (to you) that he is a cult member.

英文和訳をする場合に主節の部分（I say (to you)））がどうしても邪魔になります。これは、文全体（つまり、単語の意味の総和）の内容を聞き手に伝えているというより、伝える内容は he is a cult member の箇所であって、

主節は発話行為（話者がその文を発する意図）に関わる表現だからです。(23) の主節は、he is a cult member という内容を「（聞き手が誤解しないように）念を入れて伝えている」ことを示しています。ですからここをそのまま日本語に訳すと変な日本語になります。この文にあたる日本語は、せいぜい「彼はカルトの一員なんだよ」のようなものでしょう。I warn you that he is a cult member. でも同じことで、I warn you の部分は警告の意図をもって伝えているわけです。

「話者の姿勢」「話者の意図」と言っても、明確に区別できるものではありません。大事なことは、実質的に伝えたい内容は構造的に下の従属節 (that 節) にあって、主節 (上位節) はそこにかかる文副詞のはたらきに近いケースがよくある、ということです。実例を2つだけ挙げておきます。

(24) I feel sure that you'll understand why I warn you that from now on I shall examine your stepmother every day.—E. Queen, *The Three Widows* (よろしいですね、警告しておきますが、これからお継母さまの診察を毎日することになりますぞ)

(25) I know it's hard to understand that sometimes painful things like this happen. It's all part of the process of exploration and discovery, it's all part of taking a chance and expanding man's horizons. —*Time* (たしかに理解しがたいことですが、時としてこのような痛ましいことは起こるのです。これは、探検や発見をする際には必ず起こることで、危険を冒して人類の地平線を広げる時には必ずついてまわることなのです)

(24) は、老婦人の主治医が、毒を盛った疑いのある義理の娘に向かって警告している文です。(25) は、スペースシャトルの事故で大勢の飛行士が亡くなった時に、ショックを受けている全米の子どもたちに向かって、大統領がテレビを通じて声をかけている文です。どちらも上位節そのものが複雑な構造をしていますが、英文解釈のポイントは、実質的に相手に伝えたいのは一番下部の that 節の内容であって、文法上その上にかぶさる上位節は、日本語訳からわかるように、文全体を修飾する副詞に似たはたらきをします。

もちろん、上の 2 例のような英文を書くことは、ふつう私たちにはできません。また、むやみにまねをするべきでもないでしょう。しかし、次のようなことはまねをしてもいいと思います。

(26)　今朝窓を開けてみたら、雪が降っていた。(When I opened the window this morning, (I found) it was snowing.)

ここで、主文の上位節である I found の部分は、必ずしも和文英訳上は必要ではありません（日本語の字面にはない）。しかし、この節をあえて加えることにより、文がスムースに流れるようになります。副詞節と主節の主語が同じ (I) になり、記述内容が、話者の視点に立って整理されるからです。

6.　英語を書くための英文法

　以上、第 1 節で、日本語の内容を英語に移すさいに見られる問題点を指摘した後、第 2–4 節では接続助詞「て（で）」を用いた節接続（重文）の日本語を「主節—従属節」の（複文）構造をした英語に表すための具体的方法を示し、第 5 節では、話者の陳述姿勢を文副詞や法助動詞の代わりに（主）節で表したうえで、全体を「主節—従属節」の複文の構造をもつ英語にする書き方について述べました。このような英作文（和文英訳）の考え方は、日本語が語句を平坦に並べるのを好むのに対して、英語が節の構造化を好む、という両言語の語句配列上の特徴を踏まえたものです。また、このことは、日本語らしさが自動詞型表現にあるのに対して、英語らしさが他動詞型表現にある、という両言語の表現傾向の違いにも、自然に結びつきます。学習英文法は規則の羅列で無味乾燥だと言われることがありますが、日本語をもとにして英語を「書く」という能動的な作業のなかで英文法の規則を実際に使ってみると、日本語らしさと英語らしさを漠然と感じるだけでなく、それが文法のどの部分にあるのか、あらためて確認できると思います。

> **オススメの学習英文法関連書**

- 中村保男 (1982)『翻訳の秘訣――理論と実際』新潮社。
  英文をわかりやすく日本語らしい日本語に移すという翻訳の目標に到達するために、「和文から英文へ」という逆方向の視点を重視して翻訳の理論と実践を論じたもので、英作文をするうえで役に立ち、日英語の対照研究としても優れた本である。品詞や話法、構文などを転換するルールなど、学習英文法を考えるうえでも多くの有益な知見をあたえてくれる。
- 福地　肇 (1995)『英語らしい表現と英文法――意味のゆがみをともなう統語構造』研究社出版。
  いわゆる「英語らしさ」を示す特徴を「名詞指向の表現」のなかに探り、名詞を中心とする構造や表現の特徴を分析して、その意義を言語学的に論じたものである。たとえば、名詞を関係代名詞（副詞）節が修飾する構造をしていながら、意味上は間接疑問文や that 節としての内容を表すような表現をとりあげ、新しい角度から日英語の表現を比較している。

17 ビジネス英語と学習英文法
——文文法の先にあるもの

日向　清人

　本稿ではビジネス・コミュニケーションの世界で複数のセンテンスの統合的運用にウェイトが置かれている様子をご紹介し、なるほど学習英文法の世界にも談話文法の知見が導入されつつあるようですが、受験指導に気を取られて文文法の先にあるものを見落としがちなのではないか、そのためにコミュニケーションに必要な英語の全体像を描き切っていないのではないか、またコミュニケーションには情報伝達と人間関係への配慮という2つの側面があるのに、前者ばかりが取り上げられる結果、人間関係に配慮しての言葉遣いが文法指導において触れられずじまいなのではないかということを論じていきます。なお本稿では、主たる引用文献が話し言葉のコーパス研究である関係から、話し言葉を念頭に話を進めます。

　そもそもコミュニケーションとは、アメリカの外国語教育の専門家たちがまとめた Standards for Foreign Language Learning in the 21st Century によると、"Knowing how, when and why, to say what to whom." であり、ここで言う how は文法を、what は語彙を指していますから、why, when and to whom つまり目的・状況・相手というコンテクストが文法や語彙と並んで重要であることがわかります。

　そして、ここで言うコンテクストというもの自体、話し言葉か書き言葉かを問わず、言語外の事情に加えて、話され、書かれている言葉の前後にある他の言葉の存在を前提としますから、コンテクストを語ろうとする以上、一文だけでは役不足です。換言すれば、コミュニケーションの実際では文法教材の例文のように単一のセンテンスで十分意味内容がわかるということは少なく、他のセンテンスやフレーズといっしょになり、さらにコンテクストというフィルターを通じてコミュニカティブな機能を果たしていると言えます。

　ところが、一般に英文法はと言うと、Michael McCarthy が指摘すると

おり、「文法の指導は大体において書き言葉の用例に基づいて」います（The teaching of grammar is regularly based on written example.）。この点は、Altenberg（Kennedy 2003: 126 で引用）が 5,004 例の会話文を分析したところ、SVC 型と SVO 型が各々約 6 割と 3 割で、計 9 割を占めていると報告しているにもかかわらず、中学英語学習指導要領が必修の文構造として 5 文型を明示していることにも表れています。

　他面、Hughes & McCarthy（1998）によると、その場での学習対象の全体を簡単に見渡せるうえ、板書になじむといったことを含めて説明の単位として扱いやすく、さらに（談話分析と異なり）名詞・前置詞といった伝統的な術語で用が足りる等の事情から文法説明は文単位が基本です。これは、『総合英語フォレスト』（第 6 版・桐原書店）や『徹底例解ロイヤル英文法』（改訂新版・旺文社）といった定評のある学習英文法の基本書を見ても明らかです。

　このように学習英文法の世界は、複数のセンテンスやフレーズの統合的運用を前提とする、ひとまとまりの、筋道のとおった言葉（以下「ディスコース」）の世界ではありません。

　これが困るのは、実際のコミュニケーションでは、センテンスが基本単位ではなく、ディスコースが基本単位だからです。実際、"extended discourse" を ACTFL（全米外国語教育家協会）、または Cambridge ESOL（ケンブリッジ大英検）と組み合せて検索するとわかるとおり、英語検定では、extended discourse をこなせるかが合否の判定基準になっているぐらいです（コミュニケーション能力を定義しないまま使うのではなく、この extended discourse を基準に関係者が学習英文法の見直しを図ってくだされればとの思いもあって本稿を書いているぐらいで、それほど英語学習上、大事な点だと考えます）。

　以下ではこうした問題意識を念頭に置きながら、何をもってビジネス英語とするのかを見たうえで、ビジネス英語におけるコンテクストの表れようをコーパス研究の成果を通じて確かめ、それを上記参考書に代表される学習英文法と比べながら、手薄な部分を明らかにして行きたいと思います。

1. ビジネス英語とは

　ビジネス英語が非ビジネス英語と何が違うかと言えば、ビジネス特有のコンテクストの中で行われるやり取りであるという点です。このことを、Koester (2004: 1) は、「職場でのディスコースは、職域ないし組織固有のコンテクストの中に埋め込まれている」という言い方で表しています。

　これを受けてビジネス英語の研究書も、会議なのか指図なのかという「状況」、情報伝達なのか合議による意思決定なのかという「目的」、同僚なのか上司なのかという「人間関係」を意識しつつ、人々がどのように言葉を選んでいるかを分析するというスタイルを取っています。

　このようにひとまずビジネス英語とはビジネス特有のコンテクストで使われる点で普通の英語と異なるとは言えます。そうは言っても、会議中でも雑談があることに示されるように、ビジネス英語と一般的英語とはコンテクストを共有する場面も多々あるわけで、そこにこそ本稿のようにビジネス英語という視点から一般的な英語を語る意味合いもあると言えそうです。

2. コンテクスト

　ビジネス英語研究では、コーパスを元にコンテクストの中でどのような文法上の選択が行われているかを解明しようというアプローチを取ります。この点、学習英文法は、先述した事情から文単位なので、コンテクストから切り離されています（コンテクストを考えなくて済むぶん、学習負荷が減らせますから、それなりの事情があると言えます）。

　それでは、ディスコースにおいて、音声的要素・語彙と並んでその素材を提供している文法の役どころは何か、つまりコンテクストとの関係はどうかと言えば、両者は「通常、表裏一体の関係にあり、その程度たるやコミュニケーションの目的ならびにコンテクストとの兼ね合いにおいてのみ文法上の選択をなしうるほどだ」とされます (Nunan 1997: 102)。

　ところでコミュニカティブ英語との関係では、よく Canale & Swain (1980) と Canale (1983) のモデルが引き合いに出されます。流れとしては、チョムスキーが社会言語的要素を排してもっぱら言語能力に焦点を当

てたのに対して、ハイムズ（Dell Hymes）が音や形態素、そしてセンテンスという仕組みを司る言語能力に加えて、社会的に妥当と受け入れられる言語運用も考慮に入れるべしと説き、これを受けてCanale, Swainらは、文法能力（grammatical competence）、補完修正能力（strategic competence）、社会言語能力（sociolinguistic competence）、言語運用能力（discourse competence）という4つの柱から成るモデルを考案するに到ります。

　ここで、まずstrategic competenceは、コミュニケーションに不都合が生じたときの補完的なスキルでしかありません。では主たる部分は何かと言えば、複数のセンテンス／フレーズを統一的に運用して、ひとまとまりの筋道だった話ができるスキル、すなわちdiscourse competenceです。そして、個別の単語を意味の通じるセンテンスに仕立て上げるgrammatical competence、ならびに、フォーマル・インフォーマルを使い分け、無礼の言を避けるためのsociolinguistic competenceの2つは、ディスコースを形成する言葉を紡ぎ出し、かつ解釈するための従たる部分と位置づけられます。

　このことを、Celce-Murcia & Olshtainは、「ディスコースの中において、またディスコースを経由して初めて他種のスキルが具体化されるのであるから」discourse competenceこそがこのモデルの核心部分であると説いています（Celce-Murcia & Olshtain 2000: 16）。換言すれば、grammatical competenceはコンテクストとの兼ね合いでディスコースを展開するに当たり、文法上の選択肢の中から選んで配していくスキルと言えます。

　そうとすれば、はじめに文法ありきというのではなく、コンテクストがあって初めて文法も意味を持つのが基本だということになるわけで、事実、Celce-Murcia & Olshtain（Ibid.: 52）は、"we propose the following list of context-free, sentence-based rules"（コンテクストに依存しない、センテンス・レベルのルールとして以下を挙げたい）としています。

- These books are here. といった限定詞と名詞の対応関係
- We look upon reading books as an enjoyable activity. のように、前置詞のあとに動詞的要素を置く場合はING形になるというルール
- Sue cut herself. といった再帰動詞の使い方
- I bought some chocolate. に対してのI didn't buy any chocolate. の

ように、肯定形では some だったものが否定形では any になるというルール

こうした例外的なものを除けば、一般的には、文法上の選択は基本的にコンテクストに規定されるということですが、その例として、冠詞と間接目的語の扱いを確かめてみます。

(a) 冠　　詞

例えば、定冠詞を付けるか否かの判断は、その名詞の指しているものが"referring to something which can be identified uniquely in the contextual or general knowledge shared by the speaker and hearer"（話し手と聞き手が共有しているコンテクストないし常識を通じて唯一特定と識別しうるモノ・コト）(Quirk et al. 1985: 265) であるかが決め手となります。つまり話し手自身が具体的にそれと認識していることに加えて、コンテクストの共有を通じて聞き手が特定のモノ・コトに対する具体的認識を有しているはずだと話し手のほうでもわかっていて初めて話し手は定冠詞を付けるということです。この点、Roger Brown は、*A First Language* (Harvard University Press 1973: 342) において、話し手と聞き手の双方にとり specific な場合にだけ definite と言えるのであり、いずれかの認識が specific でないときは、すべて indefinite なのだと説明しています。

ところが学習文法書は、コンテクストにまで踏み込まないので、「話し手と聞き手のあいだでどれのことを言っているのかわかるものを指し示すとき」（『フォレスト』）、または、「状況によってそれとわかるもの」（『ロイヤル英文法』）とするに留まり、ただの状況ではなく、「コンテクストから聞き手の認識が specific であり、かつ、話し手もそうとわかる」、すなわちコンテクスト上の hearer knowledge に触れずに終わっています。

(b) 間接目的語の選択

文法上の選択がコンテクスト次第である例としては、他に間接目的語の選択も挙げることができます。学習文法書では、SVOO 型の文での動詞に続くスロットにつき、格別優先順を考えませんから、I gave Jim the car. と言おうが、I gave the car to Jim. と言おうが、どちらも同じです。ところ

が、実際には動詞の直後のスロットに何を持ってくるかはディスコースにおけるコンテクスト次第です。

　例えば、母親が子どもに一日、車を使って出掛けることを許可した後、父親が帰宅し、「あいつはどうしたんだ」と聞いたとすれば、母親は、すでに話題に上っており既知の事項である him を先に出して、I gave him the car. と言うのが普通であり、I gave the car to him. とは言いません。同じ状況設定で、父親が「車がないけれど、どうしたんだ」と尋ねる場合であれば、母親は、既知の事項である the car を先に取り上げて、I gave the car to Jim. という言い方をすることになります（Celce-Murcia & Olshtain 2000: 56）。

3. 人間関係に基づく気遣い

　ビジネス英語のコーパス研究からわかることに、英文法が何かをやり遂げ、あるいはやらせるための手段として使われるばかりでなく、人間関係を気遣ってのツールとしてきわめて大きな役割を担っているという事実があります。Brown & Yule (1983: 2–3) は、人は言葉を使うに当たって、情報伝達のためであり、メッセージ本位となる transactional language と、社会生活上、良好な人間関係を維持するためであり、聞き手本位である interpersonal language の別があるとしていますが、ビジネスの現場では両者が不即不離の関係を保ちながら文法上の選択に大きな影響を与えています。このことを、助動詞など主観的評価・姿勢を表す語句の扱い、ならびに言葉の響きを和らげ、敢えて曖昧にする言い方の扱いを通じて見ていきます。

(a) 助動詞など主観的評価・姿勢を表す語句の扱い

　前述した interpersonal language を具体化するものである、聞き手本位の言い回しを「気配りツール」（interpersonal marker）と形容したとして、コーパスを手がかりに、その種のツールの中でも特に話し手のスタンス（modality）を表す語句がどう扱われているかを見ると、実に興味深いことがわかります。

- 34,000 単語規模のビジネス会話コーパスである ABOT（American and

British Office Talk）上、何かをすることが好ましい、あるいは必要だということをアピールするために使われている語句（deontic modals）を響きの強いほうから並べると、have (got) to, need to, should, want to ですが、指示を発する者のほうがそれを受ける者より力関係で上に立つ業務上の指示といった場面では、強く響く言い方がより多く使われそうなものです。ところが実際は、should など弱めのほうが選好されます。付け加えて言えば、want to は、I want you to と相手に直接向ける形ではなく、if you want to と、相手に選択の余地を与える形で使われます。同様の気遣いは、should についても見られ、you should do という形ではなく、What should I do. Just—get the estimate… と、1人称で使われています（Koester 2006: 85–87）。ここからわかるのは業務上の指示といった、本来、一方的なもの言いになりがちなディスコースでは、話し手のほうでこの種の語句をどう使うか大いに気を遣っているということです。

- 会議のように参加者がともにコンテンツの形成に関わるディスコースにおいても、参加者の気遣いが主観的評価・姿勢を表す語句の使い方に表れていることを見て取れます。CANBEC（90万単語規模のビジネス会話コーパス。Cambridge and Nottingham Corpus of Business English の略）に基づいた研究では、参加者が管理職と一般従業員の関係にある会議で、you must が一度も使われない一方、need to が100回以上も使われ、話し手が文法上の選択をするさいの、いわば初期設定になっていることが示されています。ちなみに、1,000単語当たり何回使われるかという頻度順で多いほうから並べると、have to, need to, should, gotta, must になり、have to と need to が各々1回以上登場するのに、must は0.1にも満たず、こうしたコンテクストで must がいかに使いにくい助動詞であるかがわかります（Handford 2010: 171–176）。

- 同じく CANBEC のデータでは、need to が明確に使い分けられていることを示しています。社外の人間が入っている会議ではもっぱら we need to という形が使われるのに、社内の会議では you need to という形で用いられます。しかも社内の会議で you need to が使われる例を見ると、管理職クラスと一般社員とのコミュニケーションで用いられているのが一般的です（Ibid.: 139）。これは、社外にあっては、相手に直接向けて言うのを避け、「この場にいるわたしたち全員」という形で目的達成に向け

ての一体感を醸成し、社内にあっては、力関係を見せつけるのを避けながらも、相手を説得し、誘導せんがためだと解されます。
- コンテクストに応じた気遣いは have to にも見られ、このフレーズは、社内会議では、責任者を交えた場での指示に使われる一方、社外では、相手の面目を損ねないためのツールとして挿入されています（Ibid.: 139）

このようにビジネス英語の世界で助動詞（法助動詞）がコンテクストに合わせて主体的に選択されている様子を見ると、学習英文法書が助動詞のことを「話し手の主体的な判断を表す」（『フォレスト』）や「本動詞だけでは表すことのできない可能・必然・義務などの意味を表す」（『ロイヤル英文法』）程度の形容で済ませているのは、もったいないと感じます。Michael Lewis は、助動詞を入れることで、話し手は事実の側面での認識（tense）と時間の側面での認識（tense）のみならず、事実と時間以外の要素に対する心的態度を表現するとしていますが（Lewis 2002: 101）、コミュニケーションが情報伝達だけでなく、人間関係の維持・向上においても大きな役割を担っていることを再認識させられます。また、人間関係が関わって来る助動詞については、そこでの社会的状況を然るべく斟酌することが求められるという Celce-Murcia らの指摘（Celce-Murcia & Larsen-Freeman 1983: 83）は、このことを再確認していると言えます。

(b) 言葉の響きを和らげ、また、わざと曖昧にする言い方の扱い

言葉の響きを和らげる語句（hedges）としてよく使われるのは、just, really, actually, probably, I think, kind of, sort of, you know, I suppose などですが、コーパスからは、他の人に何かをしてもらうために指示をしたり、説明をしたりする場面で多く使われることがわかります。会議などのように対等の立場で意見を出し合う状況と異なり、どうしても力関係が前面に出ますから、その印象を薄めたいという心理が働くのだと解されます。

一方、言葉の使い方がいい加減というのでなく、敢えて意図的に曖昧にした言葉（vague language）を使うという例もあります。例えば、things, stuff といった名詞、and things like that といったカテゴリー化する言葉、あるいは next month or thereabouts での thereabouts のような「おおざっぱに」という趣旨の語句は、いずれも前項で取り上げた言葉の響きを和ら

げる語句と同様、積極的に親しみを表し、あるいは「押しつけがましく、くどい人だ」といった否定的な印象をもたれないよう、つまりは人間関係を考えた気配りのひとつとして頻繁に使われます。

　しかも、興味深いことに、こうして敢えて曖昧にした言い方は、会議のような共同作業的場面より、情報伝達を主眼とする業務上の指示といった状況でいっそう多く使われています。情報伝達と言うからには、正確な伝達を期して余計な要素を付加するのを避けそうなものですが、職場の会話での実際としては、むしろ、「いちいち厳密な言い方をするまでもなく」と一体感を強調できることもあって、意図的に漠然とした響きを持たせるための工夫が積極的になされていると言えます。

　こうした言葉の響きを和らげる語句や敢えて意図的に曖昧にするための語句は、話し手自身が、自分の言葉が相手にどう響くかを考え、あるいは計算して、いわば相手ないし聞き手本位で使うものですから、相手の存在等のコンテクストを捨象し、一文単位で英語を扱う学習文法とはなじみにくいのも確かです。しかし、コミュニケーションを学習文法の目標とする以上は、(対等の参加者が協議する場では have to, need to, should といった発言内容についての話し手自身の主観的価値判断を示す語句が多用されるのと対照的に)指示をし、情報を伝達するといった状況で見られる、参加者間の力関係が非対称的である場面では、むしろ話し手のほうで気を配って言葉が「まるく」なるよう努めるものだという事実は知っておく価値がありそうです。そのうえ、こういった配慮を文法指導に導入できれば、無味乾燥となりがちなものに人間味を付加できそうなものです。

4.　まとめに代えて

　以上でご紹介したビジネス英語コーパスの研究成果は、実際のコミュニケーションでは、複数のセンテンスあるいはセンテンス未満のフレーズが統合的に運用されており、ひとまとまりの言葉すなわちディスコースが単位となっていることを示しています。実際、この分野の研究者たちも「研究の目標を他から独立した、単体としての言語に置くのでなく、書面あるいは会話でのやり取りに社会関係ないし組織体としてのコンテクストがどう反映されるかを見きわめよう」とします (Bargiela-Chiappini et al. 2007:

18)。くわえて、ACTFL や Cambridge ESOL といった英語でコミュニケートできるかを判定する専門家団体も、ディスコースを組み立てることができるかをもって判定基準としています。してみると、学習指導要領が英語学習の目標をコミュニケーションに置くというなら、文法指導のうえでも、ディスコースないしコンテクストといった談話文法的要素をもっと導入するのが筋ではないかと考えます。

　くわえて、新学習指導要領の理念の一つとして、「自らを律しつつ、他人とともに協調し、他人を思いやる心や感動する心」を強調するなら、学習英文法の側面においても、人間関係に対する配慮が文法上の選択にどう反映されるのかに目を向けて然るべきものがあります。そうでないと、平成23年版中学校学習指導要領外国語編にあるような、Open the window, please. という社会言語的見地から妥当性を欠く英語を教え続けることになるのではないかと懸念されます。

〈引用・参考文献〉

Bargiela-Chiappini, Francesca, Catherine Nickerson, and Brigitte Planken (2007) *Business Discourse*. New York: Palgrave Macmillan.

Brown, Gillian and George Yule (1983) *Discourse Analysis*. Cambridge: Cambridge University Press.

Canale, Michael (1983) "From communicative competence to communicative language pedagogy," in Jack C. Richards and Richard Schmidt (eds.) *Language and Communication*. London: Longman. pp. 2–27.

Canale, Michael and Merrill Swain (1980) "Theoretical bases of communicative approaches to second language teaching and testing." *Applied Linguistics*, 1 (1): 1–47.

Celce-Murcia, Marianne (2007) "Rethinking the Role of Communicative Competence in Language Teaching," in E. Alcón Soler and M. P. Safont Jordà (eds.) *Intercultural Language Use and Language Learning*. Netherlands: Springer. pp. 41–57.

Celce-Murcia, Marianne and Diane Larsen-Freeman (1983) *The Grammar Book: an ESL/EFL Teacher's Course* (1st ed.). Boston: Heinle & Heinle.

Celce-Murcia, Marianne and Elite Olshtain (2000) *Discourse and Context in Language Teaching*. Cambridge: Cambridge University Press.

Handford, Michael (2010) *The Language of Business Meetings*. New York: Cambridge University Press.

Hughes, Rebecca and Michael McCarthy (1998) "From Sentence to Discourse:

Discourse Grammar and English Language Teaching." *TESOL Quarterly,* 32 (2), 263–287.
Kennedy, Graeme (2003) *Structure and Meaning in English: A Guide for Teachers.* London: Pearson Longman.
Koester, Almut (2004) *The Language of Work.* London: Routledge.
Koester, Almut (2006) *Investigating Workplace Discourse.* London: Routledge.
Koester, Almut (2010) *Workplace Discourse.* London: Continuum.
Lewis, Michael (2002) *The English Verb.* Boston: Heinle.
McCarthy, Michael and Ronald Carter (1995) "Spoken grammar: what is it and how can we teach it?". *ELT Journal,* 49 (3), 207.
Nunan, David (1997) "Teaching grammar in context." *ELT Journal,* 52 (2), 101–109.
Quirk, Randolph, Sidney Greenbaum, Geoffrey Leech and Jan Svartvik (1985) *A Comprehensive Grammar of the English Language.* London: Longman.

☞ オススメの学習英文法関連書

- **Ronald Carter, Rebecca Hughes, and Michael McCarthy (2000) *Exploring Grammar in Context*. Cambridge: Cambridge University Press.**
   コーパスに基づいて文法上の選択がコンテクストに応じて行われる様子を描写する一方、一般に文法書が取り上げない話し言葉特有のジャンルも解説。
- **Michael McCarthy, Jeanne McCarten, David Clark, and Rachel Clark (2009) *Grammar for Business*. Cambridge: Cambridge University Press.**
   進行形で場面設定してから単純時制を使うといったディスコースの実際を反映する一方、随所に must の扱いなど語用論的見地から学習者にとっての盲点をカバー。

18 英和辞典と学習英文法

馬場　彰

1. 学習英和辞典の成立

　英語辞典には、対象言語と記述言語が同一の英英辞典と、対象言語と記述言語が違う2言語辞典がありますが、本稿では主として後者の英和辞典を取り上げます。2言語辞典としての英和辞典は、初級から上級までのいかなるレベルであれ、外国語として英語に接する人のニーズに応えるという意味において本質的に学習的色彩を帯びています。しかしながら、一般に学習英和辞典といえば、初級〜中級レベルの使用者を念頭において、英語学習上とくに重要な基本的語彙について重点的に詳しく記述したものを指すというイメージがほぼ確立しているように思われます。

　小島義郎氏は『英語辞書学入門』という著書の中の「英語辞書の戦後史」と題した章において、戦後の英語辞書の推移を以下の4期に分けて考察されました。

　　（1）　英語辞典の歴史的変遷
　　　① 第1期：昭和20〜25年（1945〜1950年の5年間、取り上げられた辞典数は4点）　戦前・戦中の辞典の重版ないしは小規模増補版の刊行のみ。
　　　② 第2期：昭和26〜34年（1951〜1959年の8年間、取り上げられた辞典数は17点）　本格的な改訂版や新企画の辞典の刊行が開始される。
　　　③ 第3期：昭和35〜41年（1960〜1966年の6年間、取り上げられた辞典数は12点）　構造主義言語学等の影響下で英語教授法に対する関心が高まり、いわゆる学習辞典への志向性が次第に強くなる。

④ 第 4 期: 昭和 42 年以降（1967〜1984 年の 17 年間、取り上げられた辞典数は 25 点）　本格的な学習英和辞典の刊行が相次ぐ。

　小島義郎氏はとくに 1967 年に刊行された『研究社英和中辞典』を、その後の中級学習英和辞典の方向性を定めた点で評価されています。さらには、上掲書の「学習辞典とは何か」と題した章の最後を、「学習辞典の改善のために辞書出版各社が協力して出資し、コンピューターを使った用例バンクのようなものは作れないだろうか。そういうことも真剣に考えるべき時期にきていると思う」という将来展望で締め括られていますが、その後の欧米の lexicography（辞書編集法）の流れは、まさにその方向に向かって大躍進を遂げることになりました。今や辞書編集は、Bank of English や British National Corpus などの巨大コーパスを抜きにしては語れない時代を迎えています。そのような背景を踏まえて上述の推移にその後の展開を補足すると、以下のようになるでしょう。

　（2）　英語辞典の歴史的変遷
　　⑤ 第 5 期: 昭和 60〜平成 7 年（1985〜1995 年の 10 年間）
　　⑥ 第 6 期: 平成 8〜24 年（1996〜2012 年の 16 年間）

　第 5 期と第 6 期の境界線を 1995 年に引いてみたのには理由があります。実は 1995 年には、英英辞典の全面改訂版ないし新版が一挙に 5 点も刊行されて、辞書編纂史上特記すべき年になりました。それは、当然のことながら英和辞典の編纂にも大きな影響を及ぼし、多少の時間的ずれを伴いながらも第 6 期の充実期を迎えることになったのです。

　それを象徴するような事例を一つだけ紹介しておきましょう。"on the hoof" という成句は 1995 年以前に刊行されたすべての英和辞典において、「〈家畜が〉（まだ屠殺されないで）生きている（alive）」という意味を示すのが一般的でした。ところが、その意味には解釈できない実例に遭遇しました。

　（3）　Opposition parties that have a clear lead in campaigns tend to play safe and let their rivals make mistakes. Margaret Thatcher took the same approach in 1979 and was accused of a lack of detail and of making policy changes *on the hoof*.

(*The Times*: 2 May, 1997)

　驚いたことに、上述の 1995 年に刊行された英英辞典のうち 4 点、ならびに同年刊行の *COBUILD Dictionary of Idioms* には、「何の準備もしないで、即席に；何か他のことをしながら、片手間に」といったような新しい意味が明記されていたのです。とくに *Longman Dictionary of Contemporary English* などは、第 2 版（1991 年）では元の意味しか載せていなかったのに、第 3 版（1995 年）においては元の意味を削除してこの新しい意味しか記載していないほどの大改訂でした。おそらく、1980 年代以降のデータに基づいて巨大コーパスを構築する過程で、新しい意味を体現した用例が多数見られるようになったことがその背景にあったのでしょう。1996 年以降に刊行されたほとんどすべての英和辞典において、一斉にこの新しい意味が記述されるようになったのは言うまでもありません。

　コーパス活用時代の英英辞典の特徴は、上述のような記述内容の改訂に止まらず、改訂版の刊行間隔の大幅な短縮化にも見て取ることができます。

(4)　1. *Oxford Advanced Learner's Dictionary*（OUP）：
　　　　第 5 版（1995 年）；第 6 版（2000 年）；第 7 版（2005 年）；第 8 版（2010 年）
　　2. *Longman Dictionary of Contemporary English*（Longman）：
　　　　第 3 版（1995 年）；第 4 版（2003 年）；第 5 版（2009 年）
　　3. *COBUILD Advanced Learner's English Dictionary*（Collins）：
　　　　第 2 版（1995 年）；第 3 版（2001 年）；第 4 版（2003 年）；第 5 版（2006 年）

　とくに COBUILD 英英辞典の場合、第 1 版（1987 年）の用例を全部入れ替えて第 2 版を編集したと述べてありますが、そのような偉業を短期間に可能ならしめているのが巨大コーパスの存在であることは間違いないでしょう。しかしながら、巨大コーパスの構築は辞書編集上必須のものでは

あるものの、それだけで自動的に優れた辞書が生まれてくるわけではありません。見出し語の刷新・拡充はもちろんのこと、英語の音声・意味・用法等に関する徹底した記述的研究が不可欠になります。(1)で言及した第4期（とくに1970年代以降）から第6期に至る期間は、英語の記述文法ならびに生成統語論・機能主義統語論・語用論などが一大発展を遂げた時期とちょうど重なっています。ちなみに、この期間の代表的な記述英文法書をいくつか挙げておきましょう。

(5) 1. *A Grammar of Contemporary English*（Longman, 1972）
　　 2. *A Communicative Grammar of English*（Longman, 1975）
　　 3. *A Comprehensive Grammar of the English Language*（Longman, 1985）
　　 4. *A Student's Grammar of the English Language*（Longman, 1990）
　　 5. *The Oxford English Grammar*（OUP, 1996）
　　 6. *Longman Grammar of Spoken and Written English*（Longman, 1999）
　　 7. *The Cambridge Grammar of the English Language*（CUP, 2002）
　　 8. *Cambridge Grammar of English*（CUP, 2006）

これ以外にもさまざまな研究書を挙げることが可能でしょうが、とくに(5.1), (5.3), (5.6)に示した英文法典が与えた影響は非常に大きく、学習英和辞典の進歩もこれらの影響力なくしては語れないと思われます。

2. 学習英和辞典における英文法・語法情報

　英和辞典は、見出し語の発音と意味と実例を示してさえくれればそれでよしとするような考え方をとる人たちがかつてはいました。しかしながら、言葉の意味は、それが用いられている実例をよく吟味し、前後の連語関係はもちろんのこと、文構成要素間の文法的関係を正しく捉えてはじめて理解できるものであると考えられます。そのためには、辞書の中にも英文法・

語法上の説明や注記を十分に施しておくことが必要になります。
　ところが昨今の大学生は、高校時代に厳しい基礎英文法教育を受ける機会が少なくなっているためか、それらの有意義な情報を生かしきれていないように思われます。たとえば、次の英文を見てください。

（6）　If the nuclear program was to expand, as planned, public trust in the A.E.C. would have to be restored.（Daniel Ford: *Meltdown*）

　このような英文では、条件節内の "was to expand" をどう解釈するかがポイントになりますが、仮定法は現代の大学生が最も苦手にしている文法現象の一つです。学習英和辞典を参照すれば必要な情報はすぐ得られるはずなのに、英文法学習によって培われる基礎力がないために、どこを参照したらよいかわからないのみならず、情報をどう役立てるかもわからないようです。『ジーニアス英和辞典』（大修館書店、2006年：*Genius* と略）の be（助動詞）の項の ②(e) を見ると、次のように説明してあります。

（7）　《正式》[be to do]：《意図》[条件節で] …したいと思うなら（be going to）《◆帰結節は通例 must が用いられる》

　これほど的確な用法指示がしてあれば、「もし計画通りに原子力開発プログラムを展開したければ、（まず）原子力委員会に対する国民の信頼を回復しなければならないであろう」という解釈を導き出すのは簡単でしょう。そのためにも、学習英和辞典には一体どこにどういう形で英文法・語法情報が盛り込まれているかをあらかじめ理解しておくことが肝要です。
　英和辞典に記載してある英語の語彙について調べる際には、まず、大部分の名詞・動詞・形容詞・副詞のように実質的な意味を表す content words（内容語）のグループと、冠詞・代名詞・助動詞・前置詞・接続詞のように英語表現の骨格的な役割を果たす function words（機能語）の二大区分に着目すれば、情報検索がスムーズに行えるようになるでしょう。とくに機能語と呼ばれるものは、構成メンバーの数が限られていて相互関連性も高いので、可能な限り体系的に捕捉しておかねばなりません。内容語に関しては、中学・高校の必修単語の中にすべて入っている重要基本語（たとえば

動詞では、ask / break / bring / come / do / find / get / go / have / know / make / put / run / say / see / set / take / think / turn / use / work など）について多様な表現形式と意味に即して理解することが望まれます。

　それでは、学習英和辞典には、一体どのような英文法・語法情報が記載されているでしょうか。紙幅の制約から、実例を添えて詳しく説明することは叶いませんが、各見出し語の品詞区分に対応してどのような情報を引き出すことが可能か示してみましょう。

(8) 名詞
　○複数形の表示（e.g. books / men / menservants / lookers-on / children）
　○可算名詞・不可算名詞の区別：CとU
　○冠詞の指定：［the ～］,［a/an ～］（e.g. the law of averages / take a walk）
　○単数・複数の用法指示：［単数形で］、［複数形で］
　○助動詞・動詞との一致関係：［単数扱い］、［複数扱い］、［単数・複数扱い］
　○後続の連語関係（または補部の選択）（e.g. a fight against the terrorism）

(9) 動詞
　○語形変化の表示（e.g. takes/took/taken/taking; walks/walked/walking）
　○自動詞・他動詞の区分：*vi.* と *vt.*
　○動詞型（または文型）：SV・SVM・SVC・SVO・SVOM・SVOO・SVOC
　○補部の選択（e.g. I believe you. / I believe in God. / I believe that he is honest. / I believe him to be honest. / I don't believe so.）
　○主語・目的語の名詞句との連語関係、ならびに（意味的）選択制限
　○用法指示：［完了形で］、［進行形で］、［受身形で］
　○二重目的語構文と与格構文の交替（e.g. I gave him a book. / I gave it to John.）
　○同族目的語構文（e.g. He lived a happy life. Cf. He lived happily.）

○能動態・受動態の交替
○中間構文（＝能動受動態）(e.g. Cotton garments iron well.)
○存在構文 (e.g. There is a book on the desk. / There remains a lot to do.)
○準動詞（不定詞・分詞・動名詞）の用法
(10) 形容詞
○原級・比較級・最上級を用いた比較構文
○用法指示：［限定用法］と［叙述用法］(e.g. a proper job / He was alive.)
○名詞との連語関係、ならびに（意味的）選択制限 (e.g. a tall man / a high ceiling)
○名詞相当表現：［the ～］(e.g. the rich / the poor / the accused)
○数量詞 (e.g. all / some / any / many / few / little)
(11) 副詞
○原級・比較級・最上級を用いた比較構文
○文副詞用法の表示 (e.g. briefly / generally / naturally / probably / maybe)
○動詞・形容詞との連語関係 (e.g. I badly want some coffee. / It's awfully cold today.)
○時制・相との共起関係 (e.g. I haven't seen her recently. / The baby is sleeping just now.)
○単純形副詞と -ly 副詞の対照 (e.g. The car stopped sharp. / He answered sharply.)
○関係副詞節 (e.g. I remember the house where I was born.)
○否定副詞 (e.g. hardly / never / not / rarely / scarcely / seldom)
(12) 代名詞
○人称代名詞・指示代名詞・不定代名詞・疑問代名詞の用法
○関係代名詞節 (e.g. The people who called yesterday want to buy the house.)
○形式主語・目的語構文 (e.g. It's very kind of you to say so. / I found it easy to drive the car.)
(13) 助動詞
○時制：現在形・過去形
○相：完了形 (have＋過去分詞)・進行形 (be＋現在分詞)
○法助動詞の意味的区分：epistemic の用法と root の用法 (e.g. must / may / should)
○疑問文・否定文・倒置文・命令文・仮定法構文の形成

○直接話法・間接話法と時制の一致

（14） 前置詞

○意味的区分：空間概念・時間概念

○前置詞と副詞的小詞の対応関係（e.g. He walked down the street. / He walked away.）

（15） 接続詞

○等位接続・従位接続

○従位節の意味的区分：時間・理由・原因・目的・結果・様態・譲歩・条件

英和辞典ごとに記述上の濃淡は存在するものの、中級学習英和辞典であれば上述の言語現象に関して何らかの記述がなされているはずです。一般的に辞書というものは見出し語単位の個別的記述に力点が置かれるため、英文法全体を体系的に理解するには使いづらく感じる人も多いかもしれません。そんな場合でも、辞書の引き方をちょっと工夫すれば、有用な情報をただちに引き出すことが可能になります。とくに機能語に分類される品詞名が表示された語の記述内容を丹念に読めば、英文法上の重要構文（たとえば、疑問文・否定文・仮定法・受動文・形式主語／目的語構文・存在構文・比較構文・強調構文・関係節構文・相関構文・倒置構文など）に関してかなり深く理解できるようになるでしょう。

最後に、間投詞（または感嘆詞）という特殊な品詞についても触れておきましょう。間投詞は、心の中に芽生えてくるさまざまな感情を音声化して会話の間に差し挟んだりする要素であるため、文法記述の対象には適さないものとして従来から軽く扱われておりました。しかしながら、まったく普通の単語が間投詞として用いられる場合などには、語用論的に実にさまざまな意味を含意していることがあります。たとえば中級の英英辞典や英和辞典では、well には 8〜9 個の意味を、また why には 5〜6 個の意味を提示しているのが普通です。これらの間投詞用法を説明するためにはやや長めの文脈を示す必要があり、紙面の制約に苦しんでいる辞典の中で詳述することが、これまでは許されなかったのでしょう。それにもかかわらず、このように語用論的にも充実した記述が実現するようになったのには、昨今のコミュニケーション重視の英語教育に対する配慮が反映しているのかもしれません。

本稿ではこれまで「学習英文法」という術語に関する説明を行わないまま話を進めてきましたが、基本的には伝統文法の枠組みの中で、上述の文法現象をすべてカバーできるようなものとして「学習英文法」という術語を捉えています。これさえマスターすれば、高校・大学などの英語読解に用いられる教材は十分理解できるはずです。

　コンピューターの操作に熟達したければ、まずはマニュアルを全部通読してみることだとよく言われますが、まさに同じことが学習英文法をマスターしたいと思う人にも当てはまります。英文法に関して万全の力をつけたいのであれば、定評のある英文法典を一度くらい隅々まで通読してみるのが肝要です。もしそれが時間的に無理な場合は、(6) と (7) で示したように仮定法ならば if か be だろうと目星をつけて辞書を引き、その項目全体を熟読すれば、必ずや英文法典に匹敵するくらいの知識を身につけることが可能になるでしょう。

3. 学習英和辞典の問題点

　筆者が高校時代に出会った英語辞典は、岩崎民平氏が編集された『新簡約英和辞典』（第 2 版、研究社、1956 年）と、A. S. Hornby 他編の *Idiomatic and Syntactic English Dictionary*（第 1 版、開拓社、1942 年）でした。これら 2 冊の英語辞典は当時としては画期的なものであり、これらから受けた実質的恩恵には今なお深く感謝していますが、昨今の中級学習英語辞典の充実ぶりに鑑みると、まさに隔世の感がいたします。しかしながら、そのような驚嘆すべきレベルにまで到達している学習英和辞典にも問題点がないわけではありません。今後の議論への話題提示といった意味合いも含めて、いくつか提起してみましょう。

[**A**]　伝統文法的記述に最近の統語理論研究の見解を接ぎ木したため、実にわかりにくい記述になったケースがみられます。たとえば、名詞・代名詞を修飾して「ただ...だけ」という意味を表すものとして only と alone がありますが、両者間には統語法上面白い相違点が見られると *Genius* は述べています。

(16) 1. Only John went there. / John only went there.
2. ［形容詞の項］John alone went there.
3. *Call John alone.（* は非文法的表現を示す）
4. ［副詞の項］This key alone will open the treasure box. / I did it for money alone.

　伝統文法に則って編集された英和辞典では、(16.1) の用法の only を副詞、(16.2) の用法の alone を形容詞と考えてきました。Genius においても alone の形容詞の項で、通例主語の名詞・代名詞の後で用いて直接目的語の後に用いることはできないが、(16.2) のような場合は副詞とも考えられると述べる一方で、alone の副詞の項に「名詞の後に置いて」と注記して (16.4) を提示しています。

　もともと alone に関する文法性判断のきっかけになったのは、Postal の「後置修飾要素 alone のついた名詞句は（派生）主語の位置にしか生じない」という主張であり、それを応用して小節（small clause）の中の名詞句が文法的に主語であることを論証した Radford の議論でした。

(17) 1. Gronzmeyer alone can help you. / Matilda alone is easy to seduce. / Harrison alone can be forced to resign. / *We were freed by the soldier alone.（P. Postal: *On Raising*, 1974）
2. I consider [Gronzmeyer alone responsible for the collapse of Arc Pair Grammar].（A. Radford: *Transformational Grammar*, 1988;［　］は小節の境界線を示す）

しかしながら、実際のデータを精査してみると、以下のような反例が次々に出てきます。

(18) 1. This is a problem to be solved not by America alone, but also by every nation cherishing the same ideals and in position to provide help.（Brown Corpus）
2. Any shortcomings are mine alone.（W. B. Sperlich: *Noam Chomsky*）

3. The law insists that taxis use this street alone for picking up passengers: they are not allowed to do so in neighbouring streets.（R. Quirk: *Words at Work*）

（18.1）では行為者を表す前置詞句、（18.2）では補語の所有代名詞、（18.3）では直接目的語の後に用いられています。また、（18.1）は "not alone ... but also ..."（＝not only ... but also ...）という相関表現の成立にいたる中間段階を示している点できわめて興味深い現象です。

　（16.3）を非文として排除する母語話者の直観的判断には、alone の典型的な様態の副詞用法（「一人で、単独で」）が干渉しているのかもしれません。

(19) 1. B. M. and Angela had spent the evening alone!（V. Woolf: *The Legacy*）
 2. We spent many hours alone together.（British National Corpus）

（19.1）では主語が複数なので結果的に alone は「二人だけで」の意味になりますが、昨今は様態の副詞用法であることを明示するためか、（19.2）に示すように alone together（「二人だけで」）というコロケーションが頻用されています。以上の言語データに基づく限り、alone をめぐる語法記述は、早急に再検討して書き直す必要があるでしょう。

[B]　次の（20.1）を意味解釈する場合に下線部は何の問題もないようですが、使用されている動詞が自動詞・他動詞のどちらかと問われると、たいていの大学生が立ち往生してしまいます。なぜならば、過去分詞が直前の名詞句を後置修飾する場合は、"We've fully analyzed all the risks involved." のように他動詞の過去分詞が原則だからです。

(20) 1. For a fortnight or so I had been in charge of a squad of men nominally recovered from wounds and awaiting their next transmigration.（E. Blunden: *Undertones of War*）

>   2. <u>Arrived at the edge</u>, old Jolyon stood, noting another water-lily opened since yesterday.（J. Galsworthy: *Indian Summer of a Forsyte*）

(20.2) は名詞句の後置修飾の例ではなく、文頭で分詞構文を構成していますが、ある面で (20.1) と性格を同じくしているので一緒に挙げておきました。さて、この問題を考えるにあたって、まず以下の例文について考えてみましょう。

> (21) 1. John <u>recovered from</u> the injury.（自動詞用法）
>   2. John <u>recovered</u> his strength.（他動詞用法）
>   3. Six bodies <u>were recovered from</u> the wreckage.（他動詞の受身形）

自動詞の recover (from ...) は「（病気から）快復する」という意味を表しますが、他動詞の recover は「〈健康・損失など〉を取り戻す、回復する」という意味を表し、(21.3) が示すように受身形になっても前置詞 from の後に病気名は来ません。したがって (20.1) の recovered は、先行する名詞句 a squad of men を後置修飾している自動詞の過去分詞なのだと考えざるを得ません。面白いことに、このような面倒な文法解説を避けて *Oxford Dictionary of English*（第3版、2010年）は、be recovered という成句（またはコロケーション）を提示し、"(of a person) be well again" という語義を示したうえで、次の用例を挙げる方法を採っています。

> (22) You'll <u>be fully recovered</u> before you know it.

生成統語論で「非対格動詞」(unaccusative verb) と呼んでいる arrive, come, fall のような、物事の発生・出現・到来・変化を表す自動詞は、今でこそすべて「have + 過去分詞」で完了形を表しますが、かつては "Spring is come." というように「be + 過去分詞」で完了形を表現していました。(20.1) は、過去分詞の前の「関係代名詞 (who) + were」が省略されて後置修飾構造になったものであり、また (20.2) も文頭の being が省略されて

過去分詞で始まる分詞構文になっています。なお、現在でもよく使われる "He is gone." は自動詞 go の完了形の生き残りと考えられます。OALD（第 8 版、2010 年）は ODE 方式を一歩進めて、"recovered adj. [not before noun]" という追い込み派生語を立て、(22) と類似の "She is now fully recovered from her injuries." という例文のみを提示しています。おそらく recovered に関しては、学習英和辞典においても、今後、形容詞の見出し語を立てる OALD 方式が増えてくることでしょう。

4. おわりに

本稿では、主として中級の学習英和辞典を取り上げて、その文法・語法記述の現状を再検討してみました。昔のように厳しい英文法教育を受ける機会を失いつつある現代の高校生や大学生が手軽に参照できるのは、学習英和辞典に盛り込まれている懇切丁寧な文法・語法記述しかないというのが現状なのかもしれませんが、辞書に記載してある情報を学生諸君が十分に参照しているとはどうしても思えません。やはり、今一度、英語教育の中核的部分に基礎英文法教育を位置づけてみる必要があるのではないでしょうか。それが欠如したままの状態では、いかに学習英和辞典が進歩しようと、その記述内容が英語学習の場で十分に活用されることはないでしょう。

〈参考文献〉

小島義郎（1984）『英語辞書学入門』（三省堂選書 110）、三省堂。
小島義郎（1999）『英語辞書の変遷――英・米・日本を併せ見て』、研究社。
馬場彰（1996）「コーパス言語学事始め」、『語学研究所論集』第 1 号、83–97 頁、東京外国語大学。
馬場彰（2002）「英和辞典と文法記述」、『英語青年』1 月号、53–55 頁、研究社。
馬場彰（2005）「意味変化をとらえる――コーパス言語学の視点から」、『言語研究の宇宙』、412–419 頁、開拓社。

☞ **オススメの学習英文法関連書**

・江川泰一郎 (1991)『英文法解説』改訂三版、金子書房。
　英文法の理解に必要なほとんどすべての項目を取り上げ、生きのよい簡潔な実例を添えながら解説した名著であり、英文解釈力と作文力の養成に最適です。
・小島義郎 (1984)『英語辞書学入門』(三省堂選書110)、三省堂。
　長年、各種の英語辞典編集に携わってこられた碩学が、具体的な体験に基づいて英語辞典の世界を非常にわかりやすく案内してくれる好著です。

19 コーパス研究と学習英文法

大名　力

1. はじめに

　どの言語でも語を適当に並べただけでは適切な表現にならず、あるパターンに従って語を並べる必要があります。大雑把に言ってそのパターンが文法になりますが、話者の頭の中にある文法は目には見えず、母語話者だからといって一生懸命頭の中を探ってみても文法は意識できません。したがって、実際に使用された文などをデータとして仮説検証の過程を経て中身を推測することになりますが、その際、発話を収集したコーパスは有効なデータを提供してくれます。新たな言語事実の発掘が英文法の記述の見直しへつながることもあり文法研究に役に立つコーパスですが、同時に過度な期待を抱くのも危険です。タイトルから「コーパスからわかる学習文法のあるべき姿」のようなものを期待されるかもしれませんが、コーパス利用の有効性について書かれた本は増えてきているので、本稿では見方を変え、コーパス研究で欠けがちな視点や暗黙の前提となり表で議論されにくい点などについて整理しお示ししたいと思います。

2. コーパスデータから"情報を読み取る"行為の意味

　まずは簡単にコーパスデータから"情報を読み取る"とはどういう行為なのか見てみましょう。次ページの図1に示すのは、Voice of America の韓国語の放送原稿を対象に「전화를」を検索し、右の文脈でソートしキーワードを中心に表示（KWIC 表示）したものです。韓国語がわからなくても、「전화를」の右に特定の要素が頻出することはわかるでしょう。

　「전화」は「電話」、「를」は「を」、「건」「걸어」などは動詞「걸다（かける）」の活用形ですが、韓国語がわからない人でも、字形の違いに基づい

```
"우리는 휴대 전화를 '비상용'으로 차안의 물    게 8일 늦게 전화를 걸어 콜롬비아 정부와
한 군사 직통 전화를 개통했습니다.          무장관에게 전화를 걸어 평화적인 해결을
리는 그러나 전화를 건 남자의 신원을 미국    앙 총리에게 전화를 걸어 희생된 캐나다 군
    하다가, 그 전화를 건 사람의 신분을 의심  이 수반에게 전화를 걸어, 그가 로야 지르가
호 서비스에 전화를 걸고는 자신의 위치를    사관들에게 전화를 걸어, 이번 사건은 자신
금 우주에서 전화를 걸고 있다고 말했을 때    가 누구에게 전화를 걸어, 지금 우주에서 전
의 자택으로 전화를 걸려 시도했으나 통화    론 총리에게 전화를 걸어, 팔레스타인 관할
서 경찰서에 전화를 걸면, 누군가에게 내가    힌 한 사람이 전화를 걸어 이번 공격이 자
왕세자에게 전화를 걸어 긴장 해소를 위해    를 보내거나 전화를 걸어줄 것을 요청했습
에게 차례로 전화를 걸어 대 이라크 작전의    에게 분주히 전화를 걸었다고 전했습니다.
대통령에게 전화를 걸어 문의한데 대해 이    하메드에게 전화를 걸었었다고 말했습니
대통령에게 전화를 걸어 미국의 고위급 특    이 6 차례나 전화를 걸었으나 경찰이 이를
둘라 왕에게 전화를 걸어 미국의 평화안에    폰 사용자는 전화를 걸지 않고서도 친구에
왕세자에게 전화를 걸어 미국이 지난 달 말    자신의 휴대 전화를 그대로 사용할 수 있는
수반에게 전화를 걸어 미군기의 오폭으       게 자사 휴대 전화를 대여하고 사용료를 정
찰국장에게 전화를 걸어 범인 검거를 축하    로써 당국이 전화를 도청하고, 민간인들이
대통령에게 전화를 걸어 수해 복구 노력을    관에서 초청 전화를 받고는 두번 생각할 필
시 경찰국에 전화를 걸어 시내 은행 한군데    911 비상 전화를 받은 기록들의 사본을
도자 들에게 전화를 걸어 양국이 외교협상    와 로밍 휴대 전화를 빌려 자신의 전화번호
자가 또다시 전화를 걸어 오도록 촉구하고    카드와 휴대 전화를 빌려서 자신의 전화번
엘 총리에게 전화를 걸어 요단강 서안의 군    서 처럼 휴대 전화를 사용할수 있는 될것의
령에게 각각 전화를 걸어 이같이 호소했습    유로이 휴대 전화를 사용할 수 있는 SIM
수반에게도 전화를 걸어 이번 분쟁에서 팔    시에 휴대용 전화를 이용해 일을 하고 있었
방 언론사에 전화를 걸어 이번 수류탄 공격    경우, 휴대 전화를 자판기에 올려 놓으면,
오 방송국에 전화를 걸어 이번 연쇄 방송     슐씨는 휴대 전화를 차밖으로 내던져버리
총리에게도 전화를 걸어 이와 똑같은 메시    습지도 또는 전화를 통한 상담등 매우 다양
둘라 왕에게 전화를 걸어 자신의 중동 평화   24일 양측이 전화를 통해 수정된 러시아측
왕세자에게 전화를 걸어 중동평화를 위한    국 대통령에 전화를 통해 애도의 뜻을 전했
이 총리에게 전화를 걸어 지진피해에 대한    판기가 휴대 전화를 통해 은행 차변에 값을
포셋 씨에게 전화를 걸어 축하 인사를 건넸   외무장관과 전화를 통해 일요일부터 발효
제사들에게 전화를 걸어 충돌 위험을 경고    우스 박사는 전화를 통해 환자들의 진료약
```

図1 韓国語テキストのKWIC表示（キーワード：전화를）

て並べ替えたり、個々の文字列の頻度や文字列同士の共起頻度を計算したり、ある計算式に従い共起強度を計算することはできます。単純化して言ってしまうと、正確かつ高速であってもコンピュータが行っているのはこういう類いの処理で、意味や統語情報などを扱っているわけではありません。したがって、言語学的に意味のある情報を得るには、研究者が話者／研究者としての知識を使ってパターンを探り出していくことになります。

　今度は日本語の例で考えてみましょう。大学の授業で、「電車｛を/に｝乗る」「部屋｛を/に｝入る」と書き助詞の使い方について聞くと、「電車に乗る」「部屋に入る」はよいが「電車を乗る」「部屋を入る」はおかしいという答えが返ってきます。しかし、サーチエンジンなどで「"を入る"」を検索し用例を観察すると、学生たちは「入る」がヲ格の名詞句を取ることが可能であることに気づき判断を変えてきます。次ページの図2は『中日新聞記事データ集』（2001年）から「を入る」「を入っ」を検索、前の文脈

```
       イバーなどで作られた。入り口を入ったすぐの三階まで吹き抜けになっ
              トタン塀の入り口を入ると、犬たちが一斉にほえだす。放
を借りた。連絡をすると、路地を入った駐車場の陰で見知らぬ男から金
     【三重県】細い路地を入っていくと、ツンとした酢のにおい
。子どものころ、城下町の路地を入るとあちこちで「カタカタ」という
に近い国道１９号から一本裏道を入った市道。近所の主婦は「数年前か
ぐ前。閑静な住宅街にある。門を入ると三角屋根の洋館。母屋に隣接し
姫路城を、初めて訪れた。城門を入ったとたん、これまでの失礼の数々
         山門を入って左手にもうひとつ復元された五
      名古屋城の東門を入るとすぐの野外大ビアガーデンでは
とまりやすいよう、花壇は校門を入ってすぐ。校外での花作りなど花い
    メーン花壇は校門を入ってすぐ右にあり、三つの花壇から
         正門を入ると、あたりが急に暗くなった。右
         正門を入って右手にある「アミューズメント
     【愛知県】正門を入ると、赤、黄、ピンクのすてきなバ
         玄関を入るとロビー。池田佐知夫館長の案内
ため、色紙を持っていた。玄関を入るなり、気をつけの姿勢をとって自
勢支部庁舎が改修された。玄関を入ってすぐの事務室の壁を、高さ約二
からここで作られている。玄関を入ると、あちこちに「ドラえもん」の
場で二階が居住スペース。玄関を入ってすぐのところに十畳ほどのガラ
    【三重県】車寄せのある玄関を入ると、三階まで吹き抜け。床はタ
       町役場玄関を入ると「高遠町緊急不況対策本部」「
が分かりやすいよう、正面玄関を入ってすぐ左側の目立つ位置に設けた
       庁舎一階正面玄関を入ったところの総合案内に設置された
ゴール）となる。運動公園正面を入ると、右手に陸上競技場が見える。
招提寺にしても山門（南大門）を入って正面の、あのゆったりとした天
```

図2　日本語テキストのKWIC表示（キーワード：を入る／を入っ）

でソート（重複行は削除）しKWIC表示したものですが、「入る」がヲ格を取ることがわかります。

　しばらく用例を見ていると、「玄関」などの特定の語がよく現れるという表面的なパターンだけでなく、「入る」が「入口の通過」を表わしている（そういう状況に対応している）ときにヲ格を取っていることに気づく学生も出てきます。「入口の通過」のような情報はコーパスデータそのものには存在しないため、このような一般化に至るには、「玄関に入る」と「玄関を入る」、「部屋に入る」と「部屋を入る」の意味の違いは何か、「門に入る」がおかしいと感じるのはなぜか（あるいは、どんな門であれば「門に入る」ことが可能になるか）など、頭の中に構築された（無意識の）情報をもとに検討することが必要になります。

玄関に入る　玄関を入る　門に入る　門を入る　部屋に入る　部屋を入る

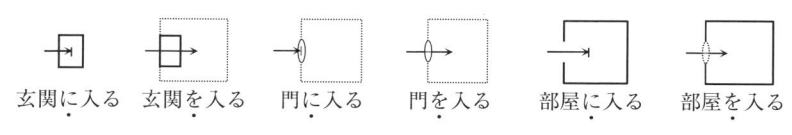

図3　「に入る」と「を入る」

　韓国語の例のように、その言語の知識がないと表面的なパターンは観察できても背後にある原因はわからないままですが、「〜を入る」の例では情報を読み込むことにより表面的なパターンの裏にあるものが見えてきます。このように、コーパスデータから意味のある一般化を引き出すためにはデータにある情報とそれをもとに機械的に構築できる情報のみでは不十分で、分析者による情報の付与と情報・パターンの意識化が不可欠になります。我々はよく「データから情報を読み取る」のような言い方をし、データ自体に読み取った情報が存在するかのように語りますが、実際にはデータから直接得られる情報をもとに人が頭の中で作り出しているものです。"読み取れる"情報は分析を行う研究者に依存している部分が大きいため、コーパスを使えば誰でも同じように情報が"取り出せる"わけではなく、場合によっては誤った情報を"読み取って"しまうこともあります。コーパスを有効に活用するには、利用者自身に、抽出されたデータにあるパターンを見出し、適切な意味のある解釈を与える能力がなければなりません。研究者の言語感覚や理論による予測、解釈が重要な働きを果たすため、直接的な事実観察は重要であり、表面的なパターンの記述に終わらないためには、理論が不可欠になります。コーパスは便利な道具ですが、利用者がわからないことでも自動的に情報を提供してくれる打ち出の小槌ではありません。

3.　コーパス研究の体系化、明示的議論の必要性

　現在ではコーパスの利用者も利用方法もさまざまで、また、個々の具体的な表現の用法に関心が向きやすいこともあってか、用語が指し示すものにずれがあったり、隠れた前提があっても明示的に検討する機会が少なく、共通理解の欠如から話が噛み合っていないと感じることがあります。一口に「文法」と言っても、それが何を指しているかは、分野、研究者などに

よっても変わってきますので、まずは「文法」について簡単に整理してみたいと思います。

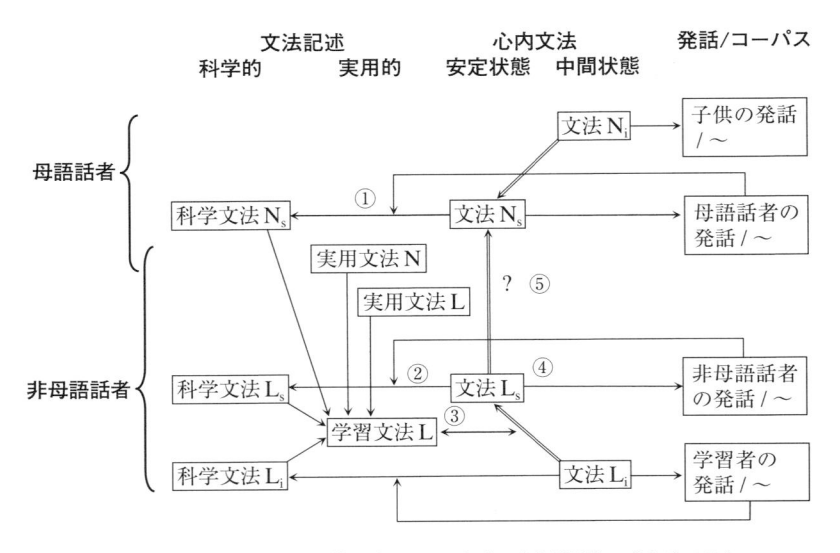

```
             文法記述              心内文法           発話/コーパス
         科学的    実用的      安定状態  中間状態

母語話者 {                              ┌─文法 $N_i$─→ 子供の発話/〜
         科学文法 $N_s$ ─①→ 文法 $N_s$ ────────→ 母語話者の発話/〜

         実用文法 N
         実用文法 L        ? ⑤
非母語話者{                     ④
         科学文法 $L_s$        →  文法 $L_s$ ────→ 非母語話者の発話/〜
                    学習文法 L  ③
         科学文法 $L_i$              文法 $L_i$ ──→ 学習者の発話/〜
```

※ 関係を示したのは一部で、線が引かれていなくても無関係というわけではない。

図4　さまざまな「文法」

　「文法」を、話し手の頭の中にある「心内文法」と、科学的な研究や実用のために目に見える形で書き表した「文法記述」に分けています。また、科学的に正しい文法記述と実用に役立つ文法記述は一致するとはかぎらないため、それらも区別して扱う必要があります。心内文法のうち中心となるのが成人母語話者の頭の中にある文法で、これを N_s で表し、習得段階 i $(0 < i < s)$ にある子供の文法を N_i で表すことにします。外国語として英語を学ぶ場合も頭の中に文法が作られていきますが、段階 i の文法を L_i で表すことにします。母語話者と同じでなくても英語で問題なく言語活動が行えるレベルにある話者の文法を一応の到達点として L_s で表すことにします。各心内文法により産出される発話と対応するコーパスを加え関係を示したのが上の図4になります。コーパス研究では、「文法」が何を指すか、学習者が到達すべき文法は何かなどについて、明示的な議論なしに話が進められることがありますが、このように明確に区別したうえで議論する必

要があるでしょう。

4. コーパス研究の非明示性の問題：観察された事象のパターンの記述と理由の説明

　まずは、図4の①②③に関わる問題について見ていきましょう。

　文法 N_s は直接観察できないので、その属性の反映と考えられるさまざまなデータを利用し探ることになります。コーパスもデータとして利用されますが、2節で見たように、具体的な文字の連続として現れる語の操作は機械的に処理しやすいのに対し、形としてコーパスに現れない（コーパスに組み込むのが容易ではない）統語、意味、談話等の情報などは人がデータから読み込む必要があるため、得やすい情報に偏りが出てきます。このような事情から、コーパス研究では語法研究、辞書編纂において成果が上がりやすく、また、コーパスにおける語と語の共起関係は機械的処理が容易で観察しやすいため、いわゆる"コロケーション"の研究が盛んです。

　実際に成果が出ているコロケーション研究ですが、さまざまな要因により決まる語と語の間の共起関係をまとめて「コロケーション」と呼ぶことには弊害もあります。2節で見たように、人は言語表現を示されると情報を読み込んでしまうため、要因を明示せずとも例を示して「コロケーション」と言えば、その関係を説明したような気になってしまうためです。この問題は「コロケーション」を「語と語の慣習的な結び付き」と言い換えても解決しません。

　語は記号の一種で、形式（音声言語であれば音声形式）と意味の組合せから成り、品詞などの情報も持ちます。実際の言語使用においては「犬」と言われれば、指示対象（指示物）のことを考えることが多いでしょう。このように語にはいろいろなものが関係してくるため、何を問題としているかを明示して議論しないとすべて語の話と捉えてしまいがちですが、これらは区別して考える必要があります。

　具体例として、英語のコロケーションの例としてよく挙げられる strong tea について考えてみましょう。英語では「濃いお茶」のことは strong tea と言い、powerful tea とは言わないことから、strong tea はコロケーションであると言われることがあります。しかし、John drank most of the tea but complained that it was too strong. のように、tea と strong という語が直接的な修飾関係や叙述関係にない場合でも使うことができますし、I can't drink this. It is too strong. のように tea という言葉は出てこなくても、this や it が指し示しているものがお茶であれば strong が使われます。tea という語は現れないから powerful, dense, thick でいいということにはなりません。名前を知らなくてもお茶のような飲み物であれば strong が使われるように、お茶のような飲み物のある状態のことを strong で表現するのであって、strong と tea という語と語の間の直接的な関係ではないことがわかります。

　次に、2節で見た「〜を入る」について考えてみましょう。〜の部分には「玄関」などの語が来ますが、それは何を意味するのでしょうか。考えられる可能性の1つは、「（を）入る」の意味が「入り口」の意味を持つ語を目的語として要求するため、「玄関」などの名詞が現れるというものでしょう。しかし、目的語となる名詞の中には「正面」のように語そのものに「入り口」という意味があるとは考えられないものもあります。大切なのは「正面」に「入り口」の意味があるかどうかではなく、「正面」が指すものが入り口としての機能を果たしているかどうかなので、「玄関」などの例も含め、「（を）入る」の意味が「入り口の通過」が行えるものを指示物とする名詞を要求していると考えるほうがよさそうです。この見方では、「（を）入る」の意味と名詞の指示物の関係と、現実世界での話題になりやすさから、共起しやすい名詞が決まってくることになります。

　come here は間違えないのに go there を go to there としてしまう日本人学習者が少なくないことから、go there というコロケーションが身についていないと言われることがあります。しかし、動詞が移動を表す場合、go (×to) {there / home / abroad}、run (×to) {under the table / behind the sofa} のように、到達点を表す副詞類の前に to が付かないことからわかるように、go to there ではなく go there となるのは一般的な規則に従うもので、go と there という語の結び付きの問題ではなく、基本的には文法の問題と捉えるべきものです。

　もちろん、共起関係を語と語の間の直接的な関係として捉えるべきものもあります。「アンケートを取る」などはそのような例でしょう。「行う」「実施する」なら、「アンケート」「調査」どちらも目的語になりますが、「ア

ンケートを取る」とは言えても「調査を取る」とは言えません。また、2種類のアンケートA・Bがあったとして、状況から「A」だけでアンケートAを指すことがわかれば「Aを{行う/実施する}」と言うことはできますが、「Aを取る」とは言えません。「取る」という動詞を使うには、目的語の指示物がアンケートであるだけでは不十分で、「アンケート」という語が現れていなければならず、語の意味・指示物だけでなく、語のレベルでの直接的な結び付きとして捉える必要があります。

　紙幅の都合で他の例を取り上げることはできませんが、"コロケーション"と言われる語の組合せについて検討してみると、さまざまな要因により生じている語と語の共起関係が"コロケーション"としてまとめられてしまっていることがわかります。もちろん、「語と語の間の慣習的な結び付き」と捉えるべきもの、そう捉えるべき側面もあるわけですが、観察される語と語の共起関係すべてについて原因を問わずに「コロケーションだから」「慣習だから」としたのでは、実際に話者の頭の中にあるものを捉え損なってしまいます。意味、統語情報などは直接観察できないため、直接観察可能な語の出現、語と語の共起関係として捉えてしまいがちですが、共起関係を引き起こしている要因が重要です。これは学習者コーパスから得られたデータについても言えることで、頻度の高い正用法・誤用をリストするだけではなく、それを引き起こしている学習者の頭の中にあるものが何かを考える必要があります。

　頭の中で働いているものを何と捉えるかにより、コーパスにおいて注目すべき点も変わります。例えば、go + there、go + 副詞、移動（様態）動詞 + 到達点を表す副詞類、など、何を問題とするのかによって、数える対象も、

　　go there
　　go {there / home / abroad / …}
　　{go / walk / run / …} {there / home / abroad / … / under the table / behind the sofa / …}

のように変わります。もし、学習者が go to there としてしまうのが there を日本語の「そこ」に対応する名詞相当のものと捉えているためだとすれば、他の名詞が現れる位置にも「そこ」を表す there が使用されることが

予想され、例えば次のような表現についても関連項目として調査することになるでしょう。

> live in {it / there}（cf. live in the city, be in there）
> visit {it / there}（cf. visit the city, visit in the city, leave there）
> the city {which / where} I want to visit
> {It / That / There} is a city …
> {This / Here} is a town …

このように、共起関係を引き起こしている要因を何と捉えるかによって、着目すべき点、調査すべき項目も変わり、基礎データとなる頻度にも影響が出ます。

　もちろん、科学文法と学習文法は区別して考える必要があります。学習という点では典型的な組合せを覚えさせることは有効なやり方です。例えば strong tea, thick soup を"コロケーション"として覚えれば応用が利くでしょう。go there をしっかりと覚えさせれば、go {abroad / under the table / behind the sofa} でも「〜に／へ」を表す to を付けなくてもいいことを理解させるための橋渡しとなり、有効な教え方かもしれません。しかし、研究のレベルでは心内文法（そしてそれを記述した科学文法）と学習文法は別のものであり、心内文法の規則を探り出す科学文法のためのデータとしての扱いと、学習者が規則を効率よく習得するための刺激としての使用は区別して考える必要があります。どちらも学習者が対象で混乱しやすいところがありますが、実践的な語学教育と科学的な言語習得研究では捉え方が異なることを押さえたうえで、議論する必要があります。

5. 学習者が習得すべきものは何か

　次に図4の④⑤について考えることにしましょう。
　語法研究は英語の"達人"（すでに文法の基礎は身に付けている人たち）によるものであることが多く、学習者の中間状態の文法 L_i と安定状態の L_s の差よりも、L_s と母語話者の文法 N_s の差に関心が向けられることが少なくありません。現在では母語話者でなくとも大規模コーパスの利用により

広範囲にわたる緻密な観察が可能になっていますが、その結果、提示される事項が英語教育の現実から乖離してしまうようなケースも出てきます。語法研究としては興味深くても、英語教師が知らなかったり感心したりするような語法が生徒に必要かどうかについては、別の観点から評価する必要があります。時にコロケーションの重要性を強調するあまり文法は不要であるかのような発言が聞かれることもありますが、改めて発言の内容を検討してみると、基本的な文法が習得されていることが前提になっていたり、"コロケーション"が実は文法の問題であったりすることもあるので、「文法は不要」というのを言葉通りに取ってはいけないでしょう。身に付けるべき文法の内容は何か、それをどう教えるか（明示的に教えるか、例を通じて身に付けさせるか、その両方か）、どういう説明・例が適当かは、区別して議論する必要があります。

　学習者が到達すべき文法 L_s は母語話者の文法 N_s と同じでないといけないのか。この問いに対する答えはコーパスだけを見ていても出てきません。(1) 目的論、(2)(1) の目的に応じた習得／到達すべき英語の形、(3)(2) の習得のために望ましい学習法・教授法、教材とその配列等に対する問題提起、それに対する暫定的な答えがあり、それに応じて調査すべきコーパス、構築すべきコーパスも決まってきます。暗に母語話者と同じ文法の習得が目標という前提で話が進められることがありますが、単に他の可能性を検討していないためであったり、他の選択肢がないための選択となっていることもあるので、今後そのような視点からの検討も必要となってくるでしょう。実際の研究で取り上げられる"コロケーション"の中には、その習得に時間を費やすのにどれだけの意味があるのか疑問に思われるものもあるので、母語話者の発話における使用頻度だけではなく、学習目的、コミュニケーションにおける有用性などの観点からの評価も必要でしょう。コーパスを構築することは容易ではないこともあり、既存のコーパスをもとに考えてしまいがちですが、それでは見えなくなってしまうこともあるので、逆の視点から考えることは重要なことでしょう。

6.　お わ り に

　現在ではコーパスの種類・規模もいろいろ、利用法もいろいろです。コー

パスが変われば検索結果も変わり、得られる情報の質・量も変わります。また、ある種のコーパスを対象とした、ある種の研究において妥当と認められる方法が、自動的に他の場合でも有効となるわけでもありません。経験のある優れた語法文法研究者が大規模コーパスの利用により成果を出していても、それにより小規模な学習者コーパスを用いた研究でのコーパスの利用法の妥当性が保証されるわけではありません。多種多様なコーパスの存在を意識せずに"コーパス"と一括りにしてしまうと、不適切な方法が使用されても妥当性の検証が行われにくくなります。コーパスを研究に利用するさいには、研究目的に照らし合わせて、使用するコーパス・手法が適切か検討し、もしコーパスだけでは不十分であれば、実験等による他のデータを用いる等の対応を考える必要があります。既存のコーパスでできることを考えるだけでなく、話者の頭の中にある文法を中心に、その内容を探るにはどのようなデータが必要か、どのようなコーパスを構築・使用すべきかを考えていく必要があるでしょう。

> **オススメの学習英文法関連書**
>
> 江川泰一郎（1991）『英文法解説』改訂三版、金子書房。
> 　　適切な学習文法書は学習段階・目的（あるいは好み）で異なりますが、この本は基礎の習得が済んだ人のためのレファレンスとして重宝します。この本の特徴を簡単にまとめると、文法項目別に用例を分類し簡単なコメントを付けたものとなるでしょうか。ある意味で"不親切"な文法書とも言えますが、例に語らしむることにより言葉による説明を少なくすることによって、このサイズの本に非常に多くの項目を盛り込むことを可能にしています。Xバー理論など理論言語学を学んでからこの本の例文を見ると新しい発見があり、自分の英文法の知識で欠けているところが見えてきます。

V 眺望

20 学習英文法への期待

安井　稔

1. 学校文法と科学文法

　現在、科学文法のほうが学校文法よりも優れていると考える人は、もはやいないでしょう。両者は、互いにその達成すべき目標を異にしているからです。

　すなわち、いわゆる科学文法は、言語の正確で簡潔な、しかも包括的な記述を意図しているのに対し、学校文法のほうは、入門期における英語学習者の学習効率が最大になることを意図して編まれているものだからです。両者の記述は、部分的に重なっていることもあれば、重なっていないこともあります。また、両者には、当然のことながら、進歩・改良の余地が残されています。新しい科学文法における新知見の中で、学校文法に適用可能なものがあれば、ためらうことなく適用を試みるべきでしょう。

2. 文の構造と5文型

　英語学習の初期段階において、いわゆる5文型が果たしている役割はきわめて大きいと考えられます。それは、基本的な文を識別し、分類するための、いわば型紙です。与えられた文が、例えば、SVOCの型の文であるとわかれば、生徒も先生もともに納得し、一件落着となります。けれども、その文がSVOCという文型であるということ自体は、どのようにしてわかるに至るのでしょうか。この間の説明は、通例、抜け落ちていたように思われます。

　文の意味がわかれば、文型の判定はすぐ可能となります。が、文意はわからないのに文型のほうははっきりしているということは、通例ありません。つまり、文型の決定に至る道筋は、文意の決定に至る道筋とほぼ重なっ

ているということです。では、文意の決定は何を手掛かりとし、どこから始めてゆくべきものでしょうか。

　正解は、「述語動詞に着目することから始める」とするものでしょう。意味にせよ、構文にせよ、なんだかどうもよくわからないという文にでくわしたら、「まず述語動詞を探しなさい」ということです。述語動詞を探し出すことに、それほど困難はないはずです。

　述語動詞というものは、その文の中で、いわば、最高の権威を与えられている語です。ここで、便宜上、時や場所を表す副詞的修飾語句を切り離しておくことにします。すると、文中の述語動詞以外のすべての語句は、述語動詞に支配され、統率されているという関係が成り立つことになります。逆に言うと、なんらの関係も述語動詞に対して持たない語句、すなわち、述語動詞に対し、いわば宙ぶらりんの状態にある語句は、その存在が許されないということです。この原則は、どのような英文にも当てはまるきわめて基本的な制約です。ただし、例外はあります。代表的なのは、「主語＋述語」全体を、その外側から修飾する文修飾の副詞的修飾語句です。通例文頭に置かれ、fortunately（幸せなことに）、regrettably（残念なことに）のように1語であることも、to be frank（ざっくばらんにいえば）とかhistorically speaking（歴史的にいえば）などのように、句であることもあります。が、意味の上からも、韻律の上からも、これらが文修飾の副詞的語句であることは紛れようもなく明らかで、文構造の基本を乱すということはありません。

　文の中核であるとした動詞は、後続の諸要素と合して、まず、文の述部を形成します。この述部が文の主語と合体して、その文の意味を形成します。そこで問題となってくるのが、述部の構造と意味です。この述部の構造は何によって決まるかというと、述語動詞によってです。したがって、述語動詞の特性を十分に理解する必要を生じます。これは、手元にある辞書をよくみればわかります。

　例えば、補語を必要とするbe動詞の仲間であるかどうか。be動詞の仲間でないとしたら、普通の自動詞であるのか。それとも他動詞であるのか。他動詞であっても目的補語を必要とするものであるかどうか。さらに、二重目的語を必要とする他動詞であるかどうか、等。

　こういうことを整理した結果、得られるのが5文型です。

つまり、5文型というのは、英語の学習初期段階において学習の出発点をなすものと考えられるものではなく、ある程度実際の英文に接したあと、それらの文の整理に役立つものとして、あとから提示されるべきものであると考えられます。5文型という概念が、その活力を失い、ほとんど死に体に近い扱いを受けるに至っているのも、このあたりにその原因があったのではないかと思われます。

　ここで、述語動詞として killed が用いられている文があったとしてみましょう。kill は、典型的な他動詞です。しかも、それは「人を殺す」という意味の語です。述語動詞として killed が用いられているとわかったとき、ただちに次のことを想定すべきです。まず「殺人という行為を行った動作主がいるはずです。それはだれか」、「殺すという行為の被害者となった人がいるはずです。それはだれか」、「殺すためには何か道具が用いられたはずです。それはピストルか、それともひものようなものか」、「場所はどこで、日にちはいつか」、等々。こういう想定に基づき、実際の英文との照合を進めてゆくと、その文の意味解釈が得られ、その文型がSVOであり、いくつかの修飾要素を伴っているということもわかってきます。

　文の意味解釈がうまくゆかないときは、まず「述語動詞を確定しなさい」と言ったのはこういうことなのです。細かな点になると、問題は際限なくでてきます。特に注意を要するのは、義務的に前置詞句を必要とする述語動詞の場合です。これには、自動詞（SV）の場合と他動詞（SVO）の場合とがあります。義務的に必要な前置詞句を A（adjunct［付加詞］）で表すとすると、SVA と SVOA という2つの文型が加わることとなり、5文型は7文型に拡張されることになります。

　具体的な例を少し見ておくことにしましょう。まずは次の (1) と (2) です。

（1）a. He lived in Paris.（彼はパリに住んだ）
　　　b. *He lived.
　　　c. ?In Paris he lived.
（2）a. She bought two hats in Paris.（彼女はパリで帽子を2つ買った）
　　　b. In Paris she bought two hats.

この場合、live が「居住する」という意味であると、前置詞句を義務的に必要とします。その前置詞句は、動詞とのいわば密着度が高いため、動詞から切り離して文頭に移すと、容認度が低下します。この容認度の低下という現象は、(2) における buy のような動詞の場合には生じません。

他動詞の場合を、次の (3) に示します。

(3) a. She put the kettle on the stove.（彼女はやかんをストーブの上に置いた）
b. *She put the kettle.

3. 文法は英語の学習にとって無用の長物でしょうか

「無用の長物」というのは、手元の辞書によると「役に立たないもの。かえってじゃまになるもの」ということです。「学習英文法などなくもがな」と考える人々にとってこれほどぴったりした学習英文法評はないと思われます。が、それは正しいと言えるでしょうか。

結論を一言でいうなら、それは誤りです。が、そう言ったからといって相手が納得するとは思われません。「文法とは何か」ということに関し、根本的な見解の相違が見られるからです。文法不要論を唱える人たちは、文法を「なんの役にも立たない文法用語の長いリスト」くらいに考えているように思われます。他方、文法は必要であると考える人たちの考える文法とはどんなものでしょうか。ここでは「文の意味を理解するために必要となってくる文の仕組み」くらいの理解で十分であろうと思われます。こういう立場に立ちますと、文法によって支えられていない文というものは、そもそも存在しえないということになります。英語の文はどこを切っても、いわば、文法という名の血が流れているということです。本当は、文法不要論などが入り込むすきまなどどこにもないのです。具体的な例について少し見てゆくことにしましょう。

3.1 名詞化形について

形容詞 solid と対応する名詞形 solidity との間には、意味上の違いがあるでしょうか。形容詞 white と名詞 whiteness との間に意味上の違いがあ

るでしょうか。意味上の違いはないと考えるべきでしょう。あるのは品詞の違いだけです。名詞の形をとると、主語や目的語として用いることが可能となります。同時に、抽象化の階段を一つ上ることになります。

このことは、destruction（破壊）のような名詞化形の場合、もっとはっきりします。対応する動詞の場合であれば、「いつ、だれが、どこで、何を道具として用い、何を壊したか」ということが問題となっていたはずです。これら諸要素のうち、「壊す」という要素だけを残し、他をすべて洗い流すことによって得られるのが抽象度の高くなった destruction です。

3.2 数の一致について

まず、目の前にあるテクストの中に …the children is… という連鎖が出てきたとしてみましょう。生徒の反応はどうでしょう。まず「これはおかしい」と思ってくれない生徒は救いようがありません。「これはおかしい」と思うだけの文法的知識を身につけている生徒の場合、どうでしょうか。構文を左にたどってゆき、単数形 is と整合する語を求めるであろうと思われます。その結果、例えば、次の (4) のような文が見つかったとしてみましょう。

    （4）　The doctor who invited the children is coming this evening.（その子どもたちを招待してくれたお医者さんが今晩おみえになります）

数の一致とか、関係代名詞の用法とかは、初歩的な文法的知識の一部です。そういう知識が欠落している生徒に、(4) のような文を理解させる方策はあるでしょうか。

3.3 あいまいな文と不明確な文

具体的な文から見てゆくことにしましょう。まずは次の (5) です。

    （5）　The curry was hot, and so was the tea.（そのカレーは熱かった。そして、紅茶のほうも熱かった）

ただし、この文にはもう一つ、可能な解釈があります。それは次の (6) です。

(6) そのカレーは辛かった。そして、紅茶のほうも辛かった。

しかしながら、次の (7) に示す解釈はありません。

(7) a. そのカレーは辛かった。そして、紅茶のほうは熱かった。
    b. そのカレーは熱かった。そして、紅茶のほうは辛かった。

これらの場合、hot はあいまいで2通りの解釈を許します。「熱い」と「辛い」です。

例 (5) のような場合、2つの文が含まれていますから理論的には「熱い―熱い」、「熱い―辛い」、「辛い―辛い」、「辛い―熱い」という4通りの解釈が可能なはずです。が、実際は、2通りにあいまいであるだけです。交差した読み、いわば中流で馬を乗りかえることが禁止されているからです。通常の社会生活では「辛い紅茶」というのは存在しませんので、(5) は「カレーも紅茶も熱かった」と解されるのが普通です。

ついでに次の (8) を見ておくことにしましょう。

(8) John kicked the ball, and so did Harry. (ジョンはそのボールをけった。そしてハリーもけった)

この場合、「ジョンは右足でけり、ハリーは左足でけった」としてみましょう。それでも、(8) は適格な文です。ということは、kick の場合、右足でけるか左足でけるかということは未確定のままでよいということを示しているということになります。

文法というのは、大まかに言えば文の決まりといったものです。そういう文の決まりは不要であるとして英語を学習することがそもそも可能でしょうか。答えは明らかであると思います。

3.4 分裂文の働きについて

　ここで、日本語のからんでくる例を1つ見ておくことにしましょう。ラジオのニュース番組で「なでしこジャパンは昨夜オーストラリアと戦いました」と言っていたとします。続けて「なでしこジャパンが...」と言ったとき、急に停電になったと仮定してみましょう。この時点で、つまり後に続く放送を聞かないままで、どちらが勝ったか予測できるでしょうか。

　できます。100パーセントの確率で、というわけにはゆきませんが、特別なことがないかぎり、なでしこジャパンの勝ちです。どうしてそういうことが言えるのでしょうか。かぎは「が」にあります。

　こういう場合の「が」には、問題となっていることを唯一的に指定するという働きがあります。上で触れたサッカー試合の場合、問題となっているのは「その試合に勝ったチーム」と考えることができます。つまり、「どちらかが勝った」ということは既知情報で、その「どちら」かを唯一的に指定しているのが「なでしこジャパンが」であるということです。もし「なでしこジャパンが」の代わりに「なでしこジャパンは」が用いられていたらどうでしょうか。それは、なでしこジャパンが負けたか引き分けた場合ということになりましょう。

　英語には、「は」に当たる語も「が」に当たる語もありません。では、上のような文脈において「なでしこジャパンが勝ちました」という日本語の文が伝えているニュアンスを英語の文で伝えることはできないのでしょうか。そんなことはありません。日本語にはないといってよい別の構文を用いることによって表すことができるからです。次の(9)を見ることにしましょう。

　　(9) a. Nadeshiko Japan won the game.
　　　　 b. It's Nadeshiko Japan that won the game.

この場合(9a)は次の(10)に示すような2通りの解釈が可能です。

　　(10) a. なでしこジャパンは勝ちました。
　　　　　b. なでしこジャパンが勝ちました。

ただし、(9a) の文は、(10b) の意味になるためには、(9a) の文の主語 Nadeshiko Japan のところに文強勢 (sentence stress) が置かれなければなりません。

他方、(9b) は分裂文と呼ばれ、It's の次にくる要素に文強勢が置かれ、通例「勝ったのはなでしこジャパンです」のように訳されますが、「が」を用いるとなれば、まさに (10b) の「なでしこジャパンが勝ちました」となります。文法不要論に立つかぎり、こういった説明がいっさいできなくなることは明らかでしょう。

4. 文法的メタファーから見た5文型

いわゆる5文型は再評価されてしかるべきであるとする考え方には、もう一つ、別の根拠があります。それは、M.A.K. ハリデー (M.A.K. Halliday) の文法的メタファー論です。この理論によれば、英語におけるすべての表現は、概略、2つに分かれます。整合形 (congruent form) と文法的メタファー (grammatical metaphor) です。

整合形というのは、いわば「見たまま、聞いたまま、感じたまま」を素直に言語化したものについて言います。「小学生的英語」と言ってもよいものです。

これに反し、文法的メタファーのほうは、整合形に名詞化 (nominalization) のような文法的操作の加わったもの、あるいは、なんらかの文体論的操作の加わったものについて言います。こういった操作が加わっているぶんだけ、文法的メタファーは、整合形に比べてより複雑であり、より抽象的です。それだけ理解も困難となります。文法的メタファーが大人のことばであり、科学や学術を支えていることばであることは、言うまでもないでしょう。

英語という言語を歴史的観点から見てゆくと、文法的メタファーの使用が急に増えている時期に出会います。それは、17世紀末ごろにおける散文においてです。このとき、イギリスは、ニュートン (I. Newton, 1642–1727) によって代表される急速な科学の発展期を迎えています。文法的メタファーの膨張と科学の新展開とが、時期を同じくしているということです。もっと言えば、抽象的な事象を自由に操ることのできる言語能力の発展が新し

い科学の勃興を促したということです。

　文法的メタファーが発展し、抽象的な概念の組合せを基盤として誕生した新世界は、当然のことながら、理解するのに困難を伴うことになります。その困難を克服し、正しい理解に至るただ一つの道は、いわば、固く引き締まった感のある文法的メタファーをほどいて、もとの整合形にもどしてやることです。

　例えば、comparison（比較）という文法的メタファーであれば、整合形 compare が得られるまで、これをほどいてゆき、「比較されている A と B とは、何であるのか」、「A と B とに共通な特性が想定されているはずであるが、それは何であるか」、「比較を行っている主体はだれであるのか」、さらに、「その比較は何のために行われているのであるか」等々のことを問うのです。この「ほどき」操作によって、抽象世界の住人であった comparison は具体世界の大地に足をつけることになり、我々は、自分自身の力で、理解が困難であった抽象的な文法的メタファーを具体的な形で理解することが可能となる解きほぐし方を手に入れることになるのです。

　注意すべきは、この解きほぐしが完了したとき、手元に残るのは、5文型のいずれかに属する文ばかりであると思われるという点です。このことは、具体的な例についていちいち説明するまでもないでしょう。例えば、The driver's over-rapid downhill driving of the bus resulted in brake failure.（ドライバーは下り坂でバスのスピードをだしすぎたためブレーキの故障を引き起こした）という文には、数個の文法的メタファーを見てとることができますが、それらをほどいた際に得られる整合形がすべて5文型のわく内に納まることは、いわば、暗算によっても確かめることができるでしょう。

　上で、イギリスにおける科学の急速な発達は17世紀末ごろであり、それは文法的メタファーの発達時期と重なる旨を述べました。これは、系統発生的に見た科学史の姿であり、これを平行移動して、個体発生の歴史の中にその対応物を求めてゆくと、中学2, 3年のころという時期が得られます。イギリスにおいても、日本においても、抽象概念を表す難しい語、すなわち、文法的メタファー表現が、どの教科においても急増してくる時期です。どこの国においても、落ちこぼれの増える時期ということになります。

これをわが国における英語教育という観点から見ると、どういうことになるでしょうか。結論的に言えば、従来においても行われてきたことであるとは思われますが、授業の欠くべからざる中心的な課題として、より組織的に「文法的メタファーをほどく作業」を組み込むべきであると考えられます。これによって、落ちこぼれ予備軍かと思われる生徒の何人かを救出することができるようになるかもしれません。

> **オススメの学習英文法関連書**
>
> ・江川泰一郎（1991）『英文法解説』改訂三版、金子書房。
> 　英語教師や大学受験生のみならず、翻訳家などにも必携とも言われるロングセラーの古典的文法書。英語の文法事項を網羅し、用例も多く、類似の構文や語句の用法および意味の違いが明快に記されている。本稿に記されている「5文型」との関わりで言えば、巻末に「文型一覧」として文型およびそれに関連する動詞が丹念に整理されている。
>
> ・安井稔（1996）『英文法総覧』改訂版、開拓社。
> 　従来の「学校英文法」の枠組みを踏まえながらも、生成文法など新しい言語学からの知見をふんだんに盛り込んだ包括的な英文法解説書。副題に"a better guide"とあるように、単なる文法事項のとりまとめと解説の域を超えて、いわば読者をことばの謎解きにいざない、英語の言語的特質をつまびらかにしてくれる1冊。

付録：日本における学習英文法 関連年表

作成・江利川春雄

1795（寛政 7）年	L. Murray, *English Grammar*.　*日本の初期英文法研究に影響大
1804（文化元）年頃	中野柳圃（＝志筑忠雄 1760–1806）がオランダ語文法を大成
1814（文化 11）年	本木正栄ほか『諳厄利亜語林大成』　*日本最初の英語品詞論を記載
1840（天保 11）年	渋川敬直訳述『英文鑑』　*日本初の英文法書（底本は Murray 英文典）
1857（安政 4）年頃	津山藩宇田川塾で『英吉利文典』翻刻　*オランダ語と英語の対訳文法書
1859（安政 6）年頃	手塚律蔵ら『伊吉利文典』を翻刻（原本は英国の *The Elementary Catechisms, English Grammar*.)　*英文法学習が蘭文典から分離独立
1862（文久 2）年	蕃書調所『英吉利文典』（英文）翻刻　*幕末期英文法学習の基本文献
1866（慶應 2）年	足立梅景編述『英吉利文典字類』　*『英吉利文典』解読用の参考書で冠詞、名詞、形容詞、3 単現、過去分詞、関係代名詞などの文法用語を和訳
1869（明治 2）年	慶應義塾『慶應義塾読本 ピネオ氏原板 英文典』翻刻　*私塾や中学に流布
1870（明治 3）年	大学南校助教訳『格賢勃斯（カッケンボス）英文典直訳』（2 冊）　*官学系文法書
1871（明治 4）年	青木輔清編述『英文典便覧』忍（おし）県洋学校〔埼玉〕　*日本人が執筆した日本人用英文法書の第 1 号
1875（明治 8）年	ブリンクリー『語学独案内』　*お雇い外国人による日本人向け文法書
1880（明治 13）年	W. D. Cox, *A Grammar of the English Language for Japanese Students*.（全 2 巻）　*のちに文部省検定済教科書に
1886（明治 19）年	J. M. Dixon, *English Lessons for the Japanese Students*. 丸善　*最初の文部省検定済文法教科書

1891（明治24）年	斎藤平治『英文法講義』有朋堂　*本格的な邦語英文法書
1893（明治26）年	斎藤秀三郎 English Conversation-Grammar. 興文社　*斎藤英文法の原型
1894（明治27）年	菅沼岩蔵『初等英文典』三省堂　*日本人による最初の文法検定教科書
1895（明治28）年	J. C. Nesfield, Idiom, Grammar, and Synthesis for High School. *影響大
1898（明治31）年	斎藤秀三郎 Practical English Grammar. 興文社（全4巻、〜1899）　*学習英文法を大成
1899（明治32）年	神田乃武 English Grammar for Middle Schools. 三省堂　*最初の神田英文典
1906（明治39）年	関露香『受験応用英文法辞典』臼井書店　*日本初の英文法辞典
1912（大正元）年	市河三喜『英文法研究』研究社　*日本での科学的英文法研究の開始
1913（大正2）年	山崎貞『自修英文典』研究社（→1922年『新自修英文典』）*文法参考書の代表格
1915（大正4）年	入江祝衛編『作文本位 英文法辞典』博育堂　*語法辞典の先駆
1917（大正6）年	細江逸記『英文法汎論』文会堂　*体系的な科学文法書
1923（大正12）年	八木又三『新英文法』裳華房　*論理・歴史・審美・心理からの科学文法
1924（大正13）年	H. E. Palmer, A Grammar of Spoken English. *口語英文法
1925（大正14）年	小野圭次郎『英語の文法 学び方と応用の仕方』山海堂出版部　*ベストセラー
1931（昭和6）年	ヴァカーリ『英文法通論』英文法通論発行所　*イタリア人による実用英文典
1936（昭和11）年	岩崎民平『英文法の教授と問題』（英語教育叢書）研究社
1937（昭和12）年	メドレー・村井知至『三位一体 綜合英語の新研究』泰文堂　*文法＋解釈＋作文
1939（昭和14）年	河合茂『英文法概論』京極書店　*内外の文法理論を包括した大著
1945（昭和20）年	海軍兵学校『英語参考書　英文法（前編）』　*敗戦直前の英文法参考書
1949（昭和24）年	吉川美夫『英文法詳説』文建書房　*型・用法・意味から詳解
1951（昭和26）年	荒牧鉄雄『現代英文法』三省堂　*動詞・構文に力点を置い

	たロングセラー
1954（昭和 29）年	大塚高信ほか編「英文法シリーズ」研究社（全 14 巻 25 分冊、～1955）
1956（昭和 31）年	太田朗『英文法・英作文——整理と拡充』研究社　＊文法と作文を有機的に統合
1957（昭和 32）年	金口儀明ほか「現代英文法講座」研究社（全 11 巻、～1959）
1958（昭和 33）年	中学校学習指導要領、文法・文型を学年別に固定、法的拘束力を持たせる
	江川泰一郎『英文法解説』金子書房　＊学習文法に科学文法を加味
1959（昭和 34）年	皆川三郎ほか「実践英文法シリーズ」泰文堂（全 8 巻）
1961（昭和 36）年	江川泰一郎ほか「教室英文法シリーズ」研究社（全 8 巻、～1969）
	宮田幸一『教壇の英文法——疑問と解説』研究社　＊教師用の先駆
1966（昭和 41）年	井上義昌『詳解英文法辞典』開拓社　＊諸説を集大成した辞典
1967（昭和 42）年	大塚高信編「英語の語法・表現篇」研究社（全 12 巻＋語彙篇 1 巻、～1969）
	杉山忠一『英文法の完全研究』学研　＊レベルに合わせて学べる
1970（昭和 45）年	高梨健吉『総解英文法』美誠社　＊親切で詳細な記述
1971（昭和 46）年	森一郎『試験にでる英文法』青春出版社　＊入試に出る順に配列
1976（昭和 51）年	荒木一雄ほか編「現代の英文法」研究社（全 12 巻、～2001）
1978（昭和 53）年	荒木一雄ほか著『学習英文法』（現代の英語教育　第 7 巻）研究社
	高校学習指導要領告示、検定英文法教科書が消える
1979（昭和 54）年	伊藤和夫『英文法教室』研究社　＊直読直解を追求した「考える文法書」
1982（昭和 57）年	安井稔『英文法総覧』開拓社　＊伝統文法に新たな言語学の知見を加味
	荒木一雄監修「講座・学校英文法の基礎」研究社（全 9 巻、～1985）
1985（昭和 60）年	山口俊治『英文法講義の実況中継』語学春秋社　＊数百万部突破
1986（昭和 61）年	臨時教育審議会第二次答申が中・高の英語教育を「文法知識の習得と読解力の養成に重点が置かれ過ぎている」と断罪、コミュニケーション重視を要望

1998（平成 10）年	黒川泰男『英文法再発見（コミュニカティヴ グラマーへの道）』三友社出版 中学校学習指導要領、英文法指導についての記載なし
2000（平成 12）年	経団連「グローバル時代の人材育成について」で英会話中心の授業を要求
2005（平成 17）年	安藤貞雄『現代英文法講義』開拓社　*畢生の大著
2007（平成 19）年	中学校学習指導要領、文法は「用語や用法の区別などの指導が中心とならないよう配慮し、実際に活用できるように指導すること」（高校も同じ）

索　　引

〔ア行〕

相手の心を読む力　mind-reading ability　57, 58
アメリカ国務省　21
アルゴリズム　73, 146, 147, 152, 153, 154
暗示的（学習・指導・知識）→　明示的（学習・指導・知識）

市河三喜　15
一般的な目的の英語　English for General Purposes　47
伊藤和夫　22
移動構文　113, 114
イマージョン　5, 6
意味順　161–172
　〜マップ　168
イメージ　89, 92–94, 96, 97, 99
岩崎民平　15

ウィドーソン　Henry Widdowson　43
受身文　201–204

「英語が使える日本人」の育成のための行動計画　23
英語廃止論　26
英文解釈法　14
英文法不要論　→　文法不要論
英文和訳　60, 93
英和辞典　11, 242–243
　〜の記載情報　247–249
江川泰一郎　16

欧州評議会　Council of Europe　40
岡倉由三郎　17–18, 26
オグデン　Charles K. Ogden　39
オーディオリンガル・メソッド　Audio-lingual Method〔Audiolingualism〕　44
お雇い外国人　13
オーラル・アプローチ　151
オーラル・ヒストリー　27
音調　126, 127, 128
音読　125, 127, 128, 150

〔カ行〕

外国語学習　5, 6, 176
外国語活動　83, 158, 186
外国語としての英語　English as a Foreign Language　13
介入的支援　101
科学文法　scientific grammar　3, 8, 15, 16, 54, 55, 157, 194, 264, 268
書き言葉　232
学習指導要領　17, 20, 22, 23, 108, 113, 125, 147, 148, 150, 158, 186, 187, 232, 240
学習到達度調査　123
学習文法　pedagogic（al）grammar　3, 4, 10, 54, 107　→　cf. 教育文法
　〜の評価　81–82
　足場としての〜　27–30
可算性（名詞の〜）　77–78, 80
語られる文法　53
カチュル　Braj Kachru　41, 42
活用力　capacity　56, 57
壁塗り交替　200
カリキュラム　82–83
関係代名詞　11, 143, 144, 152
観察的妥当性　observational adequacy　53–54
冠詞　11, 13, 41, 71, 72, 73, 74, 83, 106, 112, 113, 135, 161, 235
神田乃武　17, 20
間投詞　249
漢文訓読　31
完璧主義　160, 161
「かんべ式」　143–147, 152, 153

気配りツール　interpersonal marker　236
記述的妥当性　descriptive adequacy　54
記述文法　66
気づき　30–31, 90, 91, 92, 97, 98, 180, 184, 185, 186, 187
　ことばへの〜を基盤とした言語教育　184–186
機能語　246, 249

機能文法　194
規範文法　17, 66
旧情報・新情報　118
教育的言語規則　75
教育的妥当性　educational adequacy　55, 63
教育文法　pedagogic(al) grammar　3, 4, 66, 67　→　cf. 学習文法
教授(用)言語[使用言語]　19–20, 27, 78
強調構文[分裂構文, 分裂文]　34, 197, 274–275
共通一次試験　15
「共通語としての核」lingua franca core　42
句構造　phrase structure　111, 112, 113
句内語順　169
クラッシェン　Stephen Krashen　62
クリスタル　David Crystal　41, 42
グローバルエラー　69, 70, 161, 168
グロービッシュ　Globish　38–39, 40, 41, 42
経団連　23
決定詞　135
言語知識　language knowledge　56, 57, 58, 59
検定教科書　14, 20
　　〜の廃止　22
コア　89, 92, 93, 97
語彙リスト　40
国語教育　185
国際共通語としての英語　ELF [= English as a Lingua Franca]　42, 47
「国際共通語としての英語力向上のための5つの提言と具体的施策」　38
国際語としての英語　EIL [= English as an International Language]　42
国立教育政策研究所　123
語形成　108
語順　161
個人的コミュニケーション能力　55–56
ことばの個別性と普遍性　177
コーパス　40, 43, 233, 236, 237, 238, 239, 243, 244, 256–266
5文型　32, 113, 114, 134, 136, 139, 144, 162, 163, 164, 169, 232, 268, 269, 270,

275, 276
コミュニカティブ・アプローチ　Communicative Approach [Communicative Language Teaching]　44, 208
コロケーション　261–265

〔サ行〕
斎藤秀三郎　13–14
サイドルホッファー　Barbara Seidlhofer　43
佐川春水　21
瑣末主義　214
3単現　11, 43, 71, 83, 161, 181, 184
子音　177–178
ジェンキンス　Jennifer Jenkins　42
システムモデル　73–74
時制の一致　14
自動化　automatization　61, 62
自動詞型(「なる」型)　221, 229
社会的コミュニケーション能力　58–59
修飾　94, 95
重文　218, 226
周辺的・補完的な文法指導　150, 151
主語・場所句倒置構文　115, 117, 118, 119
述語動詞　269, 270
上位節　227, 228
使用言語　→　教授言語
状態変化構文　114
心身協調　psychophysiological mechanisms　56, 58
身体を使う力　physical ability　58
心内文法　66, 260, 264
生成文法　194, 195
精選　63, 88, 125, 159
世界の英語たち　World Englishes　41, 42
折衷的指導法　155
節の主従化　219
節の複文構造化　224, 225
接尾辞　108, 109
説明　101, 102　→　cf. 日本語を介した文法学習
説明的妥当性　explanatory adequacy　54
先行オーガナイザー　72–73
前置詞　92, 139
前置詞句　33, 93, 137, 270, 271

相互的コミュニケーション能力　56–58
存在文　138

〔タ行〕
第一言語獲得　62
体現される文法　53, 58, 59, 60
第5文型（SVOC）　113, 114, 120, 121
第二言語獲得　4, 5, 6, 176
第二言語習得研究、第二言語習得理論　27, 77, 154
多義性　111
タスク　83
他動詞型（「する」型）　221, 229
多読　212
単文主義　115
談話文法　231

チャンク　99
「中1秋の壁」　180, 182
中心的・自己完結的な文法指導　150, 151
チョムスキー　Noam Chomsky　54, 233

ディクトグロス　90
伝統文法　traditional grammar　32, 53, 54, 250, 251

統合型と並行型　83
倒置文　116
取り立て指導　151–152, 154

〔ナ行〕
内容語　246
ナチュラル・メソッド　20
夏目漱石　35
7文型　162, 163, 164, 270

二重目的語　107
　〜構文　199, 200
日本語文法　64
日本語を介した文法学習　28–29　→ cf. 説明
認知言語学・認知文法　89, 194, 199

ネイション　Paul Nation　40

〔ハ行〕
胚細胞モデル　74–75

ハイムズ　Dell Hymes　43, 234
舶来文法書　12–13
場所格交替　200
派生語　108–109
80パーセント正確論　160, 161
8文型　162
八割英語　161
話し言葉　231
ハリデー　M. A. K. Halliday　275

非意識　nonconsciousness　62
ビジネス英語　233
非対格動詞　unaccusative verb　253
否定辞　196, 197
標準英語　42
品詞　138, 139
品詞論　11, 17

フィーリング　89, 92, 96
フォーカス・オン・フォーム　Focus on Form　31, 44, 89–91, 97
フォーカス・オン・フォームズ　Focus on Forms　89, 90
付加詞　adjunct　197, 270
複言語主義　plurilingualism　45
複合語　110–111
副詞　33, 132–140
副詞句　33, 137
複文　218, 219, 220, 221
不定詞節　221–224
不変化詞　particle　115
プロトタイプ　72
分詞構文　219–221, 253
文の解剖　parsing　15
文法的メタファー　275, 276, 277
文法不要論　20–22, 271, 275
文法訳読　→　訳読
文法用語　19, 54, 162, 164, 271
文脈　99
分裂文　→　強調構文

母音　177–178
方向づけのベース　71–75
法助動詞　227, 238
母語獲得　4, 5, 6
細江逸記　15

〔マ行〕

巻き戻しスモールステップ方式　142–143, 145–146, 152, 153

「見えない空所」　126

無生物主語　13, 14

名詞化　nominalization　275
名詞化形　271–272
名詞構文　129–130
明示的（学習・指導・知識）　77, 83, 91, 97
メタ言語意識/メタ言語能力　metalinguistic awareness / metalinguistic abilities　179

文部科学省［文部省］　16, 17, 20, 22, 38

〔ヤ行〕

訳読　12, 30, 31, 32, 93, 208, 212, 213, 215
安井稔　16, 95
山崎貞　14–15

与格構文　199
ヨーロッパ言語共通参照枠［CEFR］　40, 45–47

〔ラ行〕

離接詞　disjunct　197
林語堂　95

類像性　iconicity　199
ルーマン　Niklas Luhmann　58

例示　72
レキシカル・グラマー　12　→　cf. Lexical Approach

ローカルエラー　70, 161, 168

〔わ行〕

わかりやすさ　intelligibility　43
和文英訳　14, 217, 218, 223, 229
話法　14

〔欧　文〕

ABOT［American and British Office Talk］　236–237
ACTFL［全米外国語教育家協会］　232, 240
Allen, W. Standard　102
Bachman, Lyle　44, 45
Benesse 教育研究開発センター　181
Cambridge ESOL［ケンブリッジ大英検］　232, 240
Canale, Michael　44, 233, 234
CANBEC［Cambridge and Nottingham Corpus of Business English］　237
CEFR　→　ヨーロッパ言語共通参照枠
EIL　→　国際語としての英語
ELF　→　国際共通語しての英語
ESL［English as a second language］　5
Focus on Form　→　フォーカス・オン・フォーム
Grammar-Translation Method　31　→　cf. 訳読
hedges　238–239
intake　100
KWIC 表示　256, 257
learner's English grammar　3　→　cf. 学習文法
Lewis, Michael　87, 88, 239
Lexical Approach　101　→　cf. レキシカル・グラマー
Long, Michael　44
pedagogic(al) English grammar　3　→　cf. 教育文法、学習文法
Plain English　40
Silverstein, Michael　41
Simplified English　40
Swain, Merrill　44, 233, 234
Threshold level English　40
to 不定詞　107, 108
vague language　238–239
VOICE［Vienna-Oxford International Corpus of English］　3
World Standard Spoken English［世界標準口頭英語］　41–42

編著者・執筆者紹介
(掲載順、肩書は 2016 年 5 月現在)

●編著者

大津由紀雄（おおつ・ゆきお）
　明海大学外国語学部教授。慶應義塾大学名誉教授。言語教育関係の著作として、『ことばのからくり』（全4冊）（岩波書店、1996）、『英文法の疑問──恥ずかしくてずっと聞けなかったこと』（日本放送出版協会、2004）、『英語学習　7つの誤解』（日本放送出版協会、2007）、『ことばの力を育む』（共著、慶應義塾大学出版会、2008）、『危機に立つ日本の英語教育』（編著、慶應義塾大学出版会、2009）、『言語政策を問う！』（共編著、ひつじ書房、2010）など。

●執筆者

江利川春雄（えりかわ・はるお）
　和歌山大学教育学部教授。著書に、『受験英語と日本人──入試問題と参考書からみる英語学習史』（研究社、2011）、『英語教育のポリティクス──競争から協同へ』（三友社出版、2009）、『日本人は英語をどう学んできたか──英語教育の社会文化史』（研究社、2008）、『近代日本の英語科教育史──職業系諸学校による英語教育の大衆化過程』（東信堂、2006）、『英語教科書の歴史的研究』（共編著、辞游社、2004）など。

斎藤　兆史（さいとう・よしふみ）
　東京大学大学院教育学研究科教授。著書に、『英語達人列伝』（中央公論新社、2000）、『英語の作法』（東京大学出版会、2000）、『英語達人塾』（中央公論新社、2003）、『英文法の論理』（日本放送出版協会、2007）、『日本人と英語──もうひとつの英語百年史』（研究社、2007）、訳書にガイ・クック『英語教育と「訳」の効用』（共訳、研究社、2012）、編著書に Literature and Language Learning in the EFL Classrooms (Palgrave Macmillan, 2015) がある。

鳥飼玖美子（とりかい・くみこ）
　元立教大学教授。人間文化研究機構国立国語研究所客員教授。NHK 教育テレビ「ニュースで英会話」全体監修＆テレビ講師。著書に、『国際共通語としての英語』（講談社、2011）、『英語公用語は何が問題か』（角川書店、2010）、『通訳者と戦後日米外交』（みすず書房、2007）、Voices of the Invisible Presence: Diplomatic Interpreters in Post-World War II Japan (John Benjamins, 2009)、『歴史をかえた誤訳』（新潮文庫、1998）、『危うし！　小学校英語』（文春新書、2007）、『本物の英語力』（講談社、2016）など。

柳瀬　陽介（やなせ・ようすけ）
　広島大学大学院教育学研究科教授。著書に、『第二言語コミュニケーション力に関する理論的考察』（渓水社、2006）、論文「学校英語教育の見通し──言語コミュ

ニケーション力論・複言語主義・コミュニケーション論」(『危機に立つ日本の英語教育』慶応義塾大学出版会、2009)、「メディア論と社会分化論から考える言語コミュニケーションの多元性と複数性」(『中国地区英語教育学会研究紀要』、中国地区英語教育学会、2010) など。

亘理　陽一(わたり・よういち)
静岡大学教育学部准教授。論文に、「外国語としての英語の教育における使用言語のバランスに関する批判的考察——授業を『英語で行うことを基本とする』のは学習者にとって有益か」(『教育学の研究と実践』第6号、北海道教育学会、2011)、『外国語としての英語の教育における文法的能力を形成する領域の教育内容構成に関する研究——語用論的原理に基づく比較表現の指導』(北海道大学博士学位論文、2008) など。

松井　孝志(まつい・たかし)
山口県鴻城高等学校教諭。東京外国語大学卒業後、都立高校教諭、都内私立高校を経て、現職。著書に、『パラグラフ・ライティング指導入門』(共著、大修館書店、2008)、執筆協力に『エースクラウン英和辞典』(三省堂、2010) など。

岡田　伸夫(おかだ・のぶお)
関西外国語大学教授。著作に、「言語理論と言語教育」(『言語科学と関連領域』岩波書店、1999)、『英語教育と英文法の接点』(美誠社、2001)、「言語の獲得2」(『言語研究入門』、研究社、2002)、「学習英文法の内容と指導法の改善」(『言語文化学への招待』、大阪大学出版会、2008)、『大学英語教育学』(共編著、大修館書店、2010)、『英語研究と英語教育』(共編著、大修館書店、2010) など。

久保野雅史(くぼの・まさし)
神奈川大学外国語学部准教授。著書に、『英会話・ぜったい・音読 (入門編)』(國弘正雄他との共著、講談社インターナショナル、2001)、『教科書だけで大学入試は突破できる』(金谷憲編を分担執筆、大修館書店、2009)、『すぐれた英語授業実践——よりよい授業づくりのために』(樋口忠彦他編を分担執筆、大修館書店、2007)、『大修館英語授業ハンドブック (高校編)』(金谷憲他との共編著、大修館書店、2012) など。

末岡　敏明(すえおか・としあき)
東京学芸大学附属小金井中学校教諭。著書に検定中学校教科書『TOTAL ENGLISH』(共著、学校図書)、論文に「積み上げ型教材としての学習文法——語学教材の体系化を目指して」(『教材学研究　第20巻』、日本教材学会、2009)、「言語教育の全体像を探る試み——4つの技能、3つの指導内容、2つの能力」(『危機に立つ日本の英語教育』、慶應義塾大学出版会、2009)、「メタ言語能力の育成による外国語学習の活性化——その原理と実践」(『外国語教育研究』第12号、外国語教育学会、2009) など。

山岡　大基(やまおか・たいき)
広島大学附属中・高等学校教諭。著書に、『成長する英語教師をめざして』(共著、ひつじ書房、2011)、『平成24年版　観点別学習状況の評価規準と判定基準　中

学校外国語』（共著、図書文化、2011）、論文に「中学校前半における自由会話の指導」（『中国地区英語教育学会研究紀要』、中国地区英語教育学会、2011）など。

田地野　彰（たじの・あきら）
京都大学国際高等教育院附属国際学術言語教育センター教授。著書に『これからの大学英語教育』（共著、岩波書店、2005）、*Researching Language Teaching and Learning: An Integration of Practice and Theory*（共編著、Peter Lang, Oxford, 2009）、『Writing for Academic Purposes 英作文を卒業して英語論文を書く』（共編著、ひつじ書房、2010）、『〈意味順〉英作文のすすめ』（岩波書店、2011）、『TOEFL ITP® テスト 公式テスト問題 & 学習ガイド』（編著、研究社、2012）など。

高見　健一（たかみ・けんいち）
学習院大学文学部教授。著書に、*Preposition Stranding*（Mouton de Gruyter, 1992）、『機能的構文論による日英語比較』（くろしお出版、1995）、『日英語の機能的構文分析』（鳳書房、2001）、『日英語の自動詞構文』（共著、研究社、2002）、*Functional Constraints in Grammar*（共著、John Benjamins, 2004）、『英語の構文とその意味』（共著、開拓社、2007）、『受身と使役』（開拓社、2011）など。

真野　泰（まの・やすし）
学習院大学文学部教授。著書に『英語のしくみと訳しかた』（研究社、2010）。訳書に、グレアム・スウィフト『ウォーターランド』（新潮社、2002）、『最後の注文』（新潮社、2005）、ジョン・マグレガー『奇跡も語る者がいなければ』（新潮社、2004）、ノースロップ・フライ『世俗の聖典』（中村健二氏との共訳、法政大学出版局、1999）など。

福地　肇（ふくち・はじめ）
東北大学名誉教授。著書に、『英語らしい表現と英文法──意味のゆがみをともなう統語構造』（研究社出版、1995）、『談話の構造』（大修館書店、1985）、論文に'Adverbial Localization Phenomena'（『ことばの絆』、開拓社、2006）など。

日向　清人（ひなた・きよと）
慶應義塾大学外国語教育研究センター講師、同ビジネス・スクール講師。著書に、『クイズでマスターする GSL 基本英単語 2000』（テイエス企画、2016）、『ディクテーションで覚えるビジネス英語必須パターン 123』（秀和システム、2016）、『即戦力がつく英文法』（DHC、2014）、『即戦力がつく英文ライティング』（DHC、2013）など。

馬場　彰（ばば・あきら）
東京外国語大学名誉教授。論文に、「英和辞典と文法記述」（『英語青年』、研究社、2002）、「統語論研究と英文解釈」（『英語青年』、研究社、2003）、「文法研究とインターネット」（『英語青年』、研究社、2005）、「意味変化をとらえる──コーパス言語学の視点から」（『言語研究の宇宙』、開拓社、2005）、「一般英和辞典に求められるもの」（『英語青年』、研究社、2008）など。

大名　　力（おおな・つとむ）
名古屋大学大学院国際開発研究科国際コミュニケーション専攻教授。論文・著書に、「コーパスから見える文法」（『国際開発研究フォーラム』第 38 号、2009）、「コーパス検索の落とし穴」（『これからのコロケーション研究』、ひつじ書房、2012）、『言語研究のための正規表現によるコーパス検索』（ひつじ書房、2012）、『英語の文字・綴り・発音のしくみ』（研究社、2014）など。

安井　　稔（やすい・みのる）
東北大学名誉教授。2016 年 5 月逝去。著書に、『英語学研究』（研究社、1960）、『変形文法の輪郭』（大修館書店、1971）、『言外の意味』（研究社、1978、[2010：開拓社より再刊]）、『素顔の新言語学』（研究社、1978）、『新しい聞き手の文法』（大修館書店、1978）、『英文法総覧』（開拓社、1982，1996 [改訂版]）、『現代英文法辞典』（荒木一雄と共編、三省堂、1992）、『仕事場の英語学』（開拓社、2004）、『英語学の見える風景』（開拓社、2008）、『「そうだったのか」の言語学』（開拓社、2010）など。

KENKYUSHA
〈検印省略〉

がくしゅうえいぶんぽう　みなお
学 習 英文法を見直したい

2012 年 7 月 31 日　　初版発行　　　2016 年 6 月 24 日　　2 刷発行

編著者	おお つ ゆき お 大 津 由 紀 雄
発行者	関　戸　雅　男
発行所	株式会社　研究社

　　　　　〒102-8152　東京都千代田区富士見 2-11-3
　　　　　電話　03(3288)7711(編集)
　　　　　　　　03(3288)7777(営業)
　　　　　振替　00150-9-26710
　　　　　http://www.kenkyusha.co.jp/

印刷所　研究社印刷株式会社

装幀　廣瀬亮平

ISBN 978-4-327-41080-3　C3082　Printed in Japan